U0062472

东方编译所译丛

货币的未来

THE FUTURE OF MONEY

BENJAMIN J. COHEN

［美］本杰明·科恩 著

汤凌霄　许涛 译

上海人民出版社

献给简（Jane），她是我的当下，

献给克里斯特尔（Christel），她是我的未来

推荐序　货币是政治的另一种继续

我们每个人的学术研究背后,都或多或少地站着一个或若干个"思想的巨人",他给我们的研究提供营养,这种营养包括分析方法、概念工具和理论框架,等等。我曾经在博士毕业之后的相当长一段时间内聚焦货币政治的研究,当时对该议题的痴迷,现在回想起来都有些感动。我最好的、也是最重要的发表,都是在这个领域。而本杰明·科恩就是我从事货币政治研究时站在我背后的那个重要的人,尽管他或许算不上一个"思想的巨人",但绝对是货币政治研究的领航性学者,他的作品给我提供了大量的学术养分。我和他素未谋面,也从来没有发过邮件与他主动联系(尽管我偶然发现他的一本国际政治经济学的教材引用过我的作品),但是我和他有很深的学缘关系,他就在我的身边,很近很近,是一种很亲切的存在。我不仅读过他关于货币政治的绝大部分作品,而且在我的学术发表中,可以随处可见他的存在,这种存在不仅仅体现在一个个文献注释之中。因此,我非常乐见科恩的又一部作品被翻译成中文,让更多的中国读者熟知。

如果查阅本杰明·科恩的简历,我们会发现,用著述等身来形容他丝毫不为过,他出版专著近20部,主编近10部,至于学术论文更是不胜枚举。更重要的是,他几十年如一日,始终对货币问题保持持续性的关注热情,几乎每隔几年就会出版一本关于货币的专著,其中已经有多部被翻译成中文。这让我感到十分汗颜。相比之下,我会隔几年变换一个学术阵地。

本杰明·科恩最初是一个经济学者,他毕业于哥伦比亚大学,获得经济学博士学位,但他始终非常关注支配国际货币关系背后的政治因素,以至于后来直接投身于国际政治经济学的研究,长期在加州大学圣巴巴拉分校政治系任教。他在国际政治经济学领域所取得的成就以及获得的认可甚至超过了经济学界,这是非常少有的从经济学转行国际政治经济学的案例。他的几位货币问题研究的经济学同行,如查尔斯·金德尔伯格、巴里·艾肯格林等,虽然也在国际政治经济学领域产生了很大的影响,但是他们对政治因素的分析都是蜻蜓点水,远不如科恩来得彻底。

经典意义上的货币都是主权货币,即由主权国家的中央银行负责发行和管理,它背后站立着的是国家权力。因此,货币的流通和运行决不仅仅是一个市场问题,而是受到国家权力逻辑的支配,国家会自然通过对货币的垄断性支配,来实现某种政治目标。从这个意义上说,货币是政治的另一种继续,货币政治也就成了国际政治经济学中的经典议题。

《货币的未来》是科恩众多货币政治著述中的一部力作。该书延续了他之前在《货币地理》中的基本判断,即随着世界经济相互联系的日益加深,主权货币的地理空间正在不断延伸。尤其是那些经济大国发行的货币在不断跨越传统的领土边界,充当国际货币的职能。这就给国际货币体系带来了一个根本性的矛盾,即充当国际货币职能的是经济大国的主权货币,但经济大国都依照本国利益和诉求来制定货币政策,国际公益并非经济大国的首要考虑,这给国际货币体系带来了动荡。从理论上讲,为了让国际货币更好地发挥国际公共物品的作用,应该支持多种主权货币充当国际货币,通过发挥市场竞争机制的力量,来约束大国滥用货币权力,但是由于国际货币所天然存在的网络效应和路径依赖效应,少数几种货币往往在国际市场上处于绝对主导甚至垄断地位,这使得竞争机制难以发挥作用。这是国际货币治理的经典难题。

《货币的未来》讨论了这一难题。科恩指出,当今的货币世界格局呈现出一个等级分明的金字塔结构,在金字塔最顶部的是极少数货币,主要是美元、欧元、日元和英镑,绝大部分其他货币在国际市场上完全无力与之竞争。这个格局为上述货币的发行方,尤其是美元的发行方带来了巨大的国际货币权力。这本书集中讨论了在这样一种货币环境中,政府所可能存在的四种战略选择,分别是领导战略、维持战略、跟随战略和联盟战略。但是并非每一个国家都有足够充分的选择空间,这取决于国家的实力地位和所处的外部地缘政治环境,比如日本当年就无法像欧洲那样选择货币联盟战略,进而缔造亚元。

《货币的未来》出版于 2004 年,距今已近 20 年。在这近 20 年的时间里,国际货币的基本格局并没有发生太大的根本性变化。美元依然一家独大,遥遥领先于其他货币,而且地位稳固;欧元位居第二,但是与美元在多个方面都相距甚远,在经历了欧债危机之后一直处于颓势;英镑和日元作为国际货币的第三阵营,与欧元又差距明显。最大的变化是人民币的崛起,人民币从 2009 年开始拉开了国际化的序幕,并在 2016 年加入特别提款权的货币篮子,正式成为"大国货币俱乐部"中的一员,目前从多个指标来看,人民币已迈入全球五大货币之列。人民币的崛起或许是改变国际货币格局的重大事件,因为这是第一个有能够比肩美元的主权权力支持的货币,但人民币要成为主要国际货币,道阻且长。对于这一问题,科恩在他最新的两本书——《货币权力》(*Currency Power*)和《货币权术》(*Currency Statecraft*)——中有精彩的回答和判断。

对货币问题感兴趣的,尤其是对货币政治感兴趣的读者,我想本杰明·科恩是一个绕不过去的存在。我隆重向读者推荐科恩的作品,包括这本《货币的未来》。

李　巍

中国人民大学

2023 年 1 月于北京

前　　言

　　本书可以看作三部曲的第三部。第一部《组织世界货币》(*Organizing the World's Money*)于 1997 年出版,第二部《货币地理》(*The Geography of Money*)于 1998 年出版。通过《组织世界货币》,我对过去和当前全球货币关系的政治经济学进行系统地探索,这一探索以尽可能清晰地拨开未来的迷雾而结束。《组织世界货币》一书的分析几乎完全以国家为中心,反映出国际金融市场战后复苏的情形(Cohen 1996)。相比之下,《货币地理》将市场作为决定货币空间配置的主要因素。最后在《货币的未来》一书中,我在一个深受市场竞争逻辑影响的背景下,再次将重点放在国家行为上。

　　尽管本书与《组织世界货币》和《货币地理》联系密切,但它绝不是旧瓶装新酒。相反,本书的写作是一项全新工作,解答了之前两本书没有回答的关键问题。《货币的未来》建立在《货币地理》的研究之上。《货币地理》强调当今由市场驱动的货币竞争的起源和影响。就像书名所展示的那样,《货币的未来》更具前瞻性,旨在理解将来可能发生的事情。正如我希望展示的那样,本书具有创新性,能够满足对原创性的高要求,其分析视角和理论模型都是新颖的。

　　本书大部分内容是我在《货币地理》出版之后撰写的论文中提炼而来。唯一的例外是第一章,除最后几页外,该章基本上是对本书主要论点的总结。其余章节均建立在我已发表的论文基础之上。第二章的大部分内容基于 Cohen 2003b;第三章的大部分内容基于 Cohen 2000b, 2002b;

I

第四章部分引用 Cohen 2000c，2000d，2000f，2001c，2002a，2003a；第五章和第六章大量使用 Cohen 2000a，2000e，2001a，2003c；第七章很大程度上依赖于 Cohen 1999，2001b。所有这些论文最初都发表在美国或其他地方召开的专业会议上，并得到世界各地许多专家学者富有洞察力的评论和建议。对此，我表示诚挚感谢。

本书定稿前最后一版得到以下七位杰出学者的建设性建议，他们分别是戴夫·安德鲁斯（Dave Andrews）、埃里克·海勒（Eric Heilemer）、佩特·凯南（Perter Kenen）、凯特·麦克纳马拉（Kate McNamara）、约翰·奥德尔（John Odell）、卢·波利（Lou Pauly），以及兰迪·亨宁（Randy Henning）。他们的建议极大提升了本书质量。同时也感谢我杰出的研究生汤姆·克奈特的助研工作。

最后，本书献给我生命中最重要的两位女性。首先是我的妻子简·谢伦·德哈特（Jane Sherron De Hart），她是一位才华横溢的历史学家，是我们家当之无愧的、唯一值得嘉奖的作家；第二位是我们亲爱的教女克里斯特尔·维达尔·维莱拉（Christel Vidal Villela），在她儿时大部分时间里尽她最大努力把我从写书转移到和她玩拼图和涂色书这些更重要的任务上。如果没有这两种快乐，我的生活将变得枯燥乏味。

目 录

引　言

　　在日益全球化的世界经济中,货币的未来是什么? 这个问题很关键。虽然表面上看起来是技术性的,但货币管理对全球财富与权力分配的影响绝非中性。谁控制了货币,谁就可以获得真正的资源——各种商品和服务——这反过来又是获得经济和政治优势的关键。对任何国家的公民而言,货币是由国内或国外公认的机构管理,还是由其盟友或敌人来管理,这一问题绝非无足轻重。货币背后所代表的特权会被负责任地使用还是被剥削性滥用? 货币是繁荣还是冲突的根源? 货币的未来影响着我们所有人。货币的未来就是我们的未来。

　　许多货币专家认为这个问题的答案很明确。他们认为未来流通货币的种类将大幅减少,将大幅简化全球货币管理过程。我称之为“收缩论”(Contraction Contention)。但“收缩论”是完全错误的。事实上,全球货币种类将大幅增加,这将使货币治理变得更加困难。我们都必须学会如何应对日益复杂的货币环境。

　　该争论的焦点在于各国政府在货币管理方面历来的领土垄断(Territorial Monopoly)的崩溃,在我早先所著《货币地理》一书(The Geography of Money, 1998)中,我将这个过程描述为货币的去疆界化(deterritorialization)。随着世界经济日益全球化,各国货币之间的直接竞争已跨越政治边界。国家当局不再能够对本国境内货币的流通和使用行使最高控制权,这导致货币管理方式发生根本变化。去疆界化也许不能解释近期国际货币关系的每一次发展,但它却是决定各国政府能够采取何种应对措施的关键,去领土化的赌注再高不过。正如我在《货币地理》一书中写道,货币竞争的加速改变了国家在货币治理中的角色,威胁着它在货币治理中的合法地位。

本书是为了把《货币地理》未完成的部分继续下去。之前,我的书强调了当今货币治理挑战的性质,并概述各国政府可选择的主要政策措施。而哪些因素决定了国家的政策选择? 这些选择如何与市场力量相互作用,进而影响未来的货币环境? 这些关键问题没有得到回答。《货币地理》一书关注的焦点是全球货币关系中新出现的权力结构。本书则说明那些新的权力结构正引导我们走向一个更复杂、更难治理的世界。本书的新颖之处既在于前瞻性的研究视角,也在于创新性的分析方法。

本书第一章简要总结以往研究的主要结论。货币地理是指货币关系的空间组织。货币间竞争的蔓延导致货币地理正在发生迅速变化。假设存在一个巨大的货币金字塔,货币的世界正变得愈发层次分明。该金字塔的顶部狭窄,最强的货币占据主导地位;底部则越来越宽,反映出不同程度的货币竞争劣势。随着去领土化进程加快,权力正在进行根本性的重新分配。曾经存在的是垄断,我们现在发现它更像寡头垄断,即数量有限的自主供应商以及各国政府都在不停地竞争,以塑造和管理对各自货币的需求。货币治理已成为争夺市场份额的政治竞赛,这无疑给决策者带来艰难选择。《货币地理》一书以一个问题结束:公共政策能应付上述情形吗? 本书给出这个问题的答案。

当然有一种可能是,在竞争加剧的压力下,许多国家将完全退出竞争。这就是"收缩论",如今在专家中迅速流行起来。其逻辑源于货币使用过程中规模经济的力量。"收缩论"流行的原因很明确。从市场主体的角度来看,他们关心的是交易成本最小化,而货币种类越少,规模经济越大。

然而,"收缩论"是一种短视理论。它没有考虑市场的供给方面。供给方的偏好可能会使货币种类的变化朝着与"收缩论"所预言的相反方向发展:货币种类将维持不变,甚至在全球范围内激增。在供给方面,必须考虑两类主体:国家,即传统上货币的核心生产国;还包括私人部门,私人部门同样有能力创造有活力、有竞争力的货币。第二章到第六章讨论政府的作用,重点探究在当今日益恶化的货币地理环境下,可供国家当局选择的替代方案。本书分析表明,消失的国家货币比通常预测的要少得多。第七章讨论私人部门的作用,强调非国家行为体为货币生产提供新的机会和激励。第七章指出,由于种种原因,世界上由私人发行货币的种类预计将大幅增加,这将进一步增加货币未来的复杂性。最后,第八章将探讨这一切对未来货币治理的意义。

第二章概述了本书分析的核心。在这里,我提出一个创新模型来理解国家的策略偏好。每个政府都被驱使在货币寡头垄断斗争中制定一个获胜的策略。原则上,可能存在四种策略:

　　1. 市场领导(*market leadership*):一种激进的单边主义策略,旨在促进国家货币的使用,类似于寡头垄断中的掠夺性价格主导。

　　2. 市场保护(*market preservation*):一种单边主义维持现状的策略,旨在保护而不是扩大本币先前获得的市场地位。

　　3. 市场跟随(*market followership*):一种默许的策略,使货币主权服从于更强势的外币,类似于寡头垄断中的被动价格跟随。

　　4. 市场联盟(*market alliance*):一种在某种货币联盟中分享货币主权的共谋策略,类似于隐性或显性卡特尔。

实际上,即便是这份清单也夸大了可供国家选择的范围。因为在四种可能的策略中,市场领导通常超出了大多数政府的能力。只有少数拥有广泛流通货币——如美元、欧元(取代了德国马克)和日元——的特权国家或地区,才能现实地追求单边主义领导策略。对于绝大多数货币竞争力较弱的国家来说,政策选择实际上仅限于剩下的三个——这的确是一个棘手的选择。第二章的分析模型主要集中于保护、跟随或联盟这三种策略之间的相互关系。

选择的本质很容易阐述清楚。决策者是应该寻求捍卫传统的货币主权,还是应该将其部分或全部权力下放给其他国家或机构?是将货币主权交给占主导地位的外国,还是货币联盟的联合机构?这两种权力的下放必然意味着货币关系的区域整合,即纵向区域化(跟随)或横向区域化(联盟)。学者们才刚开始探讨这个新的货币地理可能是什么。与现有文献相比,我的模型有两大进步。

第一，尽管已有许多研究分析一种或另一种策略的优缺点，但大多数文献几乎无一例外地局限于单独评估某种策略，或仅与另一种策略进行比较。很少有研究认为这三种策略直接相关。我所提出的方法的创新之处在于强调所涉及策略的三维性。策略选择本身就是三维的。理解国家偏好的关键在于考虑三个策略之间的关系，而不是仅分析任何一个或两个策略的利弊。

本书第二个独创性在于，强调将区域化程度作为国家偏好的核心决定因素。当然，已有学者指出，区域货币可能有多种形式和规模。但几乎无一例外，为突出关键的差异，正式的分析倾向将国家策略选择简化为存在鲜明对比的极端选择。事实上，由于决策者对特定收益或损失的重视程度会因每个国家的特殊情况而大相径庭，因而需要进行更细致的分析。

本书第三章开始对国家偏好进行更深入的分析。首先来看市场领导者的前景。在当今货币金字塔的顶端，我们发现三大货币：美元、欧元和日元。竞争的逻辑表明，在当今流通的货币中，似乎没有一种货币在可预见的未来有机会挑战三大巨头。然而，三大巨头的相对地位确实存在发生重大转变的可能性，尤其是欧元，可能会以美元市场份额的下降为代价而提升自身份额。尽管美元的竞争优势在关键方面将持续存在。相比之下，日元作为一种国际货币的前途似乎已经见顶，很可能正进入一个长期、痛苦的下跌过程。然而，这在很大程度上取决于三大巨头的管理当局如何应对未来的市场发展。这是一个国家偏好的问题。

有理由认为，维护或提高市场地位的单边主义策略将是每个市场领导者的首选。理性的决策者不太可能放弃本国货币被广泛使用所带来的可观利益。相反，可以预期三大巨头将尽其所能维持本币的核心竞争力，其目标是捍卫或促进市场主体使用其货币。争夺市场份额，我称之为非正式领导，在寡头垄断中很常见。然而，三大巨头的政府不太可能进一步采取措施激励其他国家行为体采取跟随策略来影响它们的行为，即形成有组织的货币区，我称之为正式领导。就处于货币金字塔顶端的美国而言，除非受到欧洲或日本对其正式领导地位的严重挑战，否则它不会采取这种主动行动。就欧洲和日本而言，它们似乎都不愿意与华盛顿发生公开的货币冲突。因此，三大经济体都不可能提供任何明显的直接诱因，以改变其他国家政府面临的激励结构(东亚的日本可能例外)。考虑到其他国家在货币保护、跟随或联盟等策略中面临的棘手选择,大多数其他国家多少会发现还是得靠自己作出选择。

本书从第四章的保护策略开始,探讨这一艰难的三方策略选择所涉及的关键问题。货币主权可以通过说服(persuasion)和胁迫(coercion)的方法来捍卫。说服意味着巩固一种货币的声誉,通过对"健全"的货币管理可信政策的公开承诺来维持对该货币的需求。胁迫意味着运用国家的正式管制权力,避免货币使用者转向更受欢迎的外国货币。这两种方法都可以被视为出于货币治理目的而合法使用政治权力。至少在一段时间内,这两种方法都可以有效地保持市场份额。然而,这两者并非没有成本。随着跨境竞争不断加剧,保护策略的成本也在随之上升,这可能使跟随或联盟策略等备选方案相对更有吸引力。这绝不意味着各国政府必然会将部分或全部货币权力下放给其他主体。但这确实意味着该问题无法回避。随着某个国家货币的使用成本不断上升,决策者必然会以某种形式讨论货币区域化的收益。

第五章广泛地讨论纵向一体化策略。跟随可能有多种形式,从要求最低的形式——即简单的双货币体系(bimonetarism),指一种受欢迎的外币被授予法定货币地位而与该国货币一起流通——到某种形式的货币发行局——即国内货币供应与指定外币的可得性紧密相连——再到最高程度的纵向区域化,通常称为完全美元化——即强势外币(如美元)完全取代该国现有货币。由于跟随策略的成本随着所涉及从属程度的提高而上升,因此除了希望成为欧盟成员国的那种特殊情况之外,很少有国家倾向接受完全取代本国货币的想法。拉丁美洲或其他地区的一些政府可能会在金融或政治危机期间,因为市场保护策略的成本高至无法承受时选择走美元化道路。美元化更多的是作为一种庇护而不是一种特权。对于其他国家的政府来说,更具吸引力的选择将是在保护和跟随策略之间达成妥协,即一种更为松散的纵向区域化形式。这有望缓解持有一种缺乏竞争力的国家货币的不利因素,同时至少又保留货币主权的一些优势。实际上,这意味着某种形式的货币发行局或双货币体系。货币世界将包括越来越多的跟随者,但大多数国家将抵制无条件地向市场领导者交出它们的正式权力。

第六章讨论横向一体化策略。联盟也可以采取多种形式,这取决于授予联合机构正式权力的多寡。与任何形式的美元化相比,联盟策略提供了一个关键优势,即货币主权是被共享的,而不是单方面从属或屈服于某一货币主权。但共享必然意味着在货币的生产和管理中采取某种程度的集体行为,这种行为很难组织起来。一个联盟需要一国和其他具有类似偏好的国家进行联合行动。实际上,愿意合作的国家并不多。对以往的经验分析表明,必要的合作至少需要满足两个条件之一:一是地区主导国家承诺利用其影响力,使货币联盟在所有人都同意的条件下有效运作;二是在一套完善的机制支持下,有关国家之间存在真正的团结感。今天,在世界上很少能找到存在这些必要条件的地方。因此,尽管对不同地区进行积极的讨论,但建立完全新的货币联盟的前景似乎并不乐观。而更有可能的现实是建立要求较低的联盟,允许各国在集中和维护货币主权之间达成某种妥协。货币世界还将包括越来越多的"合资企业",但新的联合货币(如果有的话)将寥寥无几。

第七章从国家转向非国家行为体,讨论私人部门的作用。私人部门正迅速成为一种替代的货币来源,这使得政府的策略分析更加复杂。在国家偏好所界定的领域之外,还有新的领域充斥着越来越多的私人发行货币,这些新货币能够与现有国家货币直接竞争。有争议的是,本章认为,私人货币的日益泛滥是对国家传统权威的直接威胁。在国家边界内,地方货币体系的蔓延正在削弱政府的控制,每一种货币体系都导致国家将货币治理的一部分权力下放给社区或以下区域。而当跨越国界时,国家认可的货币面临着多种电子货币的挑战,每种电子货币都能将权力向外扩散到新兴的网络空间。由于市场需求侧选择的扩大,大多数政府已经失去了在货币地理中传统的领土垄断优势。现在,与大多数经济学家的观点相反,我认为国家有可能失去货币供应方面的主导地位,这一发展将进一步加剧对市场份额的争夺。

最后,第八章探究如何应对日益复杂的货币环境。新的货币地理格局将被如何治理?它能被治理吗?随着全球货币种类的增加,不稳定或货币冲突的可能性将越来越大。我们面临的挑战是如何在保持已有利益的同时,尽量减少货币竞争的风险。我认为,在国内层面,需要恢复财政政策作为宏观经济管理的核心工具,以抵消货币政策有效性下降所带来的损失。在国际层面,需要将市场领导者之间的合作和国际货币基金组织积极的调解相结合,为各国政府的分散决策提供一定程度的协调。遗憾的是,这些改革都不能为未来的困难提供万无一失的解药。但每一种方式都会让我们更容易接受货币事务中日益分散的权力。货币的未来将是危险的,但不一定是混乱的。

第一章
货币地理的改变

货币地理正在改变。以前用简单的领土术语来看待货币空间并非不准确。当时存在着许多货币,但大多数货币在单一民族国家的政治边界内分别流通。每个政府都掌管着自己批准的货币。然而今天,在各国货币竞争加剧的影响下,世界货币格局正在迅速发生变化。货币正日益去疆界化,不再是一个专属国家主权的工具。

未来的货币地理会是什么样子?根据许多流行的预测,将来流通中的货币种类会急剧减少,从而简化世界各地的货币管理。我称之为"收缩论"。但我认为,这种观点是完全错误的。这本书的中心论点是,世界货币在数量和多样性上更可能扩张,而不是收缩。货币未来的复杂性将持续增加,将对国家当局构成日益艰巨的挑战。

货币竞争的复苏

货币地理是指货币关系的空间组织,即每种货币都在其中发挥其三种职能:交换媒介、计价单位和价值储存。作为一种交换媒介,货币与流通的支付手段密切相关。在这一职能中,其关键属性是满足合同义务时的普遍可接受性。作为一种计价单位,货币为各种商品、服务和资产的估价提供一个共同的分母或计价单位。在这里,它的关键属性是能够可靠和快速地传递定价信息。作为一种价值储存,货币为持有财富提供便利的手段。在这个职能中,它的关键属性是其存储购买力的能力,从而弥合销售收入和购买付款之间的间隔。货币领域的整体结构构成全球货币地理。

货币的发明是人类文明进程中最重要的一环,正如一位消息人士所说:"货币发明与驯养动物、耕种土地和利用权力地位相当。"(Morgan 1965,11)格特鲁德·斯坦因(Gertrude Stein)指出:"区分动物和人的东西是货币。"[1] 在货币之前,只有易货,这是一种典型的经济交易,只有在需求双重耦合的情况下,交换才会发生。双方都必须渴望对方准备提供的物件,这明显是一个低效的贸易体系,因为必须花许多时间在必要的搜索和讨价还价过程上。随着货币的引入,易货的单一交易分为买卖两部分,降低了交易成本——即与搜索、讨价还价、不确定性和合同执行的相关费用。卖方可以接受货币,而不是对方直接交付货物或服务,同时,卖方还可以利用货币来判断市场价值,从而使得交换更便利,促进生产的专业化和劳动力的有效分工。实际上,货币使得易货贸易多边化。

货币交换代替原始双边易货而节约成本的程度与给定货币交易网络的规模直接相关——即与对该工具的未来价值和可重用性(用于支付和会计目的)有足够信心的主体数量相关。货币交易网络的规模越大,使用该货币所产生的规模经济就越大,学者们将其称之为货币的网络外部性(Dowd and Greenaway 1993)。交易网络界定了各个货币的职能范围,包括其有效使用的范围。

将货币领域与民族国家(世界政治的基本单位)区分开来是一种惯例。就像在政治地理学中,我们长期习惯于从被称为国家的固定且相互排斥的实体来看待世界一样,我们也习惯于从货币起源的独立主权管辖区来思考货币地理。除了少数例外,每个国家都有自己独特的货币。在这些国家的边界内,仅一种货币有望自由流通。简而言之,货币被认为是具有领土性质的——即一个国家/一种货币——货币管理由每个国家的政府垄断。没有比这更简单的货币地理了。

但也没有比这更具误导性了。事实上,专属国家货币的概念起源于近期,实际上最早可以追溯到 19 世纪。早期的货币地理要复杂得多,涉及不同程度的货币竞争;甚至在过去的两个世纪,一个国家/一种货币的原则也经常受到损害。如今,货币竞争正在复苏,导致个别货币的职能范围愈发偏离发行国政府的法律管辖范围。正如在更遥远的过去一样,货币再次变得去疆界化,货币地理再次变得更加复杂,它对货币治理的影响才刚开始被理解。

遥远的过去

现代货币始于主权铸币实践,其起源可以追溯至文明曙光初现之时。在西方世界,金属货币最早在公元前8世纪和公元前7世纪小亚细亚的希腊城邦(土耳其西部)出现。到公元前500年,在地中海东部的每一个地方都能发现它的身影。在遥远的东方,已知最古老的金属货币起源于公元前1022年的中国周朝。以前从食盐、大米到牛和烟草,各种商品在一个又一个地方被用于标准货币用途(Weatherford 1997,ch.1)。但金属货币一经发行,很快就超越其他所有可用的工具。

然而在19世纪之前,铸币的主权几乎从未用领土的术语来解释。很少有统治者预料甚至声称,他们的货币在自己的领土内实现垄断。事实上恰恰相反,当时公认的标准是金属货币可以不分国界地在任何地方流通。外国金属货币可以与当地货币互换使用,市场交易中提供或接受的货币很少受到限制。选择几乎是无限的。货币被有效地去疆界化,跨境竞争是规则,而不是例外。这个体系异质且形式多样,是名副其实的货币马赛克拼图(Mosaic of Money)。

当然,并非所有货币都在各地流通。大多数金属货币小且零碎——"小额"金属货币生产出来只被严格地用于地方交易。它们通常由铜或青铜合金等贱金属铸造而成,金属含量几乎没有内在价值。因此这些货币不常被接受,在发行地之外的区域也很少见。广泛流通的货币主要集中于更大且"功能齐全"的纯银或纯金货币("硬币")之间,这些货币作为交换媒介或价值存储的用途更易得到保证。

在这些功能齐全的货币中,争夺用户忠诚度的竞争非常激烈,原因有二。一方面因为货币存在贬值的可能性:货币的内在价值因重量或纯度的减少而贬值;另一方面,黄金或白银的商品价格也有可能发生变化,这将改变两种金属铸币的相对吸引力。从这些偶然事件中产生一个著名的命题，被称为格雷欣法则（Gresham's Law），即"劣币驱逐良币"法则。该法则以一位16世纪的英国商人的名字命名，他曾是伊丽莎白女王一世的财务顾问。格雷欣法则预言，当由市场力量决定的特定货币的内在价值偏离其名义价值时，内在价值较高的货币将退出流通，并在价格上涨的预期下被囤积起来。没有人愿意放弃一枚将来可能更值钱的金属货币。

然而，随着时间的推移，当每个人都在追求同样的"良"币时，市场宠儿（即"良"币）往往会发展起来，在各种货币之间形成一种"良"币优于"劣"币的等级制度，即一种相反的格雷欣法则。"良"币会驱逐出内在价值无法维持的"劣"币。通常情况下，只有一种货币最终会成为占主导地位的国际货币，在需求驱动的自然选择过程中成为赢家。这种达尔文式的赢家 * 将被广泛使用，超出其发行主体（国家）的正式管辖范围。其他货币将模仿主导货币的主要特征。历代主要的国际货币包括古雅典的德拉克马银币（Silver Drachma）、拜占庭金币索里达币（Byzantine Gold Solidus）（后来在意大利的影响下被称为贝赞特[Bezant]）、佛罗伦萨的弗罗林币（Florin）、威尼斯的杜卡特币（Ducat）、西班牙-墨西哥银比索（Silver Peso）（后来被称为墨西哥银元[Mexican Silver Dollar]）和荷兰盾（Guilder）。

尽管如此，无论某一货币在任何特定时期是否占据主导地位，也无论其他货币如何忠实地模仿，许多其他货币仍在流通，其特征各异，汇率也不确定。原则上，这种杂乱无章的马赛克拼图应该引起混乱，更不用说导致商业和金融市场的混乱了。这么多流通货币，人们怎么能判断价格的含义呢？然而在实践中，虽然存在许多困难，但都或多或少是由于自发地出现了所谓的观念货币，即可用于比较使用中实际货币价值的抽象计价单位。在欧洲最受欢迎的是各种不同的银币单位，如里夫（livre）、里尔（lire）、比索（peso）和普芬德（pfund），当然还有英镑（British Pound Sterling）。实际上，货币的交换媒介和计价单位职能产生了区别。任何数量的金属货币都可以在日常交易中相互交换。观念货币简化了竞争货币世界中的交易。

---

* 物竞天择，适者生存。——译者注

领土货币时代

直到进入 19 世纪,货币地理才发生根本性变化。各国政府急于巩固其新兴力量,开始对货币创造和管理实行更多控制。历史上第一次,一个国家/一种货币的专属国家货币目标看起来合法可行。一旦开始,货币空间的转变就迅速发生并蔓延。在 19 世纪末之前,一个新的时代——领土货币时代——已经到来。[2]

对货币权力的垄断是当时全球政治大趋势的自然结果。19 世纪是民族主义上升的时期,各国极大地受到 1648 年《威斯特伐利亚和约》(Peace of Westphalia)的鼓舞,政治权力普遍集中在国家边界内。威斯特伐利亚长期以来被认为是世界政治的一个重要分水岭,它首次确立了以专属领土为基础的绝对主权原则。该和约表面上的目的是结束三十年的战争,它的条款涉及了一些有争议的问题,包括各种王朝宣言、领土划分、宗教实践和神圣罗马帝国的宪法。但《威斯特伐利亚和约》最为人所铭记的是它主张每个国家在自己的地理疆界内享有主权准则,这实际上正式确立了领土作为欧洲乃至世界政治版图的唯一基础。从那以后,权力将体现在独立、自治的国家中,全球政治将按照我们熟悉的国家制度来运行。

在 19 世纪,随着各国政府有条不紊地压制对其统治的一切威胁,无论这些威胁是来自国外大国还是本国竞争对手,主权准则达到了前所未有的水平。它们的目标是尽可能把国家建成一个由强大中央权威领导的统一的经济和政治共同体。垄断对货币的控制只是这个过程中合乎逻辑的一部分。领土国家被普遍接受为货币当局的基本单位,我在《货币地理》中称之为威斯特伐利亚货币地理模型(Westphalian Model of Monetary Geography)。

创造新的领土货币并不容易。事实上,为了克服市场力量和几个世纪以来的货币传统,政府需要作出巨大和持续的努力。各国政府主要通过两种方式实施管制:一是促进和发展强劲的国家货币;二是限制竞争对手货币的作用。

一方面,各国政府寻求巩固和统一国内货币秩序。标准化在铸币时代以及当时刚出现的新纸币中都得到了促进。此外,所有形式的内部货币现在都相互固定,并与统一的金属标准挂钩,消除了对观念货币的需要。国家计价单位现在直接对应于流通中的有形货币。而货币供应的最终权力则牢牢地掌握在一家被政府支持、重新创立、或授权维持货币可兑换性及银行体系福祉的央行手中。

另一方面,各国政府对外币的自由流通施加了越来越严格的限制。最突出的是新的法定货币法(Legal-Tender Laws)和公共可接受性条款(Public-Receivability Provisions)。法定货币是债权人在偿还债务时有义务接受的任何货币。公共可接受性是指可以使用何种货币汇出税款或履行对国家的其他合同义务。随着19世纪的发展,以前被允许甚至特别授权作为法定货币的硬币逐渐被收回。与此同时,公众的可接受性逐渐仅限于国内货币。此外,各国政府频繁地削减或暂停接受外国硬币在本国造币厂自由兑换的承诺。最终在大多数国家,外币的流通被完全禁止(至少在形式上是如此)。

美国的经验很典型。直到19世纪中叶,墨西哥银元和其他几种外币(包括英国、法国、葡萄牙和巴西的金币)不仅在美国广泛流通,甚至还受到1793年联邦立法的明确保护。然而,19世纪50年代,当美国推出新的银币和铜币以缓解日益严重的货币短缺时,美国政府抓住机会从货币供应中消除了所有外来元素。在1857年的一段有限时间,美国财政部接受外国货币按固定比例兑换成美元。1861年后美元成为美国唯一的法定货币。尽管要再过半个世纪,美国才能通过建立自己的中央银行美联储对纸币进行标准化。

在英国,这一进程开始得更早。英国政府在拿破仑战争后实行货币制度改革,后来又颁布《1844年银行宪章法案》(Bank Charter Act of 1844),最终巩固了英格兰银行在国家金融体系中的中心地位。19世纪后半叶,欧洲其他地方以及日本也开始出现成熟的领土货币;后来在20世纪,在大英帝国和整个拉丁美洲也出现了这种货币。到了20世纪中叶,各国政府的专属货币权力已得到普遍承认并载入国际法。当第二次世界大战后的去殖民化浪潮开始、最终使得几十个新国家走上全球舞台时,几乎没有人质疑这样一种假设,即每个国家都可能合法地建立自己的中央银行和领土货币。

重返未来

从历史的角度来看，威斯特伐利亚货币地理模型的寿命非常短暂。自 19 世纪起，在 20 世纪 30 年代的大萧条和第二次世界大战之后的几年该模型运用达到顶峰，那时新出现的跨境交易限制——外汇管制和资本管制——被广泛用于加强各国货币在其领土内的排他性功能。政府在货币事务的治理上从未如此接近绝对垄断。但这种特权并没有持续下去，因为近年来在市场力量的压力下，货币之间的竞争逐渐重现并加剧。

即使在鼎盛时期，威斯特伐利亚模式也从来不是绝对的。斯蒂芬·克拉斯纳(Stephen Krasner，1999，8)准确地指出，广义的国家主权准则总是会根据具体情况作出妥协。"这些准则有时被广泛认可，有时却被经常违反。克拉斯纳写道："言行不一。"货币和全球政治的其他因素一样，都是"有组织的伪善"。虽然一国/一币准则在原则上占了上风，反映了领土国家的逻辑。但在实际中，并不一定指望该准则在哪里流行。并非所有政府都有经济或政治能力行使货币垄断的全部权力；也并非所有货币都能成功隔离更有吸引力的外国货币。对许多国家来说，除了接受某种程度的政策权威妥协外，似乎别无选择。也可能存在两个选择，那些国家要么从属于某种货币主权，要么分享其货币主权，在《货币地理》中我将其称为"双 S"策略。

从属关系体现了国家间的纵向等级制度，最常见的形式是双边钉住汇率。即本国货币的价格或多或少地与占主导地位的外国货币(通常称之为锚定货币或储备货币)的价格挂钩。从属国的汇率稳定得到促进，但代价是对外国货币的市场力量或其发行国政府的政策偏好更敏感。比钉住汇率制要求更高的形式是货币发行局制度，它不仅包括固定的价格关系，还包括不受限制地兑换为锚定货币，以及为新发行的国内货币提供充分的外币支持。最高程度的从属是指简单地用一种外国货币来代替本国货币——在一个通常被称为完全美元化或正式美元化的过程中完全放弃本国权力。[3]

相比之下，分享关系体现了国家间的横向联盟——一种分享而不是放弃主权的方式。货币联盟可以通过固定共同汇率或用联合货币取代现有货币来实现。这种集合安排的常用术语包括汇率联盟(Exchange-Rate

Union)和货币联盟(Currency Union, Monetary Union)。从属和分享货币主权都会放松政治上的民族主义与货币之间的紧密联系。但两者基本上都被视为货币管辖权一般规则的例外。

然而,最近随着各国货币体系日益相互渗透,例外的情况成倍增加。第二次世界大战后不久,全球贸易量的增加为这一阶段奠定了基础,加上金融实践中的技术和制度创新,极大地促进了跨境货币流动,逐渐扩大了货币的选择范围。久而久之,在市场需求的压力下,货币竞争愈演愈烈。在许多国家,尽管政府努力保持本国货币的排他性,但市场主体不再仅限于使用本国货币。现在选定的外国货币也可用于多种用途,直接与国家发行的货币竞争,以获得交易者和投资者的青睐。

随着货币去疆界化的蔓延,世界货币格局正在发生根本性变化。今天,和遥远的过去一样,货币的选择越来越不受限制,跨境竞争再次成为规则。事实上,从长远来看,这些发展可看作历史上经历国家货币垄断相对短暂的插曲之后一种循环的结束。货币地理正迅速回到威斯特伐利亚时代之前盛行的非疆界化模式——货币地理如一个消息来源(Craig 1996)所讽刺的那样在"重返未来"(暗指同名流行电影)。[4]另一个新时代已经到来。

强调货币等级制

货币如果足够有吸引力,可以出于两个目的在其来源国以外使用:用于国家之间或外国内部的交易。前者通常被称为货币国际化(currency internationalization),后者被称为货币替代(*currency substitution*)。货币国际化使货币间的等级关系更明显,从而改变了货币地理,将少数流行货币的领域远远扩展到货币发行国的管辖范围之外。货币替代则意义重大,因为它代表着对传统领土货币的直接入侵,减少了许多不流行货币的使用。两者都是同一种相反的格雷欣法则的产物——产生了占主导地位的国际货币。这是一种由市场需求力量驱动的达尔文式的自然选择过程。

如今,美元、欧元和日元等货币在各种商业或金融中的使用已经超过了其他货币。长期以来,美元和日元在跨境使用中一直很受欢迎。欧元于1999年首次以电子形式(一种虚拟货币)推出,随后于2002年推出纸币和硬币。欧元已经取代欧盟15个成员国中的12国货币。只有英国、丹麦和瑞典选择保留本国的传统货币。

动机

货币国际化和货币替代都不是非理性行为。相反,每种行为都可被视作对现行市场结构和激励措施的自然反应。

根据分析,每种动机都很容易被理解。货币国际化源于跨境交易中集中使用一种或几种具有广泛交易网络的货币,能够形成规模经济或降低交易成本。而每个国家用单独的货币进行交易显然效率低下。正如货币交换(而非易货)减少了单一国家经济体中搜索和协商的相关费用一样,国家之间的交易成本也通过使用一种或几种货币而分摊。通过单一载体货币(vehicle currency)进行的交易量越大,收集信息和货币转换的成本就越小。[5]

事实上,货币国际化提高了货币每项主要职能的效用。载体的职能增强了货币作为商业交换媒介和计价单位的价值,而这些效应也通过促进财富在更具普遍购买力资产中积累,而扩大货币作为价值储存的吸引力。至少,国际化的货币将向市场代理支付以某种国际货币表示的一定数额的营运余额。根据预期利率和汇率的跨境变化,它也将支付将其用于长期投资目的的费用。此外,一旦一种货币被私人主体广泛使用,它就更有可能被政府使用,同时也成为储备货币、干预媒介和钉住汇率的工具。公共主体还可以从广泛的交易网络所提供的规模经济中获益。

货币替代的动机通常是高通胀率,这种通胀侵蚀了当地货币在国内的购买力,并通过汇率贬值侵蚀了其海外交易的购买力。因此,处于高通胀经济体的居民有动机将更稳定的外币作为首选的价值储备,将其作为一种对储蓄的通胀"对冲",甚至作为计价单位和交换媒介。实际上,外国货币成了公众的金融避难所,它为抵御物价上涨的破坏力提供了一种方便的防御手段。正如卡尔沃和韦格(Calvo and Vegh 1993, 34)所言:"就像一种致残性疾病,使机体的任何部分都无法幸免一样,高通胀严重阻碍了货币发挥其基本职能的能力……但是与一种独特、不可替代的生命体不同,病态货币的替代品很容易找到。因此,毫不奇怪,公众在寻求健康货币的过程中转向了外国货币。"

如果治疗方法如此容易找到,谁不会选择接种疫苗来对付一种致残性疾病呢?

选择

是什么决定了哪些货币将在达尔文式的竞争中获胜?几乎没有争议,竞争成功所需的主要品质是大家所熟悉的。需求由三个基本属性决定。

首先,至少在一种货币跨境使用的最初阶段,人们对货币未来价值的信心得到了货币来源国政治稳定的支持。从本质上说,这意味着货币来源国有着较低通胀率和波动率的良好记录。而高波动的通胀率增加了信息获取和价格预测的成本。如果某种程度上货币购买力不能被预测,那么该货币就不会被轻易用于跨境目的。

其次是交易便利性(exchange convenience)和资本确定性(capital certainty)的特质,即高度的交易流动性和资产价值合理的预测能力。两者的关键是建立一个发达的金融市场,充分开放以确保非居民自由进入。市场不应受到高交易成本以及正式或非正式进入壁垒的阻碍。金融市场还必须是广泛的,有各种各样的工具可用于短期或长期投资。最后,市场还必须具有深度和弹性,为大多数金融债权提供充分运作的二级市场。

最后,也是最重要的一点,货币必须有一个广泛的交易网络,因为没有什么比其他人接受该货币的承诺更能提高货币的可接受性了。从历史上看,这一因素通常意味着某个经济体的绝对规模很大,并很好地融入世界市场。一个庞大的经济体为一种货币创造了一个自然充足的流通区域;如果货币发行国也是世界贸易的主要主体,那么规模经济将得到进一步增强。如果没有国家经济体量的支撑,任何货币都不能取得国际领先地位。一国与其他国家进行的交易量越大,其货币使用所产生的潜在网络外部性就越大。

然而,正如历史所充分证明的那样,这些属性都不固定。事实上恰恰相反。随着时间的推移,每一种货币的吸引力都会受到侵蚀,特别是如果货币发行国轻率地滥用其货币垄断特权。因此,市场偏好可能在不同时期发生重大变化。莎士比亚形容君主的话同样能贴切地形容货币:"欲戴王冠,必承其重。"从来没有一种货币能在国内外使用中享有永久的支配地位。

数量级

众所周知,货币的跨境使用正在迅速加速,但由于缺乏全球货币流通的全面统计数据,导致无法全维度准确衡量其跨境使用程度。然而可以从各种来源收集部分指标,以说明所涉及的令人印象深刻的数量级。

全球外汇市场发出了货币国际化快速增长的最明确信号,根据国际清算银行(Bank of International Settlements 2002)的数据,20 世纪 90 年代期间,全球外汇市场的日均交易额迅速提升,从 1989 年的 5 900 亿美元增至 1998 年的近 1.5 万亿美元,年增长率超过 25%。2001 年的日均交易额为 1.2 万亿美元。虽然这一现象的大部分是因交易商之间交易而产生,其扩张速度也令人印象深刻。1998 年之后的下降是由若干特殊因素导致,其中特别包括 1999 年引入欧元,消除了欧元区货币之间的贸易(Galati 2001)。就货币构成而言,美元是全世界最受欢迎的货币兑换工具,占 2001 年所有交易的 90% 左右(与 1989 年的份额持平)。欧元在所有交易中占 38%——高于其前身德国马克的份额(在 1998 年的交易中占 30%),但低于欧元所有组成货币的总和(53%)。2001 年日元的份额略低于 23%,比三年前略有上升。[6]

美元也是国际贸易中最受欢迎的计价工具。据估计,以美元计价的出口商品占世界出口总额的近一半(Hartmann 1998),是美国在世界出口份额占比的两倍多。在被欧元取代之前的最后几年,德国马克在贸易计价中所占份额为 15%,大致相当于德国在世界出口中所占的比例。来自欧洲中央银行(European Central Bank 2001,18)的初步证据表明,欧元在 1999 年推出后,德国马克的份额主要由欧元占据。日元的份额一直徘徊在 5% 左右,大大低于日本在世界出口中的比重。

类似美元占主导地位的情况在国际金融市场上也很明显,包括银行存贷款、债券和股票在内的金融资产多年都以两位数的速度增长。泰格森等(Thygesen et al. 1995)利用各种数据来源,计算出当时全球私人国际投资总投资组合的价值。他们指出,总投资组合价值从1981年的1万亿美元增加到1993年的4.5万亿美元,增长速度远快于世界产出以及商品和服务贸易的增长。其中,美元再次占据主导地位,占外币存款的近五分之三,占国际债券的近五分之二。欧元所占份额分别为14%和10%;日元则为4%和14%。最近,据国际货币基金组织(International Monetary Fund 1999c)估计,1997年国际证券投资总额(包括股票、长期和短期债务证券以及金融衍生品)略高于6万亿美元。

货币替代迅速增长最明显的信号是出于合法和非法目的,国际上受欢迎的货币在其来源国以外的实际流通迅速增加。其中,令人印象最深刻的是美元的广泛使用。美联储及其财政部的权威研究显示,2000年所有在海外流通的美联储票据价值约占其未偿还总量的50%至70%,总计约2 750亿至3 750亿美元。[7]研究还显示,在目前每年增加的美国国债中,有多达四分之三直接流向国外,而20世纪80年代流出的份额不到一半,70年代不到三分之一。到90年代末,美联储发行的100美元面值的国债中,有高达90%直接流向国外,以满足外国需求(Lambert and Stanton 2001)。世界对美元的需求似乎不仅强劲,而且还在增长。

按照类似的思路,德国央行估计(Bundesbank 1995),截至1994年底,德国马克在德国境外的流通量(主要在中东欧和巴尔干半岛)约占总存量的30%至40%,相当于650—900亿德国马克(450—650亿美元)。[8]2002年欧元纸币开始流通后,欧元接管了德国马克在国内外使用中的角色,人们满怀信心地预计,欧元最终甚至会削减美元的市场份额。同样,在世界的另一边,日本央行官员也私下指出,1993年日元纸币的总供应量约为3 700亿美元,高达10%的日元流通于邻国。[9]此外,还有少量其他国家的货币在国外流通,包括中欧的瑞士法郎、[10]南部非洲的南非兰特和太平洋地区的澳元。综合各种估计,20世纪90年代末,在外流通的顶级货币(top currencies)至少为3 500—4 000亿美元(Rogoff 1998:279),这绝不是一个微不足道的数字,而且从现有证据来看,显然仍在迅速上升。另一个数据来源显示（Krueger and Ha 1996），到 20 世纪 90 年代中期，世界上多达四分之一到三分之一的纸币已经在发行国之外流通。

去疆界化绝不是普遍现象（至少现在还不是），但它在广泛传播。克鲁格和哈（Krueger and Ha 1996）估计，20 世纪 90 年代中期，在占世界人口总量三分之一的三十多个国家中，外国纸币占这些地区当地货币存量的 20% 甚至更多。大多数货币替代现象集中在拉丁美洲、加勒比、中东、东南亚部分地区以及苏联，在这些地区美元受到青睐。而在德国的历史腹地、欧洲的中东部和巴尔干半岛，在欧元诞生之前，德国马克一直在这些地区占据主导地位。国际货币基金组织（Baliño et al. 1999）基于外币存款而非纸币的估算表明，20 世纪 90 年代中期，在 18 个国家中，外币至少占这些国家广义货币供应量的 30%。[11]最极端的例子是阿塞拜疆、玻利维亚、柬埔寨、克罗地亚、尼加拉瓜、秘鲁和乌拉圭，比例都超过 50%。另外有 39 个经济体的这一比率接近 30%，表明这些经济体货币被渗透的比率处于"中等"水平。这一趋势一直持续到 21 世纪。[12]

货币金字塔

我们怎样才能恰当地描绘新的货币地理？这个新时代的关键特征是盛行的跨境竞争，这自然会造成货币之间的等级制度。当前美元或欧元等少数流行货币的使用和影响已远超其发行当局的法律管辖范围而遍及全球大部分地区。但是，许多其他货币的有效领域正在缩小，甚至急剧缩小。因此，货币世界正变得越来越分层，呈现出一个巨大的金字塔形状：顶部狭窄，最强的货币占据主导地位；而下方则越来越宽广，反映出不同程度货币竞争的劣势。我将其称之为货币金字塔。

虽然难以用于分析目的，但货币金字塔图像仍然有助于展现货币竞争关系的丰富多样性，同时又不会夸大我们对实践的抽象程度。货币金字塔每个层级的标签虽然有点言过其实，都是为了突出各层级的明显区别，以此精确映射如今的货币地理。货币金字塔的七个层级如下：

1. 顶级货币（top currency）

这一稀有等级只适用于最受尊敬的国际货币，这些货币主要用于大多数（如果不是所有）跨境交易目的，其流行程度很普遍，并且不限于任何特定的地理区域。[13]在领土货币时代,只有两种货币能够真正配得上这种崇高的地位:第一次世界大战前的英镑和第二次世界大战后的美元。原则上,多种顶级货币可能同时受到青睐,正如在两次世界大战期间的英镑和美元一样,当时英镑首次进入一个长期不可逆转的衰退期(Cohen 1971)。然而今天,美元单独占据了货币金字塔的最高阶层。记者汉普森(Hampson 2001)感叹道:"美元是世界之王,是世界的基石货币。"

2. 贵族货币(patrician currency)

在最高级别之下,我们发现用于各种跨境目的的货币虽然数量可观,但并不占主导地位。很明显,如今被纳入这一范畴的是欧元,它是德国马克自然的继承者。大多数观察者仍将日元包括在这一层级之内,尽管其最近人气有所下降。欧元和日元都是世界货币中的贵族。然而,两者都不能宣称拥有像美元那样广泛的流通领域。在大多数跨境交易中,这两种货币的吸引力很大程度上都局限于单一地区或某一个类别的跨境交易。

3. 精英货币(elite currency)

这一类别中的货币具有足够的吸引力,使其有资格在某种程度上进行国际使用。但其吸引力有限,无法在其本国边界以外的范围产生直接影响。在这里,我们找到了国际货币的外围货币。这一层级的货币尤其包括英镑(不再是顶级货币,甚至贵族货币)、瑞士法郎和澳元。

4. 平民货币(plebian currency)

与精英货币相比,平民货币地位更谦卑,国际用途非常有限。在这里,我们可以看到较小的工业国家,如挪威或瑞典,以及一些中等收入新兴市场经济体(如以色列、韩国等)和较富裕的石油出口国(如科威特、沙特阿拉伯和阿拉伯联合酋长国)的货币。在国家内部,平民货币或多或少地保留着对货币所有传统功能的独占性要求,但在国家外部,它们所占份额很小,除了用于一定数量的贸易计价,很少吸引其他方面的跨境使用。

5. 渗透货币(permeated currency)

这类货币包括那些历经货币替代、在国内竞争力也被削弱的货币。尽管名义上货币主权仍由发行货币的政府掌握,但外国货币已取代国内货币进行价值储存,这无疑增加了当地货币的劣势。被渗透的货币面临着来自国外的竞争入侵。从现有经验证据来看,今天被渗透的货币范围似乎相当广泛,可能包括大多数发展中国家经济体,特别是那些拉丁美洲、原苏联集团和东南亚地区的发展中国家。

6. 准货币(Quasi-currency)

货币金字塔更往下一层是准货币。该类货币不仅价值储存的职能被取代,而且在很大程度上其计价单位和交换媒介的职能也被取代。准货币是保留名义主权的货币,但在大多数情况下被拒绝接受。现有证据表明,全球许多脆弱的经济体,包括阿塞拜疆、玻利维亚、柬埔寨、老挝和秘鲁等国的货币,确实已经达到了这一层级。

7. 伪货币(Pseudo-currency)

最后,我们来到金字塔的最底层,那里的货币只是名义上的伪货币。伪货币最明显的例子是像巴拿马的巴尔博亚(Balboa)这样的代币。这种代币存在于美元等强势外币是首选法定货币的国家。

货币治理的影响

这幅货币金字塔示意图中的标签可能是空想,甚至是异想天开,但它们所描述的地理学却并非如此。货币是一件严肃的事情,直接影响国家内部和国家间的权力关系。始于 19 世纪建立专属领土货币的行动赋予了各国政府在本国境内的巨大权力,使公共部门相对于社会主体享有特权。从那时起,决策者就一直依赖从正式货币垄断中获得的优势来促进他们的国家利益。然而,现在一切都在改变。随着货币去疆界化进程的加快,权力正重新分配,从根本上改变了国家在货币治理中的角色。

领土货币的收益

我们很容易理解为什么威斯特伐利亚货币地理模型受到各国政府的

青睐。严格的领土货币主要有五大收益：第一，降低国内交易成本，以促进经济增长；第二，管理宏观经济运行的有力工具；第三，公共支出的可能收入来源；第四，强有力的政治象征，以促进民族认同感；第五，使国家拥有免受外来影响或约束的切实可行的手段。可以预期，这五项收益都受到决策者的高度重视。

降低国内交易成本可能是领土货币最基本的收益，公共部门和社会主体都能分享这项收益。正如早期货币的发明提高了交换效率一样，与前威斯特伐利亚时期货币相互竞争的混乱局面相比，每个国家创造单一货币必然会进一步降低当地交易成本。从历史上看，货币领土化促进了完整而连贯的国家市场的出现，这是国家建设的一个重要组成部分（Helleiner 2003a）。一种独家货币最大限度地发挥了国家边界内网络外部性的潜力。

领土货币的所有其他收益都直接增加政府的有效权力。其中一个收益来自货币对实际经济运行、总产出和就业以及价格的潜在影响。只要各国政府能够在自己的领土内保持对货币供应的控制，它们至少在原则上有能力影响和管理市场活动的总体节奏。这就是通常所说的货币政策，可以用来促进国家的广泛繁荣和强大，以及满足政府狭义的财政要求。政府有两种政策工具可用。第一是货币存量本身，可以通过控制货币存量以增加或减少居民的支出水平。第二是汇率，即本币以外币表示的价格，可以诱导本国和外国商品的转移以增加或减少国民经济中的支出。当然，这两种工具都不一定绝对正确，也不可能在长期内对经济活动产生持续的影响。大多数经济学家都认为，相当长的时间内，货币政策只能控制物价水平。但正如约翰·梅纳德·凯恩斯的名言所说："从长期来看，我们都死了。"大多数经济学家也承认，对于政府官员感兴趣的短期，货币和汇率政策可以作为宏观经济管理的工具来发挥重大影响。

诚然，来自自主货币政策的权力可能被滥用，而且经常被滥用，造成持续的价格不稳定甚至恶性通货膨胀。在这种情况下，许多人可能会认为，政府对货币供应量和汇率的控制弊大于利，他们更愿意以这样或那样的方式束缚决策者的手脚。但决策者却很少认同这种观点，他们通常高度重视让政策保持一定程度的灵活，以促进他们对国家利益构想的实现。

可以肯定的是,大多数政府在大部分时候都会将独立宏观经济管理的能力视为一种不能轻易放弃的特权。

第二项众所周知的收益是铸币税——货币垄断赋予政府随意增加公共支出的能力。从技术上看,铸币税是指货币面值超过其生产成本的部分,可以被理解成税收或从金融市场借款的能力。由货币创造提供资金的公共支出实际上占用了私人部门的实际资源,而私人部门的购买力因随之而来的通货膨胀而相应降低,这对政府来说就是一种特权。由于涉及通货膨胀的影响,这一过程也被通俗地称为通货膨胀税,以此强调这也是一种可以而且经常被滥用的权力。然而,尽管存在与通货膨胀相关的不利经济因素,从政治角度来看,铸币税特权作为一种抵御风险的保险政策是有其合理性的。正如一位消息人士所说,这是一种不得已的收入(Goodhart 1995,452)。铸币税实际上是决策者在发生突发危机或国家安全受到威胁时调动资源的最灵活的税收手段。这也是大多数政府在大部分时期不愿轻易放弃的能力。

第三项收益是领土货币对内部分裂者或持不同意见者所起的重要象征作用。只要所有公民都觉得自己作为一个单一社会单位的成员被联结在一起——都觉得自己是"想象的共同体"(Anderson 1991)的一部分,就会促进政治权力的集中。文化人类学家强调,国家的建立不仅仅是通过武力,也要通过忠诚,即一种对共同身份的自愿承诺。"我们"和"他们"之间的关键区别可以通过各种有形的符号来加强,如旗帜、国歌、邮票、公共建筑,甚至国家运动队。正如埃里克·赫莱纳(Eric Helleiner 1998b,2003a)强调的那样,这些符号中最有效的是货币。赫莱纳认为,国家认可的货币至少可以通过四种方式增强民族认同感:为民族主义形象提供载体,有助于建立集体传统和记忆;充当社会交流的共同媒介;培养对国家和民族的信任感;以及促进发展人民主权意识。因为国家货币是由政府或中央银行发行,所以国家货币每天都在提醒公民与国家的联系。同样,由于货币在日常生活中的普遍使用,它强调了一个事实,即每个人都是同一个社会实体的一部分——这一作用与单一民族语言的作用不相上下。共同的货币有助于使不同的、往往是对立的社会群体同质化。

最后从消极意义上讲,领土货币收益在于增强了政府避免依赖其他来源获取这一关键经济资源的能力。货币领土在国家和世界其他地区之间划出了明确的经济边界，提升了政治权威。政府越接近绝对的货币垄断，就越有能力在制定和执行政策时使自己免受外部影响或约束。这个逻辑很简单：如果你想要政治独立，不要依赖别人的货币。

赢家和输家

因此，我们不应惊讶于各国坚决地坚持货币主权的理念。然而重要的不是形式原则，而是实际做法，这不仅取决于货币供应，而且取决于需求。当今各国政府对需求的控制越来越严格，对本国货币存量及汇率行使直接的管辖权。随着去疆界化程度的提高，即使是最专制的政府也无法保证其货币总是优先于其他地方的货币。

因此，去领土化必然会改变货币事务中包括政府间以及公共、私人部门间的权力分配。显然，国家间影响力的平衡发生了关键性的转变。不那么明显但同样重要的是，政府和市场之间的相互作用随之发生了决定性的变化——这些变化可能对每个国家的有效政治权威产生深远影响，而无论其货币的竞争力如何。尽管影响的方式并不总是那么容易预测，货币垄断给政府带来的四项收益都会受到影响。

宏观经济管理

例如，去领土化对政府宏观经济管理能力的影响将大不相同，这取决于特定货币的竞争力以及官方政策与市场偏好的相互作用。去领土化对政府宏观经济管理能力的主要影响体现在国际收支融资机制上。

长期以来，经济学家一直将相对容易的国家内部区域失衡调整与相对困难的国家间支付调整进行对比。它们的一个主要区别是，由于存在着大量可以在盈余地区和赤字地区之间随时进行交易的广义短期金融债权，在发生暂时性动荡时，单个国家内部均衡资本流动的余地更大。反过来，这些广义债权的发展被归因于单一国家货币的存在，这当然消除了所有的外汇风险。

这种推理显然是基于传统国家货币的排他性假设。然而，即使考虑到跨境货币使用速度的加快，这一假设有所放松，但同样的逻辑仍然适用。给定货币职能范围越广,均衡资本流动的有效范围就越大(以买卖该货币计价的广义债权形式),因此,在其他条件相同的情况下,这些资本流动应减轻国际收支对国家政策的限制,减少拥有最具竞争力货币的国家的调整成本,这些国家的宏观经济政策灵活性应得到加强。相比之下,货币竞争力较弱的国家将发现自己在调整过程中不太能够依赖均衡的资本流动。由于对它们的货币缺乏信心,国际收支的制约将增强,这些国家的回旋余地也将相应减少。

然而,去领土化对这两类国家的影响并不十分明确。对排名靠前的国家来说,国内货币政策的目标很可能是误导性的,因为存在大量且不确定的货币在国外流通。外国对本币需求的意外变化或本币走弱的危机也可能会周期性地破坏政策的稳定性。获得政策灵活性绝不是没有代价的。同样,对于排名靠后的国家,影响也各不相同,这取决于各国政府如何选择应对其宏观经济政策灵活性回旋余地减少的问题。如果市场主体认为政府维护货币政策独立性的努力不可信,这些国家则几乎无法进行经济性控制,并且可能会失去金融稳定性。另外,如果政府实际上将其名义上的主权(至少部分地)置于严格的市场规则之下,那么经济运行可能会更健康,调整成本也会更低。这些国家至少有义务在制定宏观经济政策时适当考虑市场情绪。

铸币税

政府的铸币税特权也是如此。在这方面,所有国家的国家权力都将受到影响,这在很大程度上取决于官方政策如何与市场偏好互动。对于竞争力较低的货币,政府通过货币创造获得适当资源的能力显然受到损害,因为从国外很容易找到一种更便捷的本国货币的替代品。这些国家征收通货膨胀税的基础在缩小。因此,它们应对突发事件的能力无疑受到制约。

但是,对于拥有更具竞争力货币的国家而言,国家权力是否相应地增强了?乍一看似乎毫无疑问。货币职能范围越广,发行货币的政府就越容易利用铸币税的财政收益。这些国家不仅国内货币垄断权得到保护,只要外国人愿意持有该国货币或在该国以外使用其货币,外国也能成为它们的收入来源。货币跨境流通的扩大产生了货币发行国政府从国外获得补贴或无息贷款等隐性收入转移的能力，这意味着整个经济体实际资源收益增加。经济学家将其称为国际铸币税，以便与传统的国内铸币税区别开来。国际铸币税在实践中可能相当可观，英镑和美元的历史经验已经充分证明了这一点。国际铸币税只有货币在市场上存在竞争优势时才能获得，但这一优势无法得到永久保证。因此在实践中，发行国获得铸币税能力可能会减少。

简单地说，随着海外发行量的增长，外国人可能会更加担心货币未来贬值的可能性，甚至担心发行国对其持有的资产的可用性进行限制。因此，随着时间的推移，货币发行国政府将不得不更重视来自其他国家货币的竞争，并相应地抑制自身对通货膨胀税的兴趣。至少，为了保持货币的吸引力，政府可能必须大幅提高利率。最终，国家政策肯定会受到抑制，因为需要阻止市场主体突然转向更受欢迎的竞争对手。

总之，铸币税特权所产生的权力对所有国家来说都会受到限制，无论其货币的竞争力如何。在一个跨境使用加速的世界里，任何政府在考虑如何为其支出筹集资金时，都不能忽视市场主体的偏好。

政治象征

货币作为政治象征的作用也会受到不同影响。如果一种领土货币起到培养国家认同感的作用，那么去疆界化在逻辑上可能会产生相反的效果，放松对国家的忠诚纽带。然而事实上，结果可能相当复杂。在某些情况下，人们对想象的共同体的认同感可能会因为货币主权被侵蚀而加强。政府可能有得也有失，这不仅取决于货币之间达尔文式斗争的结果，还取决于官方政策如何与市场主体的偏好互动。

去疆界化显然减弱了货币竞争力较弱国家的政府象征价值：这些货币的本土空间被国外更受欢迎的竞争对手成功入侵。由于过度通货膨胀或感知到的贬值风险，一种外币用于替代本国货币的程度越高，公民就越不觉得与该国之间存在内在联系。"我们"和"他们"之间的关键区别正在逐渐消失。更糟糕的是，货币原本是一种权力和高贵的象征，现今却成了每天提醒人们政府无能的工具。发行这种货币的政府也不易获得尊重。

相比之下，从最具竞争力的货币来看，去疆界化更有可能增强货币的象征价值。货币发行国在货币等级体系中的卓越地位提升了其在世界事务中的整体声誉。货币广泛的国际流通成为货币发行国地位和威望的重要来源，这是国际社会地位提高的一个非常明显的迹象。当货币获得各方面的崇高敬意时，谁不会为之骄傲呢？

然而，当政府试图通过干预来改变或控制市场偏好时，事情就变得更加复杂了。例如，如果一国政府决心采取行动应对来自外国货币的竞争时，那么弱势货币也可能变成某种强势力量的来源。实际上，在这种情况下货币政策可能会转变为一种政治象征。由市场驱动的外国货币的入侵几乎可以被视为公开的军事侵略行为。此时，捍卫国家货币被视为代表了想象的共同体的光荣立场——爱国主义的终极体现。

相反，强势货币也可能成为弱势的来源，特别是如果一国政府在其货币流行程度开始下降却试图维持其货币国际地位时。正如我所说，没有一种货币在跨境使用方面会维持永久的主导地位。然而，一旦获得货币地位的威望，无论是顶级货币、贵族货币还是精英货币，都很难将其拱手让人。但是，正如在国内坚决抵御国外货币入侵可以激发人们对政府的信心一样，如果在国际上恢复国家货币地位的努力没有取得成果，则很可能会产生相反的效果而引起质疑甚至嘲笑。英国政府在第二次世界大战后为防止英镑区解体而进行的旷日持久但徒劳无功的斗争提供了一个最好的例子(Cohen 1971)。电视名人戴维·弗罗斯特(David Frost)尖刻的讽刺话最能概括英国公众的反应："看到英镑的遭遇真是太可惜了。曾经英格兰央行发行了一张纸条，上面自豪地写道：'我保证按要求向持票人支付一英镑。'现在它简单地写着：'敬请关注(*Watch This Space*)。'"[14]操纵市场需求以保持货币地位的努力并非总能成功。

货币隔离

当我们谈道货币垄断不受外部影响的最后一项收益时，情况也大致相同。在这方面，拥有最受欢迎货币的国家会获得更高比例的收益。因为一种货币职能范围的扩大，提供了胁迫其他国家的潜在手段。货币排名靠前国家政治权力的增强往往以牺牲排名靠后的国家的利益为代价，这些国家变得越来越依赖外国货币。但结果究竟如何,则高度取决于官方政策和市场偏好的相互作用。

很明显,货币之间的等级制度可能会影响各国间的权力分配。等级制度的概念本质上是政治性的,代表着不同程度的相互影响,即某个政府对其他政府实现国内外政策目标能力的影响。在国际上,发行广泛流通货币的国家能够通过直接或间接地控制金融资源的获取,对其他人施加影响。乔纳森·科什纳(Jonathan Kirshner 1995)列举了货币排名靠前的国家可能以四种方式胁迫利用货币依赖性:(1)强制执行(enforcement)——操纵现行规则或威胁制裁;(2)驱逐(expulsion)——中止或终止的特权;(3)攫取(extraction)——利用关系获得相应的实际资源;(4)截留(entrapment)——转移从属国的利益。在国内,国家在制定和执行政策时应该更好地避免受到外界的影响。

然而在这一点上,只有当所涉货币在市场上保持竞争优势时,才能利用其影响力。一旦竞争对手的货币开始出现,发行国将发现自己操纵他人依赖性的能力可能会受损。预期结果很大程度上将取决于市场主体的反应,他们可能会加强或消除公开强制措施的影响。因此,操纵他人依赖性权力的行使越来越依赖于系统地培养市场情绪。均衡资本流动可能会为广泛流通货币的发行国继续提供额外的政策灵活性,以应对暂时性冲击。然而,随着时间的推移,国家的行为将越来越受到限制,因为需要阻止市场主体突然或大量将其货币兑换成其他货币。总之,有效的政治权力最终可能会减少。

总结

简言之,一些政府,尤其是那些拥有最流行货币的政府,显然受益于去疆界化。此外,由于它们的收益是以货币竞争力较低的国家为代价,因此,国家间权力的平衡显然向着有利于它们的方向转变。但即使是排名最靠前的国家也无法免受市场压力的影响。随着时间推移,货币广泛流行的所有优势都会受到需求驱动的竞争力量侵蚀。因此很明显,从比较角度来看,不管政府的货币多么受欢迎,最大的赢家根本不是政府,而是一批经过挑选的私人部门主体(特别是那些在市场上有能力和机会选择替代货币的主体)。在国家与社会的关系中,去疆界化显然更倾向后者。世界各地政府享有的特权比以前少了,私人部门的选择比过去多了。

纯粹从物质上讲,社会主体获得了一个重要的效率收益指标——货币发挥其主要职能的便利性是否提升。跨境可替代性一定程度上遏制了铸币税特权被滥用或宏观经济管理被误导。在政治上,私人部门对公共政策的影响力达到了前所未有的程度。国家权力显然被削弱。

寡头垄断国家

然而,这并不意味着在政府行使货币主权的地方,现在就由私营部门断然掌权——只要国家仍然是当今各国之间激烈竞争的货币的主要来源,情况就不会如此。达尔文主义的斗争虽然激烈,但至少就目前而言这种斗争仅限于供应方面。因此,尽管在货币事务管理方面的作用有所减弱,各国政府继续发挥作用。国家权力可能会被削弱,但它还没有被消灭。

随着去疆界化,政府被剥夺了它们曾经对货币需求的垄断控制权,处于货币金字塔顶端的国家和底部的国家都是如此。由于许多交易者和投资者现在有了货币选择权,在既定的政治领土内,能够强制本国货币发挥排他性作用的国家越来越少。然而迄今为止,政府仍然主导着市场的供给,对目前货币的创造保持着管辖权。因此,只要各国政府能够成功地在国内和国外竞争中争取市场主体的忠诚,它们仍然能够影响需求。政府权力仍能改变用户偏好。

因此,从本质上讲,今天国家的作用与寡头垄断行业中竞争企业的作用没有什么不同(国家相当于寡头垄断企业),从来没有人指责寡头垄断企业缺乏实际权威。在一个货币体系日益相互渗透的世界里,各国政府都发现自己被迫加入到竞争中,以保持或提升本国货币的市场份额。与寡头垄断企业一样,政府通过有意或无意地尽其所能来塑造和管理需求,从而增强其影响力。

国家之间的商业竞争并不是什么新鲜事。作为世界政治大博弈的一部分,各国政府一直在相互争夺市场和资源。货币竞争的不同之处在于,国家作为市场一方(即供给方)的主导者直接参与竞争,推动由自己创造、自己认可的货币。

当然,寡头垄断的类比并不完美。货币作为一种公认的计价单位和交换媒介,具有私人企业产品所不具备的公共产品特征。此外,国家拥有合法强制的权力,从而使其拥有商业寡头垄断一般所不具备的政策选择能力。尽管如此,这种类比是恰当的,因为国家间的货币竞争具有寡头垄断的两个关键结构特征:相互性和不确定性。两者都是传统寡头垄断所固有的特征。

就像在寡头垄断行业中,国家的数量足够少,以至任何一个国家的行为都对其竞争对手的某些行为产生一定影响;反过来,其他主体的行为和反应也无法准确预测,结果体现决策的相互性,迫使所有国家如竞争企业一样专注于长期策略的考虑。从这个意义上说,货币生产商与汽车或电脑生产商其实没有什么不同。此外,与汽车或电脑生产商一样,政府被迫通过努力管理市场的需求方来实施其策略,以"销售"其"产品"。它们的目标客户是国内外的货币使用者。目的是维持或加强货币的版图,货币就如用注册商标出售的商品一样。货币治理本质上已经成为一场争夺市场忠诚度的政治竞赛。

收　缩　论

问题是:比赛结果如何? 当然,前景无法被准确地预测。预测货币的未来就像是观察一片迷雾,在地平线上只能隐约地看到大概的地形特征。然而即使透过薄雾,也可以看到正在发展的新的地理轮廓。

与任何市场一样,结果最终将取决于需求和供给的相互作用。在需求方面,出于效率考虑,人们倾向尽可能少的货币,这导致许多人预测流通中货币种类将大幅缩水。这就是"收缩论"的核心观点。然而在供应方面,则显示了很多相反的情况,使这种预测受到怀疑。事实上,货币的空间组织未来前景复杂性将增加。这将进一步挑战国家在货币事务管理方面的权威。

需求侧

很明显,各国政府有充分的理由选择旧的威斯特伐利亚模式,严格按照地域来定义货币空间。但同样明显的是,如果仅以效率为重,独立货币的数量将远远低于决策者所青睐的数量。目前,全世界有 150 多种国家认可的货币在流通,[15]包括货币金字塔顶端的美元、其他流行货币以及底部的许多小型准货币和伪货币,哈里斯轻蔑地称之为"垃圾货币"(Harris 2001, 35)。所有这些不同的货币都陷入了一场激烈的达尔文式的生存斗争中。有人会相信如此多的货币种类代表了一种真正的有效均衡吗?

争论的焦点是经济学家所称的"最优货币区"(Optimum Currency Area, OCA)的规模——货币空间的最有效规模。顾名思义,单个货币的最优货币区规模越大,整个世界均衡货币种类就越少。自 40 多年前诺贝尔奖获得者罗伯特·蒙代尔(Robert Mundell)发表一篇开创性文章以来,最优货币区问题在学术界一直备受关注(Mundell 1961)。随着最优货币区理论的发展,学者们开始从一个国家的角度关注参与共同货币区所带来的物质上的得失。[16]各国政府被视作已对使用某种更有用货币的优势以及放弃货币自主权的劣势(即在不改变货币供应量或汇率的情况下,必须适应国内或外部干扰的潜在成本)进行比较。由于所涉及的微积分相当复杂,对于最优货币区究竟有多大还没有达成共识。但很少有经济学家会怀疑最优货币区的规模将大大超过当今许多国家货币的狭窄领域。这意味着货币数量将比目前少得多。

当然,我们现在拥有的大量货币,包括许多流通量非常有限的货币。这些货币对跨国交易者、投资者以及为自己的储蓄寻求安全的价值储存的市场主体没有吸引力。正如冯·弗斯滕伯格(von Furstenberg 2000b, 112)所言:"在货币问题上,小确实不美。"事实上,如果完全留给有成本意识的市场主体来决定,那么需求的力量无疑会大幅缩减货币种类,降低交易费用,最大限度地提高货币的实际收益。正如鲁迪·多恩布施(Rudi Dornbusch 2001a)所言,货币种类越少意味着这些货币越好。原因很简单:规模经济在货币使用中具有压倒性力量。唯一的问题是:这个数字会降到多低?

如前所述,交易成本与愿意接受某种货币的市场主体数量成反比。

因此,每种货币的吸引力可以被认为是其交易网络规模和经济重要性的直接函数。货币交易网络的规模和重要性越大,其利用网络外部性产生的规模经济就越大。因此,减少货币种类的动机将更大。

事实上,如果规模经济是市场主体关注的唯一因素,那么货币的均衡种类数量最终将缩减到只有一种,一种单一的普适货币,这是格雷欣逆向法则的最终体现。经济学家广泛认同这一观点。蒙代尔本人调侃说道:"货币的最佳种类数量就像神的最佳数量一样,只有一个奇数,最好少于三个。"[17]德国经济学家罗兰·沃贝尔(Roland Vaubel 1977,437,440)指出:"最终,货币竞争会自我毁灭,因为货币的使用受制于非常大的规模经济。货币行业必须被视为(永久性的)成本下降行业,即自然垄断行业。唯一持久的结果是竞争力最强的货币生存下来。"

作为一个实际问题,自然垄断的论点过于偏激,因为规模经济固然重要,但并不是市场主体关注的唯一因素。正如现代网络理论所指出的那样,稳定性和可靠性同样重要。这表明现实中货币种类的最佳数量可能大于一。根据网络理论,空间关系的组织有两个不同的结构:一是基础结构,即网络的功能基础;二是信息结构,即提供所需的管理和控制服务。就像自然垄断论所阐述的那样,规模经济通过降低交易成本,显然促进了基础结构层面的网络整合。相比之下,在信息结构层面,最佳配置往往更分散且更具竞争力,从而最大限度地发挥生产者的责任。有限数量的竞争网络将抵消绝对垄断的负面影响,这种垄断往往导致使用者控制力削弱以及生产者的剥削动机。在货币问题上,这意味着市场主体必须权衡供给侧垄断特权可能被滥用的通胀风险与需求侧大型交易网络的优势。因此,理性的逻辑表明,人们倾向某种程度的多样化,而不是完全的集权化——货币种类数量很少,但不是只有一种通用货币。

货币持续的惯性——货币使用中的固有特征——也促进了货币种类的多样性。惯性有两个来源。首先是源于既有完善的交易网络。自然垄断论据中所强调的规模经济是由网络外部性造成;同样,网络外部性也对用户偏好的黏性(已被大量研究证实)产生了明显影响,学者们称之为"滞后"(hysteresis)或棘轮效应(ratchet effects)。实际上,"先被使用"赋予在位者某种自然优势。许多学者认为,从一种货币转换到另一种货币的代价很大,涉及一个代价高昂的金融适应过程。[18]因此,尽管给定的货币看起来很有吸引力,但除非其他人也可能广泛使用,否则采用它将不会产生收益。经济学家凯文·多德和戴维·格里纳韦(Kevin Dowd and David Greenaway 1993,1180)指出:"改变货币是代价高昂的——我们必须学会用新货币来计价,必须改变报价单位,甚至必须改变我们的信用记录等等。这解释了为什么市场主体往往不愿转换货币,即使他们使用的货币明显不如其他货币。"

用户在选择替代货币时所面临的极高水平的不确定性也促进了惯性的形成。不确定性助长了一种心理学家称之为"模仿"(mimesis)的倾向:在偶然条件下,风险规避者通过基于过去经验的模仿行为来减少焦虑的理性冲动。一旦一种货币获得一定程度的接受,它的使用就很容易永久化——即使在出现强大的新竞争对手之后。实际上,保守的偏见是市场动态中所固有的。正如奥林所说:"模仿导致了一种惯例的出现,这种惯例体现了金融界的某种墨守成规甚至是保守主义。"(Orléan 1989,81—83)

最后,还有简单的概率定律。可供选择的货币种类越多,不同的市场主体在同一资产上用同一货币结算的可能性就越低。多德(Dowd 2001,472)指出:"如果主体在资产交易中碰巧用一种货币交易,那将是一种偶然。如果主体可以选择 n 种资产,那么我们能得到以下可能的均衡结果:其中 n 种资产中的任何一种或 n 种资产的任意组合都作为货币流通。最终结果取决于主体的期望,但是没有明确的方法来协调主体的期望。"

因此,在实践中,尽管规模经济的力量在发挥作用,但由需求驱动自发出现单一普适货币是极不可能的。甚至经济学家弗里德里克·哈耶克(Friedrich Hayek,和蒙代尔一样,他也是诺贝尔奖得主也承认了这一点,他生前是最著名的自由货币竞争倡导者。从 1975 年一次著名的公开演讲开始(随后以《货币的选择》[*Choice in Currency*,1976]为题发表),一直到他广为流传的三个版本的《货币非国有化》(*Denationalisation of Money*,1990),[19]哈耶克谴责中央银行享有的垄断特权所带来的通货膨胀后果。他认为,解决通胀问题的办法不仅仅是让用户拥有选择货币的权力,以此有效地促进货币去疆界化。更重要的是,将生产权让渡给私人部门,使之非国有化。商业银行应该是货币的主要提供者,它们为争夺交易人和投资者的青睐而竞争。如此一来,通货膨胀将被有效遏制,因为相互竞争的发行者有强烈的动因限制货币数量,以提高市场对其产品的信心。[20]然而他承认,这绝不意味着最终会有一个单一的全球货币。事实上恰恰相反。他写道(Hayek 1990,126):"我相信,一旦这个体系完全建立起来,在竞争消除了一些不成功的企业(货币)之后,在自由世界里仍会有几种广泛使用的且非常相似的货币。"甚至更早的时候,经济学家本杰明·克莱因(Benjamin Klein 1974)就曾预言,在自由货币竞争中,最有可能出现的结果是产生一个由共同的计价单位联系起来的多种货币(multiple monies),这与所谓观念货币在领土货币出现之前所扮演的角色没有什么不同。甚至沃贝尔在他后来的著作(Vaubel 1984,1990)中也对货币供应是否真的是一种自然垄断而产生怀疑。

没有任何一种货币可以被预先精确地确定为最优货币。在货币市场中,就像在其他有组织的资产市场中一样,市场偏好对货币使用者决策的相互依赖性高度敏感,最终结果更可能是产生多重均衡。[21]巴里·艾肯格林(Barry Eichengreen 1996,19)指出:"当期望被引入时,可能发生多重均衡。"

尽管如此,但自然垄断的含义明确无误。无论流通中可能留下货币种类的确切数量是多少,如果用户随心所欲,那就不太好了。规模经济可能不是全部,但它们的影响力肯定会强大到足以消除货币金字塔底部许多吸引力低的货币。正如任何达尔文式的斗争一样,最终只有强者才能在需求驱动的竞争压力下生存下来。

因此,根据这一逻辑,当今许多学者预测世界货币种类将很快萎缩,这并不奇怪。"收缩论"被广泛认同,尤其是被经济学家广泛认同,该观点正在迅速流行起来。[22]国际货币基金组织前总裁米歇尔·康德苏(Michel Camdessus 2000,35)的预测很典型,他认为从长远来看,我们正在走向一个货币更少的世界。多恩布施(Dornbusch 2001a,9)在他去世之前,更是直言不讳。他断言:"区域货币的趋同是不需要动脑筋的。"即使是倾向把这一观点斥为"一种学术界的时尚,而不是一种深刻的见解"的克鲁格曼(Krugman 1999b,3)也承认:"如今过多的货币种类数量很可能会大幅减少。"他曾写道:"我建议让一百种货币开花,如今可能将是二三十种。"

供给侧

然而,"收缩论"是严重的误导。无论规模经济对货币使用的影响有多大,它们都只会在市场的一方(即需求方)形成偏好。在实践中,货币的未来也会受到供给因素以及与需求因素相互作用的影响。而在供给方面,可预期偏好会在很大程度上向相反的方向发展,即在全球范围内维持现状甚至扩散的方向发展。全球可能会开出超过一百种货币之花。

首先,"收缩论"没有考虑到国家的力量。如前所述,即使在日益恶化的货币地理环境中,国家的力量仍然相当大。市场需求逻辑的对立面是根深蒂固的国家主权原则。不管市场主体多么希望货币种类减少,并不是所有政府都会毫不犹豫地放弃本币所带来的收益。第二章至第六章将详细分析各国政府可采用的各种策略。分析表明,消失的国家货币种类数量比通常预测的要少得多。

此外,"收缩论"忽视了私人部门作为替代资金来源的作用。尽管目前政府主导着市场的供给侧,但情况并非总是如此。第七章探讨了未来非国家部门发行货币的前景,这些新出现的货币可能补充或取代现有国家认可的货币。由于种种原因,世界上私人发行的货币种类数量在未来几年可能会急剧增加。

简言之,尽管有规模经济的力量,但货币地理似乎比以往任何时候都更加复杂。就像在领土货币时代之前就存在由异质、多样的货币所构成的马赛克拼图一样。货币的未来绝不简单。第八章将考虑这对未来货币治理意味着什么。

注　释

1. 引自 *The Economist*，22 December 2001，87。

2. 赫莱纳(Helleiner 2003a)的文章很好地记录了领土货币的出现。

3. 美元化这个术语源于美元,如下所述,美元是当今世界上使用最广泛的货币,但美元绝不是唯一一种曾经或可能被其他国家采用的货币。美元化作为一种流行的表达方式,意指任何一种货币取代另一种国家货币的现象。

4. 科布林(Kobrin 1998)在类似背景下中使用了同样的隐喻。

5. 载体货币(Vehicle Currency)这一术语通常指在外汇市场上执行交易时使

用的货币。本文所使用的这个术语有更广泛的含义，它指某一国家货币在国际上的所有用途。

6. 每次外汇交易涉及两种货币，占比总计是200%，而不是100%。

7. Porter and Judson 1996；U. S. Treasury 2000；Judson and Porter 2001.亦可参见 Feige 1996 and 1997 的数据，他测度出来的占比更低，约为40%。

8. 塞茨（Seitz 1995）的估计可能很保守。据多伊尔（Doyle 2000）的数据，90年代中期更准确的数字可能高达69%。亦可参见 Feige and Dean 2002。另外，有证据表明，1999年欧洲货币联盟成立后，外国持有的德国马克占比有所下降，原因是德国马克纸币转换为欧元纸币可能存在不确定性。参见 Sinn and Westermann 2001a，2001b；Stix 2001。

9. Hale 1995.罗戈夫（Rogoff 1998）从间接证据推断，这个数字可能更高，约为25%。在公开场合，日本央行不愿提供任何官方数据。参见 e.g.，Bank of Japan 1994。

10. 参见 e.g.，Doyle 2000；Stix 2001。

11. 广义货币供应量，也被称为 M2，包括所有支票存款（活期存款）和其他"可储备"的银行存款以及流通中的硬币和纸币（现金）。

12. 参见 e.g.，de Zamaroczy and Sa 2002，14。

13. 顶级货币（top currency）这个术语借鉴自苏珊·斯特兰奇（Susan Strange 1971a，1971b）。

14. 引自 Cohen 1971，xi。

15. 事实上，在2002年初欧元取代12种欧洲货币之前，国家批准的货币种类高达169种。

16. 但情况并非总是如此。在该理论形成早期，在蒙代尔带领下，大多数学者专注于寻找最合适的货币领域，而不考虑现有的国界。当时的核心问题只是找到组织货币空间的最佳标准。但是，随着所谓的"标准方法"（Tavlas 1994，213）的实际局限性变得清晰，研究者们的注意力转向了对个别国家的替代货币领域的成本和收益比较，而把现有的边界作为政治术语。Masson and Taylor 1993；Tavlas 1993，1994；DeGrauwe 2000 提供了关于"最优货币区"理论的最新研究成果。我将在第二章进一步讨论"最优货币区"理论。

17. 引自 *IMF Survey*，22 January 2001，27。

18. 参见 e.g.，Dornbusch，Sturzenegger，and Wolf et al. 1990；Guidotti and Rodriguez 1992。

19.《货币的非国有化》（*Denationalisation of Money*）第一版于1976年出版，比《货币的选择》（*Choice in Currency*）晚了6个月，第二版于1978年出版。

20. 海克的亲市场（*pro-market*）观点在保守主义或自由主义的经济学家中尤其有影响力，并得到了欧洲和美国许多货币专家的赞同。参见 Glasner 1989，White 1989，Dowd 1992；Gelfond 2001。关于海克货币思想的来源，参见 Ebenstein 2001，especially ch.35。

21. 参见 e.g., Krugman 1992；Matsuyama，Kiyotaki，and Matsui 1993；Trejos and Wright 1996；Hartmann 1998。

22. 参见 e.g., Fischer 2001；Rogoff 2001；Alesina and Barro 2001a，2001b。福特汉姆大学的乔治·冯·弗斯滕伯格教授一直是最坚持的人,他没有错过任何为货币合并提供有力论据的机会。参见 e.g., von Furstenberg 2000a，2000c，2001a，2001b，2002a，2002b。

第二章
四种国家策略

如果货币地理的变化正在削弱国家权力,那么政府能做些什么来应对? 我们可以看到,可能有四种基本的国家策略——可谓在货币政策迷雾中前进的四个方向。这四项策略各有其潜在成本和收益的计算方法,根据特定国家的具体情况,这些计算方法可能会截然不同。从先验性的角度上说,在没有对每一种备选策略进行详细探索的情况下,我们只能对少数国家的偏好进行粗略概括。

宏观经济学的视角

当前争论的焦点是货币竞争对国家货币管理当局提出的挑战。对于开放宏观经济学领域的专家而言,货币加速去领土化的意义主要在于对汇率制度选择的启示。令人遗憾的是,这种做法只触及所涉政策问题的表面。

在传统的宏观经济分析中,这个问题的核心需要回到熟悉的蒙代尔-弗莱明模型,我认为该模型是对"不洁的三位一体"(Unholy Trinity)(Cohen 1993)——即汇率稳定、资本流动和国家货币政策自主性的内在不兼容性——最好的概括。根据该模型的结论,各国政府面临的困境是如何建立一种既不鼓励负面投机,也不损害国内经济管理的汇率制度,这在很大程度上取决于政府选择的框架。

早些年，人们用简单的二元术语来描述汇率：固定汇率和浮动汇率。一个国家可以采用某种形式的联系汇率制，也可以实行浮动汇率制。钉住汇率制度可能以单一货币或一篮子货币为基础；它在形式上不可撤销，也可能以或然规则为基础；它们可能是爬行式，也可能采取目标区的形式。相反，浮动利率可能会被管理（"肮脏"的浮动），或者仅仅是由市场供求的相互作用（"干净"的浮动）来决定。

最近，随着国际资本流动性的增加，这一问题已从固定汇率与弹性汇率的对比，转变为在某些形式的或有规则（"软挂钩"）与所谓的浮动或某种形式的货币联盟（"硬挂钩"）的角点解之间作出选择。今天，根据日益流行的"两极"（bipolar）观点或"两角"解（two-corner）的论点，任何中间解都被认为是站不住脚的。[1]由于大量移动财富的涌现，使得各国政府无法再指望旨在捍卫实现明确汇率目标的政策规则，因为这些财富能够在一瞬间实现货币转换。或有规则的中间地带，如巴里·艾肯格林（Eichengreen 1994）着重指出的那样，实际上已经"被掏空了"。

当然，实践中或有规则并非不可信，原因很简单，在一个不完美的世界里，没有完美的解决方案。两极观点隐含着这样一种假设：政府在任何情况下都不愿意为偶发性投机危机付出代价。政府不会在汇率稳定和其他政策目标之间进行权衡。但这只是一种政治性判断，并且也非常可疑。实际上，政府在决定汇率政策时，这种权衡一直在进行。没有一个选择是先验性的。杰弗里·弗兰克（Frankel 1999，2）指出："无论是纯粹的浮动汇率制还是货币发行局制度，都不能消除现代全球化金融市场带来的所有问题。"[2]

当然，最优化意味着涉及政治方面，这是汇率政策的一个维度，在传统的经济论述中往往被忽视。标准分析中最接近解决政治层面问题的是现在人们熟悉的最优货币区理论，它直接考虑政府在替代制度中的政策利益。最优货币区理论将硬钉住或与其类似汇率政策的效率收益与没有自主货币政策或浮动汇率政策的潜在成本进行比较。该理论确定了代表国家经济特征的各种变量，这些变量可能通过影响支付障碍的严重程度或所需调整的难易程度来影响预期损失的幅度。这些所谓的国家特征包括工资和价格灵活性、劳动力和资本流动性、商品多样性、地理贸易模式、经济规模和开放程度、发展水平、通货膨胀趋势以及潜在经济冲击的性质、来源和时间。然而在这一背景下,政治具有极其狭隘的含义,因为人们认为,决策者关心的仅仅是在开放的国民经济中实现产出最大化和通胀最小化。其实,应该关注更广泛的政治考量。

事实上,更广泛的政治考量有两个方面。首先,正如杰弗里·弗里登(Frieden 1993,140)指出的那样:"国内分配因素也是汇率制度选择的核心。"政策显然受到国内政治的影响——即各种有组织的利益集团(无论是部门的、地区的还是党派的)的影响。关键问题是:谁赢谁输? 政府对如何使用其资金的决定,系统性地影响特定选区的物质利益。政策策略必然对国内政治力量之间的相互作用以及调解利益集团偏好的体制结构十分敏感。

其次,决策者的效用函数显然不仅仅包括宏观经济运行。作为一个实际问题,主权国家政府还担心许多其他问题——尤其是它们政策的自主性:即在发生不可预见的事件(包括战争)时,它们有自由裁量权以追求不同的目标。这里的关键是铸币税,即政府"最后的收入"。汇率钉住得越紧,政策制定者就越不能随意依靠货币创造来增加公共支出。汇率稳定性得到加强,但财政政策的灵活性却丧失了。当然,重视降低汇率不确定性,来促进对外贸易和投资,甚至降低国内利率水平,这并没有错。但在不安全的世界里,各国政府重视货币灵活性以抵御政治不确定性也情有可原。政策策略也必然对这些因素之间相互作用作出反应。

事实上,政治层面是核心。传统经济学的相关文献低估了政治层面的影响,其分析通常只局限于资本流动,即金融市场中的资产交换现象。毫无疑问,近几十年来,资本流动性大幅增长,产生了自19世纪金本位制辉煌时期以来无与伦比的国际流动规模。但这些资本流动不过是货币地理变化的一部分。资本流动扩大了一些流行货币的职能范围,凸显了货币作为私人投资的媒介作用。然而,正如前一章所指出,如今货币空间的重构已经远远超过了这一点,事实上涉及货币的所有职能——不仅涉及货币在国内外发挥价值储存职能,也涉及其作为交换媒介和记账单位的职能。跨境竞争不仅仅意味着资本流动形式的货币国际化。更为关键的是,这意味着货币替代的加速,货币各种国内外用途的增加,直接损害许多货币的传统职能范围。因此,所涉及的远不止汇率制度的简单选择。

政治经济学的视角

本质上,货币竞争真正涉及的无非是对国家货币主权这一由来已久的惯例的挑战。一旦我们从资本流动性角度审视货币竞争的各个层面,我们就会看到,在当今世界许多地区,各国货币之间的传统分界线正变得越来越模糊。如前所述,现在的环境类似于寡头垄断,每个政府都被迫为各自品牌的货币而战。现在必须以与过去完全不同的方式行使货币权力。因此,各国政府必须制定有效的策略来塑造和管理需求。

可用策略

国家有哪些策略可用?从广义上讲,寡头垄断市场理论区分了在相互依赖和不确定环境下企业制定竞争策略的两种截然不同的方法。企业行为可以是防御性的,也可以是进攻性的:策略设计目的要么是针对现有竞争力量建立防御;要么是攻击现有条件,以增强市场地位。前者以给定的行业结构为基础,力求使企业的优劣势与其所处的环境相匹配。后者试图通过积极影响市场力量的平衡来改善企业相对于环境的地位。货币政策也可以是防御性或进攻性的,其目的是保持或提高市场份额。

反过来,每种策略可能是单方面的,也可能是共谋的,我归纳了四种可能的策略。它们是:

1. 市场领导(Market leadership):一种激进的单边主义策略,旨在促进国家货币的使用,类似于寡头垄断中的掠夺性价格主导。

2. 市场保护(Market preservation):一种单边维持现状的策略,旨在保护而不是扩大本币先前获得的市场地位。

3. 市场跟随(Market followership):一种默许的策略,使货币主权服从于更强势的外币,类似于寡头垄断中的被动价格跟随。

4. 市场联盟（Market alliance）：一种在某种货币联盟中分享货币主权的共谋策略，类似于隐性或显性卡特尔。[3]

当然，在这四种策略中，市场领导权通常只掌握于拥有美元、欧元（接替德国马克）或日元等广泛流通货币的政府。对于绝大多数货币竞争力较弱的国家来说，决策仅限于剩下的三个——这是一个棘手的三方选择，对决定未来的货币地理格局至关重要。

市场领导者

对于少数享有特权的供应商而言，他们的资金处于货币金字塔的顶端——美元等顶级货币或欧元和日元等贵族货币——几乎没有理由怀疑，正常情况下维持或提高市场地位的单边主义策略将是首选。

尽管有些人将领导货币事务的收益最小化（例如 Wyplosz 1999，97—100），但实际上这种收益是被低估的。经济学家倾向主要关注国际铸币税的潜力，即隐性转移，相当于无息贷款会流向某种货币在国外被广泛使用和持有的国家。但这只是故事的一部分，正如我们在第一章中了解到的那样。预计还会有三项其他收益。首先，市场领导者的宏观经济政策灵活性有所提高，这是由于它有权依靠自己的货币来解决外部赤字。其次是与其市场支配地位相适应的地位和威望。当另一个国家的货币成功地渗透到某国国内货币体系并获得广泛接受时，该国公众不禁会印象深刻。最后是来自其他国家货币依赖的政治力量。市场领导国家不仅在国内政策领域更好地免受外部影响或胁迫，而且它也更有能力不受限制地追求国外目标，甚至在国际上施加一定程度的影响或胁迫。

诚然，正如我们从第一章所知，这些收益是有限的。在货币跨境使用的早期阶段，当人们对一种货币的信心达到顶峰时，这一切都可能达到最大化。之后，随着外部负债的积累，相对于需求而言，货币供给不断增加，领导货币事务的收益可能会受到侵蚀，特别是如果有一个吸引力强的替代品可用的话。市场领导者的自主权最终可能会在一定程度上受到限制，因为它们需要阻止本国货币通过外汇市场发生突然或实质性的转换。一个明显的例子是英国，第二次世界大战后当英镑长期开始贬值时，英国发现自己陷入越来越不自在的政策束缚之中。

必须承认的是，市场领导者也有例外，至少在一段时间内，激进的单边主义策略可能不是首选。当然，在战后早期的几十年里，德国和日本都是这样。当时德国马克和日元开始向货币金字塔的顶端攀升。由于英镑的前车之鉴在它们脑海盘旋不去，德国和日本的政策制定者一开始都很矛盾。他们反对本国货币被更广泛地使用，因为担心这会损害他们的国内政策自主权。尽管如此，最终日本和德国的态度都变了。尤其是日本，正如我们将在下一章看到，它已经从根本上改变了自己的态度，现在正积极推动其货币的领导作用，甚至可能建立一个正式的日元集团。

德国的案例特别有趣。第二次世界大战后的几十年里，在恢复了货币可兑换性后，德国在欧洲地区享有不受挑战的货币主导地位。随着东德在 1990 年被合并，德国创造了迄今为止欧洲最强大的经济体，统一后的德国无疑能够巩固其区域货币领导地位。然而，德意志联邦共和国却主动选择了市场联盟策略，放弃了自己钟爱的德国马克，将其换成了新生的欧元。然而，德国情况很难被常态化。鉴于上个世纪的历史遗留问题，历届德国政府长期以来都感到有必要以各种可能的方式重新确认其在欧洲的地位，包括致力于欧盟的货币一体化。[4]用引领德国统一的德国总理赫尔穆特·科尔的话来说："我们需要的是一个欧洲的德国，而不是一个德国的欧洲。"为了成为优秀的欧洲人，德国政策制定者甚至准备牺牲自己国家货币的独立性。很少有其他市场领导者发现自己处于类似情况。

尽管认识到这些限制和例外，但正如学者们所指出的，货币主权有值得为其捍卫的利益。[5]市场领导的利益为决策者提供了足够多的激励。下一章我将对这个问题作更多的讨论。

其他国家

那么其他国家呢？在一个由市场领导者主导的格局中，其他大多数政府面临的基本挑战显而易见。货币主权应该得到捍卫、分享还是从属于某一货币主权？首先，政策制定者是否应该寻求维护其传统的货币主权（市场保护）？或者，他们是否应该支持"双 S"中的一个，将他们的部分或全部权力正式下放给其他主体，要么成为一个占主导地位外国势力的市场跟随者，要么成立货币伙伴关系的联合机构（市场联盟）？以上涉及的是一位学者(Litfin 1997)所说的"主权交易"——即自愿接受对国家权力的某些限制以换取预期利益的协议。[6]货币主权要么被全部或部分放弃,要么被集中起来。[7]阿根廷央行一位前行长直言不讳地指出(Pou 1999,244):"一个国家应该自己生产货币,还是应该从一个效率更高的生产商那里购买货币?"经济学家帕特里克·霍诺汉和菲利普·雷恩(Honohan and Lane 2001,244)称之为货币政策的"外包"。将货币政策外包给效率更高的生产者必然意味着货币关系某种程度的区域化,即纵向区域化(跟随)或横向区域化(联盟)。

如果有选择的话,大多数政府会本能地倾向继续生产自己的货币,避免任何形式的纵向或横向区域化。它们希望保持本国货币活力,不管它可能多么缺乏竞争力。货币主权可以通过说服和胁迫的策略来捍卫。说服当然是寡头在私人部门的标准做法,因为在私人部门中,强制(大概)是非法的。对国家来说,说服意味着要通过巩固声誉来维持对货币的需求,首先是通过对"健全"货币管理可信政策的公开承诺。这个做法是为了维护市场对国家品牌货币价值和可用性的信心——克鲁格曼讽刺地称之为"信心游戏"。[8]胁迫——在威斯特伐利亚世界中,在法律上是主权政府的特权,这意味着运用国家的正式监管权力,以避免本国货币用户向更受欢迎的外国货币的任何重大转变。政府可能采取的措施包括从出台法定货币法规到限制当地银行的外币存款,甚至到资本管制或外汇限制的极端做法。浮动汇率制和或有汇率规则都符合市场保护的策略。

考虑到正式货币垄断的历史优势,各国政府继续生产国家货币的愿望可以被理解。但代价是什么? 随着货币竞争的加速,我们将在第四章中看到,说服或胁迫策略变得越来越昂贵。为了继续玩信心游戏,增长和就业可能不得不被牺牲;管制或限制措施可能会导致资源分配日益扭曲。捍卫货币主权的成本上升真实存在,对于许多处于货币金字塔底部的垃圾货币而言尤其如此。随着成本的不断上升,外包给效率更高生产商的替代方案变得越来越有吸引力。[9]因此,不足为奇的是,越来越多的国家更多地关注"双S"方案,即在某种程度上从属于某一货币主权或分享货币主权的可能性。我们将在第五章和第六章中探讨这一点。

例如,在拉丁美洲,最近人们对用美元完全取代国家货币的可能性进行大量思考——这是纵向区域化最激进形式,如第一章所述,这种形式一般被称为"完全"或"正式"美元化。自从 1999 年初阿根廷总统卡洛斯·梅内姆公开表示支持美元化以来,全面美元化的想法已经成为一个热议的话题。[10]由于厌倦了信心游戏的高昂成本,梅内姆建议正式采用美元,以此来解决人们对阿根廷比索的疑虑。他的一位重要顾问(Castro 1999,7,16)写道:"美元是全球最优秀的货币。"美元化为在不确定和频繁金融动荡的全球框架内获得比较优势提供了机会。尽管 1999 年底梅内姆的继任者拒绝了这一选择,[11]但美元化很快在其他地方得到支持,尤其是在2000 年正式美元化的厄瓜多尔和一年后的萨尔瓦多。

同样,在中东欧和地中海地区,正式采用欧元——一种经常被称为"欧元化"的欧洲版的美元化——越来越多人吹捧它为亲欧者或希望有朝一日加入欧盟的国家的必经之路。如果世界上有更多政府决定效仿厄瓜多尔和萨尔瓦多走美元化的道路,那么就不难想象两个分别以美国和欧洲为中心的巨大货币集团会逐渐出现(进一步的问题是,第三个集团是否会以日元为中心)。这样的结果经常被提及。[12]用一个观察者(Beddoes 1999,8)的话来说:"到 2030 年,世界将有两个主要的货币区,一个是欧洲,另一个是美国。从布列斯特到布加勒斯特都将使用欧元,从阿拉斯加到阿根廷甚至到亚洲也将使用美元。这些地区货币将成为下个世纪金融稳定的基石。"

当然,这在很大程度上取决于市场领导者所采取的政策,与市场保护或市场联盟策略相比,这些政策可能会明显改变跟随者的相对成本和收益。但是,尽管有足够多的动机来激励领导者推动市场主体使用本国货币,但我们没有理由指望它们中的任何一个会不遗余力地诱导国家主体加入正式的货币集团,我们将在第三章中阐述。

或者,一些政府可能更愿意以某种形式考虑横向区域化。一个长期存在的货币联盟——非洲金融共同体法郎区(CFA Franc Zone)[13]早已在非洲出现;另一个——东加勒比货币联盟(ECCU)在加勒比顺利运行;自1992 年《马斯特里赫特条约》正式为欧洲经济与货币联盟(EMU)奠定基础以来,世界上几乎每个地区都出现讨论建立更多此类联盟的前景。[14]欧洲经济与货币联盟显然被视为一个共享而非放弃货币主权策略的案例。

如果各国在欧洲的实验被视为成功的案例,它可能会产生强大的示范效应,鼓励其他国家采取类似举措。对于参与共同一体化项目的国家来说,这似乎尤为可能。如南美洲的南方共同市场(Mercosur),[15]或东南亚国家联盟(东盟)的十个成员国(ASEAN)。[16]除了两个(或三个)主要货币区之外,不难想象欧元之外的各种联合货币最终也会出现。

因此,货币区域化的设想似乎一点也不令人感到难以置信。事实上,对许多国家而言,这可能是当今货币加速去领土化所预期的最合理结果。为什么政府不应该屈服于更有效率的生产者的市场力量,用某种区域货币取代国家货币? 正如艾肯格林和苏斯曼(Eichengreen and Sussman 2000)指出,世界货币的区域化在中世纪和 19 世纪的欧洲都发生过。很明显,这种情况还会发生。

难怪"收缩论"迅速在学术界流行起来。事实上,这一进程带有历史宿命的气息。例如,美洲开发银行(Inter-American Development Bank)前首席经济学家里卡多·豪斯曼坚持认为:"国家货币是 20 世纪的一种现象,超国家货币是未来的解决方案。"[17]另一个学者乔治·冯·弗斯滕伯格也认为区域化是"未来不可避免的浪潮"。[18]这种观点可能过于自信。尽管如此,似乎毫无疑问,除了国家货币之外,某种新的区域货币地理可能开始出现。问题是:新的地理会是什么样子? 学者们才刚刚开始讨论这个关键问题。[19]

区 域 化 程 度

新的地理绝不简单,因为根据所涉及的区域化程度,可能出现各种各样的情况。重要的是我们要认识到,在实践中,无论政府是考虑市场联盟还是市场跟随策略,在货币发行和决策管理制度规定这两个关键方面的设计都有相当大的变化余地。货币区域化的案例,无论是纵向还是横向,在货币发行和决策管理制度规定方面都有很大的差异,为决策者提供了丰富的菜单以供选择。本章附录中提供这些多样的指南,其中完整列出世界各地目前存在的所有跨境货币安排。

货币发行

当所有参与国只使用一种货币时,就达到货币区域化的最高程度。这就是密克罗尼西亚和列支敦士登等全球许多小微型国家美元化的运作方式(表 1)。[20]这也是美元化在一些货币联盟,如东加勒比货币联盟(共同使用东加勒比美元)以及自 2002 年欧元纸币和硬币取代现有的国家货币以来,在欧洲的运作方式。但在区域货币安排中,使用单一货币绝不是普遍现象。实践中货币联盟中的关系可能不是存在一种货币而是存在两种或及以上的货币,它们或多或少地紧密联系而形成某种形式的汇率联盟。

尽管这一观点似乎有悖常理,但实际上两种或及以上货币的平行流通与正式美元化完全一致。例如在巴拿马,两种货币长期以来就是这种情形,该国 1903 年成立后不久就正式美元化了。尽管在 1904 年与美国签署的一项协议中,巴拿马同意不发行自己的纸币,但巴拿马货币以固定汇率兑换美元并和美元一起自由流通。[21]厄瓜多尔和萨尔瓦多也是如此,预计即使正式美元化,它们自己的货币也将保持有限流通。太平洋地区的基里巴斯和图瓦卢也是如此(表 2)。在引入欧元之前,欧洲的几个独立国家(如圣马力诺和安道尔)也曾发行当地货币。尽管所有这些货币都不过是伪货币,但它们的存在确实意味着美元化程度有所降低。这种情况可能会被贴上准美元化国家的标签:外币在国内货币供应量中占主导地位,但没有达到绝对垄断。

一种更低程度的美元化形式是货币发行局制度(currency board)。这种制度长期存在于文莱、吉布提和中国香港等地区。在货币发行局制度下,本地货币在国内货币供应中即使不是占主导地位,也占很大一部分,但也与指定锚定货币的可用数量紧密相连。两种货币之间的汇率严格固定,并不可撤销。最重要的是,任何增加本地货币的行为必须完全由等额增加储备或锚货币来支持,使本地货币数量略多于另一种叫法的外币——实际上即一个消息来源所称的(Osband and Villaneuva 1993,215)"储备货币的代理物"。锚定货币在该国或地区可能享有、也可能不享有法定货币地位。20 世纪 90 年代,世界上许多经济体建立新的货币发行局制度,从 1991 年的阿根廷开始,到后来的波斯尼亚-黑塞哥维那、保加利亚、爱沙尼亚和立陶宛(表 3)。除了 2002 年初崩溃的阿根廷,所有这些安排仍在运作。[22]

最低程度的美元化是双货币体系(Bimonetarism),即国家法定货币地位扩大到一种或多种外币。这些外币虽作为平行货币流通,但没有货币发行局特有的严格联系。当地货币供应量并不取决于锚定货币的数量,汇率也不是不可撤销的固定汇率。双货币体系是具有准货币或渗透货币国家的典型特征,存在于不丹、巴哈马等国家。

当前和历史上的几个案例表明(表 5),两种或两种以上货币的平行流通也与货币联盟策略一致。当今,在本质上与单一货币最接近的是非洲金融共同体法郎区(CFA Franc Zone),它诞生于法国在非洲的前殖民帝国,由两种不同的区域货币组成(这两者都被巧妙的命名以保存非洲金融共同体法郎的名称)以及一种国家货币(位于印度洋的科摩罗群岛的科摩罗法郎)组成。这两种区域货币,一种由西非经济货币联盟(WAEMU)8 个成员国发行,[23]另一种由中非经济货币委员会(CAEMC)6 个成员国发行。[24]这两个集团共同组成非洲金融共同体。从技术上讲,这两种地区货币均为法定货币,由各自的地区央行管理。但由于这一安排非常严格,不允许两个非洲金融共同体法郎之间的汇率发生变化,因此,货币在这两个地区之间的流通很常见。

与以上联盟基本相似的是 19 世纪末欧洲建立的两个著名的汇率联盟——拉丁货币联盟(LMU),由比利时、法国、意大利、瑞士和希腊组成;斯堪的纳维亚货币联盟(SMU),由丹麦、挪威和瑞典组成。拉丁货币联盟创建于 1865 年,斯堪的纳维亚货币联盟创建于 8 年后。这两种货币联盟的目的都是在通用货币单位(法郎和克朗)的基础上以现有金币和银币为本位。尽管在本质上接近单一货币,但各国货币和中央银行仍然存在。在每个联盟内部,独立的货币按面值自由流通,直到第一次世界大战期间金本位崩溃,官方汇率才发生变化,这最终导致两个联盟在 20 世纪 20 年代正式解散。

尽管相对严格,比利时—卢森堡经济联盟(BLEU)则提供一种不太对称的模式。该联盟从 1922 年持续近 80 年,直到 1999 年被欧洲货币联盟吸收。像拉丁货币联盟和斯堪的纳维亚货币联盟一样,两国政府分别发行本国货币;但只有比利时法郎在这两个国家享有法定货币地位。卢森堡法郎的供应受到货币发行局安排的限制,仅在卢森堡境内是法定货币。这个安排很有约束力。两种法郎之间的汇率只在 1935 年发生过一次变化(后来在第二次世界大战期间逆转)。

另一个极端安排是所谓共同货币区(CMA),它由南非共和国(几十年来一直是一个主权国家)与两个前英国殖民地莱索托和斯威士兰,以及南非前属地纳米比亚(联合国之前在非洲西南部的托管领土)构成。共同货币区的起源可以追溯到 20 世纪 20 年代,当时南非货币(现在被称为兰特)成为英国附近几个属地巴苏特兰(后来的莱索托)、斯威士兰以及前德国的殖民地西南非(后来的纳米比亚)的唯一法定货币。但是,在去殖民化之后,一项最初以兰特为基础的美元化早期安排,逐渐转变为更宽松的计划——这代表着更低程度的区域化,南非的每个伙伴都推出了自己独特的货币。今天,共同货币区包含不少于四种国家货币,其中只有兰特是发行国以外的法定货币。兰特在莱索托和纳米比亚合法流通(这两个国家都可以被称为双货币国家),却不在斯威士兰流通。兰特是南非三个邻国的锚货币,但两国政府正式保留随意改变汇率的权利。[25]

策略决定

再次强调,无论是纵向区域化还是横向区域化,各国被授予决策权的机构可能不同。与国家货币类似,区域货币的逻辑要求一个拥有强大超国家权力的单一中央机构实现尽可能高的区域化。事实上,在一些情况下确实如此。像密克罗尼西亚或列支敦士登这样的微型国家,完全没有自己的货币,自然地把所有权力让渡给它们所使用货币国家的中央银行。这种关系是严格的等级关系,根本不能保证领导国在作出货币决定时考虑其附属国的具体需要或观点。同样,东加勒比货币联盟和欧洲经济与货币联盟分别设立了联合机构,即东加勒比中央银行(ECCB)和欧洲中央银行(ECB),这两个联合机构均拥有代表该集团行事的专属权力。货币主权在平等原则上集中,即正式的平等伙伴关系。但这并不是唯一的可能性。其他例子表明正式权力如何变得更分散,从而降低货币区域化程度。

最不寻常的例子是非洲金融共同体法郎区,它有两个区域中央银行,是一个共享货币主权或双重超国家性(supranationality)的例子。更常见的是国家货币当局或多或少地坚持权利和责任对称。对称度越大,超国家因素就越少。

巴拿马或厄瓜多尔等准美元化国家则存在高度不对称关系,本质上最接近单一中央集权。它们有国家货币机构,但该机构没有重大权力。货币发行局制度的集权程度稍低,如现今的保加利亚或布鲁统治下的卢森堡,地方当局可以保留很大程度的自由裁量权(这取决于规则的制定方式)。货币发行局制度中的关系本质上不对称,显然有利于占主导地位的合作伙伴的央行,但这种关系不一定完全一边倒。然而,巴哈马和不丹存在的双货币关系的集权程度要求更低。集权要求最低的是19世纪拉丁货币联盟和斯堪的纳维亚货币联盟实行的那种完全分权模式。在这种模式下,货币管理仍然是独立中央银行成员的专属责任。尽管每个货币联盟中存在一家央行拥有更高比例的影响力(拉丁货币联盟中的法国银行、斯堪的纳维亚货币联盟的瑞典央行),但每个联盟内部的权力原则上是对称,超国家因素很少。同样的分权原则也是如今共同货币区的特征,意味着货币区域化程度最低。

成 本 与 收 益

有如此丰富的菜单可供选择,政府将如何在市场保护、跟随或联盟这三大策略中抉择? 这是本书分析的核心问题。争论的焦点是进行潜在的经济政治利益和成本分析。理性的政策制定者必须考虑五个关键因素,这些因素与第一章概述的领土货币的五大收益相对应。所有这些因素都可能随货币区域化的形式和程度的不同而发生系统性变化。

经济因素

在经济方面,有三个因素非常突出,每一个因素都与传统最优货币区理论类似。这些影响包括:(1)交易成本;(2)宏观经济稳定;(3)铸币税的分配。第一个因素显然主张某种形式的货币区域化。其余两个因素,都曾作为领土货币的收益在第一章中所强调,则可能会强化国家的市场保护偏好。

交易成本

与一个领土货币各自分离的世界相比,货币区域化有一个明确的收益:进一步降低交易成本。我们已经注意到,从历史上看,货币领土化促进了全球一体化和国家市场统一。反过来,当不同的当地货币被单一的区域货币取代时,无论是通过货币联盟还是美元化,都可以节约成本,因为不再需要在交易中承担货币转换或对冲的费用。因此,根据安德鲁·罗斯等人的经验估计,在这种情况下,贸易可以大幅增加三倍之多,从而产生可观的效率收益。[26]这是货币一体化的标准经济论据,也是最优货币区理论的一个关键基本假设。

与这一收益相关的还有另外三项效率收益,它们也增强了货币区域化的吸引力。首先,外包意味着行政成本的降低,因为各国政府将不再有义务承担维护自己专门用于生产和管理国家货币基础设施的费用。由于货币治理涉及小规模的不经济性,更贫穷或更小的主权国家显然对这种成本的节约最感兴趣。其次,作为一种不可逆转的体制变革,货币区域化还可以为更健全的金融部门奠定坚实的基础,对那些以前在价格稳定或财政责任方面没有多少声誉的国家而言,这一收益具有特别价值。最后,对在国际金融市场上尚未成功建立良好信用评级的国家而言,区域化意味着当地借款人的利率可能会大幅降低。所有这些收益都意味着各国节约了额外的交易成本。因此,这些收益将使许多国家支持成立尽可能广泛的货币区域。

由于规模经济的力量,即使是较低程度的区域化,节省的成本也将很可观。区域化程度越高,边际效益则越小。

宏观经济稳定性

然而,政府失去管理经济总体运行的自主的货币政策,是抵消货币区域化收益(这些收益本质上是微观经济性质)在宏观层面上潜在的严重成本。这是反对货币一体化的标准经济学论据,也是传统最优货币区理论的另一个关键假设。就单个政府而言,它放弃了控制货币供应量和汇率这两种应对意外干扰的政策工具。发生冲击的可能性越大,经济体间的不对称程度越高,单一地区货币的劣势就越大。克鲁格曼曾写道:"货币区域化的挑战在于如何权衡宏观经济的灵活性和微观经济的效率。"(Krugman 1993,4)[27]

诚然,所有这些理论都假设宏观经济的灵活性很重要。事实上,当且仅当对货币供应量和汇率的自由裁量管理能够对"实际"经济运行产生持续影响的情况下,失去自主货币政策才被视为政府付出的代价。如第一章所述,这种预期不可能在众所周知的长期内实现。因为我们知道在相当长时间内,货币政策除了控制物价水平外,几乎没有其他作用。许多经济学家认为货币政策的唯一法定功能是为市场活动提供一个稳定的名义框架,因此,此种情况下,政府以某种形式致力于实行货币区域化不会牺牲太多。[28]但这很难反映政府本身的想法。即使是经济学家也承认,对政策制定者而言,货币供应量和汇率在与官员最相关的短期内作为政策工具的实际效用非常大。在大多数国家,货币政策仍被视为能够在宏观经济管理中发挥关键作用。因此,它的损失确实是一种潜在的严重代价。

总之,由于货币日益去领土化,那些独立宏观经济管理能力已经遭到严重削弱的国家,其损失反而是最轻的。已经发生的货币替代程度越大(当地货币缺乏竞争力),当地政府影响实际经济运行能力受到的约束就越大。国际货币基金组织最近的一份报告(Baliño et al. 1999)指出:"[非正式]美元化可能通过在货币供应中引入外币成分使货币政策复杂化……美元化会使稳定变得复杂,并导致额外的波动。"实际上,由于市场主体自由选择了外国货币,中央银行无法再控制货币持有总量。货币供应量不再由公共政策决定,而是由内生因素决定。正是这种情况导致越来越多的国家寻找更有效的货币生产国。事实上,对历史上滥用货币垄断而引起持续不稳定或通货膨胀的国家施加束缚甚至可能受到民众欢迎。第一章中已阐明原因:通过束缚政策制定者的手脚,某种形式的货币区域化成为恢复货币稳定合理程度的唯一途径。相反,仍享有相当程度货币自主权国家将最为敏锐地感觉到政策灵活性的丧失。

对比区域化的程度，显然双货币体系或共同货币区这种相对对等的联盟的自治权牺牲的相对较少。如果情况允许，这些联盟内国家的货币供应量和汇率仍然可以改变。随着区域化程度的不断提高，区域化程度对政策灵活性的影响在边际上将显著上升。

铸币税的分配

最后一个经济问题涉及铸币税，现代铸币税来源于中央银行的无息负债，即流通中现金与中央银行对应资产所获利息之差。实际上，这是一种纯粹的利润，源于央行作为垄断者的传统地位。铸币税的绝对值可能不是很大，只占国内生产总值（GDP）的一小部分。但作为政府支出的补充资金来源，它可能具有巨大价值——是一项不能轻易放弃的特权。

在其他条件不变的情况下，这一因素也意味着各国倾向于尽可能避免货币区域化——有时被作为反对货币一体化的论据。[29]在任何形式的区域化中，一定数量的铸币税利润都会被转移至联合机构或占主导地位的外国政府。对于财政系统效率低下或不发达的政府来说，无法获得铸币税收入可能会对公共财政造成重大制约。

然而，在这方面很明显的是，当区域化程度较低的时候，牺牲相对较少。实行双货币体系甚至货币发行局制度的国家，由于本国货币保持流通，因而允许保留一定程度的铸币税收入；分散的货币联盟也是如此。但随着区域化程度的不断提高，除非各国能够就政府放弃的利息收入达成补偿条款，否则边际影响也将显著上升。共同货币区提供了此类赔偿的一个先例，南非政府根据商定的铸币税分摊公式每年向莱索托和纳米比亚支付款项，以鼓励它们继续使用兰特。另一例子是欧洲货币联盟，欧洲央行的任何净利润都按各成员国央行的持股比例进行分配。

政治因素

在政治方面，有两个因素很突出，即国家的政治象征和外交影响力。第一章强调这两种因素均为领土货币的收益，同样，也可以预期它们会加强国家对市场保护策略的偏好。事实上，这两个因素都触及国家在世界政治中的根本宗旨，即允许一个社区和平生活，并保护自己的社会和文化遗产。这些问题不能被视为"像往常一样的政治"而轻易忽视。

政治象征

　　埃里克·赫莱纳(Helleiner 1998b，2002b)指出，这些问题不能像通常那样被轻视为单纯的政治问题。货币长期以来一直被国家当局有意识地作为一种符号来帮助促进民族认同，这一强有力的象征性作用充分解释了为什么如此多的政府仍然决心坚持市场保护策略以维持本币的生命，而不管它们可能变得多么缺乏竞争力。只要货币依旧象征对一个独特政治团体的忠诚，那么这种行为就并非不理性。

　　在传统的货币分析中，国家认同的作用通常被忽略了。实际上它是制定和评估政策的核心。正如赫莱纳(Helleiner 2002a，323)写道："我们这个时代的主导话语仍然是一种根深蒂固的民族主义话语，一种主要根据经济思想对国家的影响来评估经济思想的话语。"社会发展出集体认同感，以区别于其他想象的共同体；而这些认同反过来有助于确定经济政策目标。[30]如拉维·阿卜杜拉(Abdelal 2001，2)所言："民族主义赋予国家政策保护和培育民族的根本社会目的。"如今，许多国家政府通过加强划分各自民族的心理边界，以此弥补日益全球化的世界经济中领土边界渗透所产生的缺陷(Goff 2000)。专属国家货币在突出一个社会在国际体系中的独特性和自主性方面可以发挥重要作用。

　　此外，一种领土货币一旦发行，就可以不顾一切经济或政治逻辑而存在。事实上，人们不会低估大多数社会对货币所产生的情感依恋，即使这种货币明显没有通过市场竞争的考验。主流经济学家倾向认为这种情感在技术层面无关紧要——仅是如一位理论家(Alesina 2001，223)所述的"错位的自尊心"——但它们对实际决策的影响不容忽视。

　　货币的象征性作用显然会受到任何形式区域化(无论是美元化还是货币联盟)的损害。因此，在其他情况相同的情况下，这一因素似乎也暗示了各国尽可能避免货币区域化的倾向。然而，在这里也是如此：当区域化程度较低时，政府牺牲相对较少。即使采取货币发行局或分散的货币联盟形式，国家货币也得以保存，从而继续提供一个基本的象征以帮助维持社会的社区意识。只有在最高程度的区域化、完全或接近准美元化或类似欧洲货币联盟或东加勒比货币联盟的情况下,政府才会感受到这一因素的实质性影响。

外交影响力

长期以来,国家当局也有意识地将货币用作提升外交影响力的工具。事实上,正如乔纳森·科什纳(Kirshner 1995,29,31)指出:"货币权力是国家权力非常有效的组成部分,是有能力实施经济胁迫的国家可利用的最有力的经济胁迫手段。"毕竟,货币最基本的用处是控制实际资源。如果一个国家可能受到拒绝提供重要商品和服务的威胁,那么从地缘政治的角度来看,它显然很脆弱。

这一因素也意味着国家倾向尽可能避免货币区域化。货币主权使政策制定者能够避免自身的购买力依赖于其他来源。实际上,货币在国家和世界其他地区之间划出明确的经济界限,从而提升政治权威,使政府在制定和执行政策时可以不受外部影响或约束。相反,任何形式的美元化或货币联盟都会损害这种隔离手段。跟随者必然产生一种赞助者与客户的关系。同样,在区域化程度较低的情况下,国家牺牲相对较小,因为退出成本相对较小。只要本国货币仍在流通,并在一定程度上分散决策权,就存在着恢复货币主权以逃避痛苦的外交胁迫的空间。但随着区域化程度的不断提高,边际影响也将显著上升。

可接受的最高区域化程度

综合考虑以上五个因素,以下两个含义就变得很明确。第一,很明显为什么如此多的国家本能地喜欢继续发行自己的货币。一种区域货币本身所节省的交易成本,似乎不太可能超过其带来的潜在负面影响,即宏观经济灵活性、铸币税、政治象征和外交隔离的损失。实际上,市场保护——捍卫国家货币主权——是政府的默认策略。

第二,很明显为什么区域货币的设计有如此大的差异。较低的区域化程度有助于减轻权力转移的一些不利因素。设计变化的巨大余地为满足不同国家(或地区)的利益提供了许多机会。

那么,是否有某种程度的区域化会鼓励更多的政府偏离其默认策略?

在冒着过度简化高度复杂决策的风险下,理性决策者的关键要素可以被简化为一个二维图表,比较市场保护成本与联盟策略或市场跟随策略的成本,如图1所示。

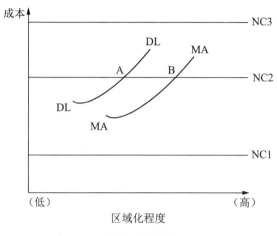

图1　选择图

以上称之为选择图。选择图横轴代表货币区域化程度(横向区域化和纵向区域化)。沿着横轴从左至右表示区域化程度逐步增加(横轴左边区域化程度较低,类似双货币体系或共同货币区;横轴右边区域化程度较高,类似完全美元化或欧洲货币联盟)。原则上,应该将区域化区分为两个(横向区域化和纵向区域化)而不是一个指标——以对应它们在货币发行和决策制度规定上存在差异。但本书近似地将它们合二为一,仅用同一横轴表示,从左到右粗略衡量一国授予其他主体正式权力的多寡程度。

纵轴是国家决策者考虑的总成本,从下至上成本依次上升。首先分析维持严格的国家货币(NC)的成本。NC可以用一条水平线表示,因为无论将何种程度的区域化视为备选方案,都会给定维持某一国家货币在某一特定时期的估计成本。用更专业的话来地说,NC相对于区域化程度保持不变。这条线位置的高低因国家而异,反映出各国在决定市场保护策略成本情况下的跨国差异。总之,对于如今大多数国家来说,随着货币的日益去疆界化,NC的高度正在相应地上升,这反映出第一章所描述的货币事务中权力明显地再分配。随着货币竞争的加剧,除了少数拥有最流行货币的国家外,货币主权净收益也相应减少。半个世纪前,大多数国家政府可能面临低至 NC1 的成本线,而今天,许多国家可能面临高达 NC2 甚至 NC3 的成本线。

曲线 DL 和 MA 分别代表美元化和货币联盟的净成本。每一条曲线都是前述五个因素的组合:微观经济效率收益随着区域化程度的不断提高而在边际下降;宏观经济灵活性、铸币税、政治象征和外交影响力则均为区域化程度的增函数。虽然很难先验地为每一个因素赋予特定权重,但这种关系的总体变动方向很明确。无论是纵向还是横向区域化,从国家下放的正式权力份额越大,与国家货币相比,其估计的净成本就越高。对于任一国家来说,美元化的最大可接受程度可以用 A 点来表示,在 A 点上,保持一国货币的成本(NC2)等于要求最低的跟随策略成本(美元化 DL 线)。同理,货币联盟的最大可接受程度在 B 点。

DL 和 MA 相对于 NC 的位置将因国家而异,并产生不同的结果。对一些国家而言,维持国家货币的成本可能已经变得十分高,以至于它位于 NC3 附近的某个地方,那里与 DL 或 MA 都没有交点。因此,即使是最严格的纵向或横向区域化,都是可以接受的选择。而对其他国家而言,NC 的位置可能仍然更接近 NC1,低于 DL 和 MA,这使得两大区域化方案均不可行,即使是最稀松的形式。对于一些国家而言,DL 可能位于 MA 之下,这使得某种形式的美元化更容易被接受(A);对于另一些国家而言,MA 可能位于 DL 之下,导致只有一个交点(B),货币联盟是首选;而对于其他国家而言,DL 和 MA 可能靠得很近,使它们难以在美元化和货币联盟之间进行选择。

关键问题是:对于任何一个国家,是什么决定了三条曲线在选择图中的相对位置?

确定国家偏好

这个问题争论的焦点是国家偏好。我们对影响决策者预期收益和成本因素了解得越多,就越容易透过迷雾预测偏好,从而预测最终可能在个别国家出现权力下放。当然,正如我们将在第四章到第六章中看到的那样,没有什么可以替代详细的分析。因为根据每个国家的独特情况,政策制定者对特定收益或损失的重视程度可能也会有很大不同。然而,在接下来的讨论中,有理由进行一些概括。

以往经验表明,在决定战略选择时有四个因素似乎特别有影响:(1)国家规模;(2)经济联系;(3)政治关联;(4)国内政治。前两者包含在标准最优货币区理论所强调的国家特征内(最优货币区理论中得出的结论认为其他变量不具有决定性);后两者在传统政治分析中很常见。正如我们将看到的,在具体案例的背景下,综合考虑所有这些变量将收获更多创见。

经验证据

当然,经验证据也有局限性。确实有许多国家致力于某种形式的货币区域化。如附录所示,大约 18 个完全美元化或接近美元化的经济体、7 个货币发行局、7 个双货币体系以及 37 个国家处于 4 个不同的货币联盟,加起来占世界上所有主权实体的近三分之一。这看起来是一个能够寻找有意义行为模式的大样本。但同样明显的是,这些安排中相对较少的是完全独立的政府经过深思熟虑的产物。事实上,大多数安排是殖民时期或联合国托管时期的产物,其中包括表 1 和表 2 中大部分完全美元化和准美元化的经济体,以及表 5 中 4 个货币联盟中的 3 个(除欧洲货币联盟外)。在这些情况下,货币区域化是它们默认的立场。

此外,经验证据充其量只是偏好的间接指标,因为政府的选择很少不受限制。大多数情况下必须假设观察到的关系是策略互动和协商的结果,而非单方面计算和决策的结果。

尽管如此,我们仍可从中得到很多启发,尽管这些东西存在局限性。路径依赖可能普遍存在,但政府毕竟不是被迫去保留以往的货币安排。政府不放弃一种区域货币的决定和采用一种货币的决定一样,能告诉我们更多关于偏好的信息。[31]除此之外,我们还可以看到其他一些政府,它们一旦有机会,确实放弃了一种地区货币。这些案例也向我们展示政府的态度。许多第三世界国家提供了一套有启发性的案例,这些国家在第二次世界大战后开始非殖民化,迅速选择放弃殖民时代的货币局制度,转而发行自己的独立货币。最值得注意的是,其中包括非洲两个规模庞大的货币联盟,它们长期以来一直由英国在其东非和西非货币委员会管理,这两个货币联盟都没有在独立后幸存下来。[32]解体的联邦(苏联、捷克斯洛伐克和南斯拉夫)的继承国也提供了新的案例,几乎所有这些国家在获得独立后都选择以某种形式发行自己的货币。

同样,各国选择可能受到约束,但以上结果可能仍然被解释为显示偏好的证据。从结果中难以推断偏好一直是社会科学中一个常见的问题,但只要谨慎观察处理,这并非分析中不可逾越的障碍。

那经验证据告诉我们什么呢?

国家规模

经验清楚地表明,国家规模很重要,至少对于世界上最小的国家来说是如此。在所有已经完全或准美元化的经济体中,大多数都是真正的微型国家,截止到现在最大的国家是巴拿马,人口不到 300 万。经济学家威廉·比特(Buiter 1999a,199)指出:"它们愿意将自己的货币等同于'大象和老鼠之间的婚姻'。"在采用货币发行局制度或双货币体系的国家中,小规模国家也占主导地位,这是对东加勒比货币联盟和非洲金融共同体法郎区成员国的准确描述。在其他条件相同的情况下,确切地说,一个经济体的规模越小(无论是以人口、领土还是 GDP 来衡量),它准备放弃自己生产货币特权的可能性就越大。

以上逻辑很简单。小国很难维持具有竞争力的本国货币。对它们来说,NC 曲线已经大大提高了。相反,这些经济体从交易成本的降低中获益非常大。无论是美元化还是货币联盟,一定程度的区域化既增强了网络外部性,又降低了行政成本。此外,在大多数情况下这些国家在政治方面也很脆弱,因此它们不太重视因其购买力依赖其他来源而产生的风险。事实上,与一个有强大的赞助者或当地的伙伴们联合起来提供的保护可能会给它带来收益。因此,对这些小国来说,DL 或 MA 或两者都可能低于 NC,从而鼓励它们放弃市场保护策略。

一个国家必须有多小才愿意放弃市场保护策略呢？在 20 世纪的大部分时间里，区域化似乎只是全球最贫穷和最渺小的主权国家的偏好，门槛很高。但随着全球化逐渐抬高了 NC 曲线，我们知道，甚至更大的国家也开始加入进来，比如厄瓜多尔和萨尔瓦多。门槛显然在向下移动，增加了潜在候选国的数量。

然而，规模并不能解释一切。显然，有许多小国选择不走区域化道路，至少现在还没有。其中包括许多前殖民地和托管区，以及最近解体的联邦的大多数继承国。目前这些国家仍然致力于尽可能保留国家货币垄断的特权。规模小本身并不是预测策略选择的充分条件。相反，也有一些规模较大的国家确实选择将货币权力下放给其他主体，最明显的是保加利亚和爱沙尼亚及其货币委员会以及欧洲货币联盟成员国。因此，规模小也不是必要条件。

经济关联

毫不奇怪，另一个似乎很重要的条件是国家间经济联系的强度。许多使用流行外币的国家长期以来在经济上与一个市场领导者（外币发行国）紧密相连。加勒比和中美洲的许多美元化或双货币体系国家以及欧洲和太平洋的几个美元化国家尤其如此。同样，我们熟知，在欧洲货币联盟成立之前，欧洲经历了近半个世纪不断深化的一体化进程。确切地说，在其他条件相同的情况下，各国间更紧密的经济联系也会增加政府准备放弃自己生产货币特权的可能性。

这里的逻辑也很简单。由于效率提高，那些已经紧密联系在一起的经济体似乎是某种区域货币的自然候选者。经济关联可以通过贸易形成，这在欧盟显而易见；也可以通过使用正式或非正式货币的金融关系形成。各国互动水平越高，我们就越有望见到交易成本节约更多以及经济活动融合更紧密。如果其他国家的经济关联主要集中于使 DL 曲线降低的市场领导者上，则某种形式的美元化可能会占上风。在货币替代已经变得普遍的拉丁美洲或中东欧，情况尤其如此。相反，如果一组邻国之间的经济关联更紧密，比如像欧盟这种共同一体化项目的产物，那么 MA 曲线就会降低，从而货币统一的可能性更大。

然而很明显,就经济关联本身而言,这一条件既不必要,也不足以用于预测。墨西哥和加拿大与美国的关联都比其他半球大多数经济体更为紧密,但迄今为止,两国仍坚定地致力于捍卫其传统的货币主权。相反,尽管东加勒比货币联盟和非洲金融共同体法郎区的成员国之间缺乏大量的互惠贸易,但它们仍继续蓬勃发展,而最近解体的苏联的大量加盟共和国倾向生产自己的国家货币,尽管它们的经济先前已紧密融合。经济关联本身很少起决定性作用。原因是它们只涉及理性决策者感兴趣的五个因素中的两个,即微观经济效率和宏观经济灵活性。毫无疑问,各国政府对这些因素非常敏感,但并非只考虑它们。

政治关联

第三个似乎很重要的条件是国家之间正式或非正式的政治关联强度。这种政治关联的形式可能是预先存在的赞助者与客户关系(源于殖民地或托管协会);也可能内嵌于外交合作安排网络中,也可能在正式的政治或军事联盟中被制度化。无论是哪种形式,这种政治关联的影响在过去或现存的货币集团中都显而易见。

在消极方面,我已经提到了近几十年来解体的几个货币联盟,包括去殖民化之后的英属东非和西非以及冷战结束后的苏联。我们还知道,许多旧帝国列强以前的附属国一旦获得独立,就很快拒绝美元化或殖民时代的货币局制度,转而发行自己的货币。显然,在所有这些情况下,政府的动机都是希望维护其作为主权国家新获得的权利或特权;换言之,减少政治关联。相反,在去殖民化后幸存下来的货币联盟(东加勒比货币联盟和非洲金融共同体法郎区)以及欧洲货币联盟和共同货币区中,国家间的政治关联一直比较牢固;今天大多数美元化的经济体也是如此,它们长期以来习惯于美元与其本币间的等级关系。在这些情况下,政府对减少政治关联最不感兴趣。

因此,在其他条件相同的情况下,确切地说,紧密的政治纽带也会增加政府准备放弃国家货币特权的可能性。其逻辑是,政治联系减少了与区域化相关的两个关键成本——失去政治象征以及增加受外部影响的脆弱性。对于与市场领导者关系已经很密切的国家来说,这意味着 DL 曲线较低,使得某种形式的跟随更有吸引力。候选国可能包括许多曾经处于美国笼罩下的拉丁美洲国家,或者是与欧洲有着密切联系的原苏联集团、地中海盆地以及撒哈拉以南非洲地区的经济体。同样,对于已经参与共同一体化的国家,如南美洲的南方共同市场或东亚的东盟,政治关联可能会降低 MA 曲线,使货币联盟策略似乎越来越成为其自然选择。

然而,与经济规模或经济关联一样,政治关联因素很少是决定性的,因为它也仅直接关系到决策者感兴趣的因素的一个子集。例如,吉布提曾是法国属地,尽管与美国缺乏直接关联,但它采取以美元为基础的货币局制度。相反,以色列明确拒绝美元化,尽管它与华盛顿关系密切(Cohen 1998,38)。政治关联本身对预测而言既不必要也不充分。

国内政治

最后,正如本章开头所强调的,我们不能忽视国内政治。尽管政治学家确信分配因素在政府汇率制度选择中发挥重要影响,[33]但直接研究国内利益集团或机构在货币区域化中作用的文献却乏善可陈。[34]然而,一篇相关文献提供了有力证据,该文献关注 20 世纪 80 年代和 90 年代席卷新兴市场经济体的金融自由化浪潮。[35]当然,各国具体情况各不相同,利益并不总是相同。然而,总的来说,很明显,某些关键选民从地方金融市场融入不断发展的全球金融结构中获益匪浅。基本上,这些部门是参与跨境活动最多的部门,包括大型可贸易商品生产商、银行和其他金融服务公司以及大型私人资产持有者——弗里登(Frieden 1991)将它们称之为“一体化利益集团”。出口商和进口商以及国内银行获得了更多的可贷资金,降低了借贷成本;金融财富的所有者和管理者可以自由地寻求更有利可图的投资,或制定投资组合多样化的新策略。研究显示,这些“一体化利益集团”中的大多数都积极游说政策制定者减少或消除对资本流动的限制。

从这些文献中可推断,许多同样强大的选民也应该支持货币区域化,因为区域货币提供了同样的基本优势——即金融开放。这些主体将从预期的交易成本降低中获益最大;对于他们来说,DL 曲线和 MA 曲线似乎比其他主体认为得更低。他们也不是那种羞于促进自己利益的主体。因此,这在很大程度上取决于这些群体相对于国内其他选民(如非贸易商品和服务的生产者、以及工人和小农，这些群体认为保留某种程度的货币自主权以应对当地情况会让他们受益更多，而可能会反对放弃一种国家货币——即"反一体化"的势力）所施加的政治影响力。

反过来，一体化主义者的影响程度，将取决于国内制度和政治结构。问题是政府决策在多大程度上不受这些重要群体的压力影响。他们的具体喜好和需求受到多大的关注？这与其说是一个正式的政权类型问题，不如说是一个实际进入权利走廊的问题。在其他条件一样的情况下，确切地说，一体化主义者的相对影响越大，决策者就越有可能准备将货币权力下放给其他主体。

结　　论

如前所述，我们难以作出确定的预测。但概括出四种策略似乎是合理的。第一，尽管货币去疆界化对传统的货币治理施加日益增大的限制，但这并不能推断出各国政府最终将作出何种选择。面对市场竞争的逻辑，许多国家会考虑某种形式的区域化，可能是美元化，可能是货币联盟，但决不是全部。

第二，我们应该看到很少有纯粹的美元化或货币联盟的案例。没有多少国家倾向走马绍尔群岛或摩纳哥的道路，愿意放弃任何对本国货币的所有权。类似地，即使是在发展中国家目前正在进行的少数共同一体化项目中——如最值得注意的南方共同市场和东盟——伙伴关系仍远未达到建立欧洲货币联盟或东加勒比货币联盟这样意义深远的组织所需的密切程度。对许多国家来说，区域化似乎是货币竞争的必然结果，但这并不意味着主权国家会自发地将其所有权力下放给其他主体，将管理权纵向外包给市场领导者或横向外包给联合央行。大多数政府可能更倾向混合模式，对货币主权作出有限的妥协。

第三，这些混合模式在实践中可能会有很大的不同，这取决于谈判环境。实践经验表明，为了顾及参与国的经济和政治利益，可以在纵向和横向上实行许多不同程度的区域化。无论是美元化和货币联盟,都不应该期望统一的结果。这在很大程度上取决于市场领导者所采取的政策。

第四,谈判环境反过来将在很大程度上取决于国家规模、经济联系、政治关联和国内政治等关键条件。在国家规模小、经济和政治关联强、国内政治严重受可贸易商品生产者和金融利益集团影响的地方,发生较高程度区域化的可能性就越大。相反,如果国家规模较大、与其他国家的经济和政治关联较弱、国内政治环境更加多元化,则区域化程度可能会降低。在经济和政治关联最薄弱、政治最多元的大国,捍卫国家货币主权最有可能仍然是默认策略。

简言之,毫无疑问一种新的货币地理开始出现。但随着它的发展,世界货币版图很可能会保留现有货币金字塔的所有多样性,而不是合并成一些庞大集团和联合货币的简单图景。货币地理的基本决定因素很清楚,但无法预测的是,这些复杂的因素将如何在特定的谈判环境中发挥作用。为了在迷雾中看得更清楚,需要进行更详细的探索。

注 释

1. 例如参见 Mussa,Masson et al. 2000;Fischer 2001;Corden 2002;Glick 2002。从历史的角度看待这些争论的演变,参见 Williamson 2002。

2. 亦可参见 Lamfalussy 2000;Williamson 2000;Kenen 2001;Benassy-Quere and Coeure 2002b;Bird 2002;Willett 2003。

3. 细心的读者会注意到,这里列出的策略数量比《货币地理》(*The Geography of Money* 1998,140)中的五种少一种。经过深思熟虑,我逐渐认识到,我先前工作中列出的两种策略,即市场保护策略和市场中立策略,实际上是同一策略的不同方面,最好是结合起来。

4. 进一步的讨论见 Moravcsik 1998,ch. 6;Loedel 1999;Garrett 2001。

5. 例如参见 Portes and Rey 1998,308—310。

6. 参见 Mattli 2000。

7. 在政治学中,区分集中和放弃主权很常见,这是如何组织政治权威的一般问题,并被用于各种情境中。例如,在分析联邦制国家和帝国之间的差异时。

8. Krugman 1998a.克鲁格曼最初的用意是指在金融危机中应对恐慌投资者的具体挑战,但信心游戏这个术语同样适用于更普遍的挑战,即仅通过说服策略来维持对一国货币的需求。

9. 在赫莱纳 2002b 和 2003a 的补充分析中,强调货币主权的收益下降,而非这里一样不断上升的成本。

10. 例如，在 20 世纪 70 年代末，根据一位知情人士的说法（Diaz-Alejandro 1988，371），智利的一些经济官员曾梦想完全废除国家货币，但这种想法很快被来自军方潜在的反对扼杀了。同样在萨尔瓦多，决策者早在 1995 年就提出美元化想法，而 6 年后当地货币才最终被美元取代。关于萨尔瓦多更多的信息，见第五章。

11. 据梅内姆总统的继任者费尔南多·德拉鲁阿说："美元化'不是很严重'。"引自 *New York Times*，24 January 1999。

12. 例如参见 Eichengreen 1994；Hausmann 1999a，1999b；LeBaron and McCulloch 2000；Mundell 2000a，2000d；Mussa，Masson et al. 2000；Rogoff 2002a。

13. CFA 代表非洲金融共同体（African Financial Community）。

14. 关于非洲金融共同体法郎区的更多详情，参见 Boughton 1993；Clement et al. 1996。有关欧洲货币联盟的更多信息，参见 van Beek et al. 2000。表 5 列出了每个成员国的完整名单。有关讨论其他地区货币联盟前景的更多信息，见第六章。

15. Mercosur 是南方共同市场（Mercado Comun del Sur）的缩写，其成员为阿根廷、巴西、巴拉圭和乌拉圭。关于南方共同市场的更多信息，见第六章。

16. 东盟的十个成员国是文莱、柬埔寨、印度尼西亚、老挝、马来西亚、缅甸、菲律宾、新加坡、泰国和越南。有关东盟的更多信息，参见第三章和第六章。

17. 参见 Hausmann 1999b，96。亦可参见 Hausmann 1999a；Hausmann et al. 2000。

18. 参见 Von Furstenberg 2000a，199—200。尤可参见 von Furstenberg 2000c，及 2001a，2001b，2002a，2002b。

19. 例如参见 Alesina and Barro 2002；Alesina，Barro，and Tenreyro 2002。

20. 我这里只归纳政治上的主权实体，不包括殖民主义时代遗留下来的附属领土的所有货币安排。在大多数情况下，附属领土只使用"母国"货币。这些国家包括澳大利亚、丹麦、法国、新西兰、挪威、英国和美国的附属国。例外情况包括百慕大、英属维尔京群岛、特克斯和凯科斯群岛，尽管它们是联合王国的领土，但都使用美元。这些安排的综合清单见表 6。

21. 1941 年民族主义者阿努尔福·阿里亚斯·马德里短暂担任总统期间，巴拿马的纸币只发行过一次，在他被推翻后（人们普遍认为，这是在华盛顿帮助下策划的）很快就退出了流通。更多细节参见 Johnson 1973，223—228.；Collyns 1983，ch. 6；Zimbalist and Weeks 1991。

22. 有关阿根廷货币发行局的更多信息，参见第五章。

23. 贝宁、布基纳法索、科特迪瓦、几内亚比绍（葡萄牙殖民地）、马里、尼日尔、塞内加尔和多哥。西非经济货币联盟的法郎被指定为非洲金融共同体的法郎。

24. 喀麦隆、中非共和国、乍得、刚果共和国、几内亚（前西班牙殖民地）和加蓬。中部非洲经济与货币共同体的法郎被指定为非洲金融共同体的法郎。

25. 有关共同货币区和文中提到的货币联盟的更多详情,参见 Cohen 2001a。

26. 参见 Rose 2000,2001;Rose and van Wincoop 2001;Frankel and Rose 2002;Glick and Rose 2002;Rose and Engel 2002。尽管经常受到质疑,但罗丝的研究结果一直被其他研究证实。比如罗丝在综合分析中表明了这一点(Rose 2002)。

27. 读者很熟悉查尔斯·蒂布特 1956 所描述的主要对立关系的均衡。一些人对世界事务的最佳治理水平感兴趣,关注规模经济和外部性之间的关系。一方面,有些人主张单位更大权力更集中;另一方面,有些人关注偏好的异质性,主张相反。规模经济和外部性是货币区域化带来的效率收益的核心,而宏观经济的灵活性正是由于国家差异的持续存在而受到重视,但这并不是货币区域化所涉及的唯一权衡,这里的讨论将表明,这甚至可能不是最突出的因素。蒂布特类型的模型虽然分析简约,但对于本书的目的来说,它提供的关注点太狭窄了。

28. 这是塔维拉斯所称的最优货币区"新"理论的核心观点(Tavlas 1993),与传统的最优货币区理论中重视货币政策自主性形成对比。

29. 进一步讨论参见 Cohen 1998,82—83。

30. 例如参见 Tsygankov 2000,2001;Abdelal 2001。

31. 库珀格外强调这一点(Cooper 1999)。

32. 更多细节见 Helleiner 2003a,ch. 9。

33. 大多数分析沿用弗里登开创性的思路(Frieden 1994),侧重利益集团偏好和政策制定者面临的压力。例如参见 Hefeker 1997;Oatley 1997。有关部门偏好方法的评论,参见 McNamara 1998,32—41。

34. 少数例外情况参见 Starr 1997;Lopez 2002;Frieden 2003。

35. 值得注意的例子包括 Pauly 1988;Maxfield 1990;Haggard Lee, and Maxfield 1993;Haggard and Maxfield 1996;Loriaux et al. 1997;Auerbach 2001。我将在第四章对新兴市场经济体的金融自由化作更多的论述。

附　　录

表 1　完全美元化国家[a]

国　家	使　用　货　币	起始年份
安道尔	欧元(以前使用法国法郎和西班牙比塞塔)	2002
塞浦路斯北[b]	土耳其里拉	1974
东帝汶	美元	2000
科索沃[c]	欧元(以前使用南斯拉夫第纳尔和德国马克)	1999
列支敦士登	瑞士法郎	1921
马绍尔群岛	美元	1944

国　家	使　用　货　币	起始年份
密克罗尼西亚	美元	1944
摩纳哥	欧元（以前使用法国法郎）	1865
黑山ᶜ	欧元（以前使用德国马克）	1999
瑙鲁	澳元	1914
帕劳	美元	1944
圣马力诺	欧元（以前使用意大利里拉）	2002
梵蒂冈城	欧元（以前使用意大利里拉）	2002
合计＝13		

资料来源：国际货币基金组织、欧洲世界年鉴、各国政府档案。

ᵃ将唯一法定货币权利延伸至单一外币的独立国家。

ᵇ在土耳其的保护下事实上完全独立。

ᶜ半独立状态，官方上仍是南斯拉夫的一部分，2003年更名为塞尔维亚和黑山，2006年6月3日，黑山宣布独立。

表 2　准美元化国家ᵃ

国　家	使用货币	起始年份	当地货币
厄瓜多尔	美元	2000	苏克雷
萨尔瓦多	美元	2001	科朗
基里巴斯	澳元	1943	本国硬币
巴拿马	美元	1904	巴波亚
图瓦卢	澳元	1892	图瓦卢元
合计＝5			

ᵃ 主要依赖一种或多种外币，但也发行象征性本币的独立国家。

表 3　货币发行局ᵃ

国家（或地区）	锚货币	起始年份	当地货币
波斯尼亚-黑塞哥维那	欧元（以前为德国马克）	1998	马尔卡
文莱达鲁萨兰	新加坡元	1967	文莱元
保加利亚	欧元（以前为德国马克）	1997	列夫
吉布提	美元	1949	吉布提法郎
爱沙尼亚	欧元（以前为德国马克）	1992	克朗
中国香港ᵇ	美元	1983	港元
立陶宛	欧元（以前为美元）	1994	里塔斯
合计＝7			

ᵃ 与一种外币有正式的不可撤销的汇率联系的国家或地区，这两种货币都作为法定货币在境内流通，完全可以互换。1991年至2002年，阿根廷还设立了货币发行局。

ᵇ中国的特别行政区。

表 4　双货币体系国家ᵃ

国　　家	使　用　货　币	起始年份
巴哈马	巴哈马元，美元	1966
不丹	不丹努尔特鲁姆，印度卢比	1974
危地马拉	危地马拉格查尔，允许使用其他货币	2001
海地	海地古德，美元	不详
利比里亚ᵇ	利比里亚元，美元	1982
巴勒斯坦ᶜ	以色列谢克尔，约旦第纳尔	1967
塔吉克斯坦	塔吉克卢布，允许使用其他货币	1994
合计＝7		

ᵃ 流通中有一种或多种外币的国家，这些外币被合法承认，但作为法定货币附属于当地货币。

ᵇ 从 1944 年到 1982 年，准美元化，只有象征性的利比里亚元流通。

ᶜ 自 1967 年被以色列占领。以色列谢克尔是加沙地带唯一的法定货币；谢克尔和约旦第纳尔在西岸都得到承认。

表 5　货币联盟

联盟	成员国	制度安排	起始年份
东加勒比海货币联盟	安提瓜和巴布达、多米尼加、格林纳达、圣基茨尼维斯、圣卢西亚、圣文森特和格林纳丁斯ᵃ	单一货币（东加勒比美元），单一中央银行	1965
欧洲货币联盟	奥地利、比利时、芬兰、法国、德国、希腊、爱尔兰、意大利、卢森堡、荷兰、葡萄牙、西班牙	单一货币（欧元），单一中央银行	1999
非洲金融共同体法郎区	贝宁、布基纳法索、喀麦隆、中非共和国、乍得、科摩罗、刚果布拉柴维尔、科特迪瓦、赤道几内亚、加蓬、几内亚比绍、马里、尼日尔、塞内加尔、多哥	两种区域货币（均命名为非洲法郎）和一种国家货币（科摩罗法郎）；两个区域中央银行和一个国家中央银行（科摩罗）	1962—1964
共同货币区	莱索托、纳米比亚、南非、斯威士兰	三种货币与非洲兰特挂钩，四家中央银行（南非兰特是莱索托和纳米比亚的法定货币）	1986
合计＝36			

ᵃ 还包括两个英国属地安圭拉和蒙特塞拉特作为正式成员（见表 6）。

表 6　属地

地　　区	治理国	使用货币
圣文森特和格林纳丁斯	美国	美元
安圭拉	英国	东加勒比元
百慕大群岛	英国	美元，百慕大元

续表

地 区	治理国	使用货币
英属印度洋领土	挪威	挪威克朗
英属维尔京群岛	英国	英镑
开曼群岛	英国	美元
圣诞岛	英国	美元,开曼元
科科斯(基林)群岛	澳大利亚	澳元
库克群岛	澳大利亚	澳元
莫德皇后区	新西兰	新西兰元
福克兰群岛	挪威	挪威克朗
法罗群岛	丹麦	丹麦克朗,法罗群岛克朗
法属圭亚那[a]	法国	欧元
法属波利尼西亚	法国	非洲金融共同体法郎[b]
直布罗陀	英国	英镑
格陵兰岛	丹麦	丹麦克朗
瓜德罗普岛[a]	法国	欧元
关岛	美国	美元
根西岛	英国	英镑,根西西镑
赫德和麦克唐纳群岛	澳大利亚	澳元
马恩岛	英国	英镑,曼克斯镑
泽西岛	英国	英镑,泽西镑
约翰斯顿岛	美国	美元
马提尼克岛[a]	法国	欧元
马约特群岛[a]	法国	欧元
中途岛	美国	美元
蒙特塞拉特	英国	东加勒比元
新喀里多尼亚	法国	非洲金融共同体法郎[b]
纽埃	新西兰	新西兰元
诺福克岛	澳大利亚	澳元
北马里亚纳群岛	美国	美元
皮特凯恩岛	英国	新西兰元,美元
波多黎各	美国	美元
留尼汪岛[a]	法国	欧元
圣赫勒拿	英国	英镑
圣皮埃尔和密克隆[a]	法国	欧元
南乔治亚和南桑威奇群岛	英国	英镑
斯瓦尔巴群岛	挪威	挪威克朗
托克劳	新西兰	新西兰元
特克斯和凯科斯群岛	英国	美元
美属维尔京群岛	美国	美元
威克岛	美国	美元
瓦利斯和福图纳群岛	法国	非洲金融共同体法郎[b]

[a] 法国海外属地。
[b] 一种通过货币发行局与欧元(以前是法国法郎)相连的殖民货币。

第三章
市场领导策略：顶端的生活

探索可以从货币金字塔的顶端开始。如前所述，货币的未来将在很大程度上取决于市场领导者的行为，因为它们的政策将极大地影响所有其他政府的策略选择。今天最广泛使用的货币包括美元——公认的顶级货币，以及两种贵族货币——欧元和日元，我们可以称之为三大巨头。在未来几年的巅峰时期，我们能期待什么呢？同样，市场竞争和国家偏好两个因素将有助于决定结果。

市　场　竞　争

在货币金字塔的顶端，如今的三大巨头占据主导地位，因为它们提供了第一章所强调的维持持续竞争力所需的所有品质——低通胀、低通胀波动性、交易便利性、资本确定性以及广泛的交易网络。对这些基本属性的进一步考察可以得到两个广泛的推论：一是在目前流通的货币中，似乎没有一个候选国在可预见的未来有机会挑战美元、欧元和日元的最高地位；二是在三大巨头中，相对市场地位似乎很有可能发生重大转变。

不存在新的挑战者

第一个推论从逻辑上可从观察的事实中得到。我们知道，货币在使用中存在大量惯性,这会减缓从一种均衡向另一种均衡的转换。例如,回想一下,即使一个世纪前美国成为世界上最富有的经济体之后,美元也花了多长时间取代在货币金字塔的顶端的英镑。正如保罗·克鲁格曼(Krugman 1992,173)所指出的:"这里令人印象深刻的事实无疑是惯性;当英国不再是第一大经济强国后,英镑在半个世纪内仍是世界第一大货币。"数千年来,类似的货币惯性在贝赞特(Bezant)或墨西哥银元等国际货币在最初制造它们的帝国势力衰落之后的长期使用中也很明显。近期,这种惯性明显地体现于美元的持续流行,尽管美元汇率周期性地走弱。由于第一章中提到的原因,这种惯性在很大程度上是货币关系中的规则,而不是例外。

由于市场行为的这种保守偏见,任何新的挑战者都不能指望登上货币金字塔的顶端,除非它首先能够提供比现有竞争者更大的优势。当纽约取代伦敦成为世界上最重要的投资资本来源时,美元相对于英镑能够做到这一点——即使是这种取代,如克鲁格曼所指出的,也需要半个多世纪的时间。如今,在任何地方都很难找到与目前的三大巨头相比具有竞争优势的货币。

一些消息人士认为,考虑到中国经济的巨大规模(按某些标准衡量)已经是世界第二大经济体,而且其在世界贸易中的作用日益增强,"元"(也称人民币)在未来可能发挥一定作用。不过,不管人民币的交易网络最终会变得多么广泛,人民币的前景受到中国落后的金融市场以及国内政治方面的影响,更不用说人民币的使用受到繁琐的外汇限制和资本管制的限制。类似的缺陷也排除了巴西或印度等其他大型新兴市场的货币在国际上挑战三大巨头的可能性。相反地,一些经济发达国家的精英货币,如瑞士或加拿大,甚至英国,尽管有明显的金融成熟度和政治稳定,却被相对较小的经济规模所制约(无论如何,预计英镑最终将并入欧洲货币联盟)。事实上,似乎没有任何一种现有货币有可能很快克服当今在位货币的强大惯性力量。在可预见的未来,三大巨头的主导地位似乎很稳固。

相对转换

然而,持续的集体主导地位并不排除三大巨头之间相对地位发生重大转变的可能性。在当今的货币地理中,美元至高无上,是顶级货币。但这种情况会改变吗? 美元的市场领导地位是否很快会受到欧元或日元的挑战?

尽管日本拥有作为世界第一债权国的明显优势,以及在控制通胀和促进出口方面令人羡慕的长期成功记录,但日元成功挑战美元地位的概率可能较小。日元的跨境使用在 20 世纪 70 年代和 80 年代(也就是日本经济扩张令人兴奋的年代)确实显著加速。银行贷款和证券市场的国际化程度很高,以日元计价的债权对投资者特别有吸引力。但日元从未接近或超过美元的流行程度,甚至是德国马克,并且很少用于贸易计价或货币替代。更糟糕的是,随着日本泡沫经济的破灭,日元的上升轨迹在 20 世纪 90 年代戛然而止。只要日本国内经济持续停滞,日元短期内回到上升轨道的可能性很小。

事实上,近年来,日元在国外的使用相对而言是减少,而不是增加了。在外汇市场,日元外汇交易额占全球交易额的比例从 1989 年的 27% 降至 2001 年的 23% 以下;同样,在央行储备中,日元占全球外汇储备总额的比例也从 20 世纪 80 年代末的约 7% 降至 90 年代的 5% 以下。[1] 总之,正如知情的观察家现在欣然承认的那样,日元在货币金字塔顶峰的地位已大幅下滑,低于其他两个市场领头羊。[2]

在很大程度上,日元在国外受欢迎程度的下降反映了日本国内的经济问题,其中不仅包括脆弱的银行体系,还包括公共债务相对于 GDP 的水平,日本公共债务水平目前是所有工业国家中最高的。评级机构已经大幅下调了日本政府债券的评级,这令投资者泄气。到 2002 年中,日本的信用评级已降至塞浦路斯、拉脱维亚、波兰和毛里求斯等国的水平,低于博茨瓦纳这样一个贫穷的国家,这严重削弱了日本的自尊心。[3] 日元在海外使用减少的状况在亚洲邻国最为明显,这些国家的银行贷款和其他日本投资大幅减少。根据《纽约时报》(*New York Times*,26 December 1999)的报道:"日本在亚洲的金融实力正在减弱,日本在这些地区的投资可能永远不会恢复成以前的水平。"

日元国际地位的最大问题是日本的金融体系,尽管最近有所改善,但其开放性或效率长期落后于美国甚至许多欧洲市场。事实上,就在 20 年前,日本的金融市场仍然是工业国家受到最严格监管和保护的,这阻止了日元的广泛使用。日本政府严格管制资本流入和流出,证券市场相对不发达,金融制度分割僵化。日本从 20 世纪 70 年代中期开始金融自由化进程,部分原因是国内经济增长放缓,部分原因则来自美国的外部压力。日本国内资本管制被放松,新的金融工具和市场被开发出来,分割的金融制度被放松,所有这些都大大提高日元汇率变动的便利性和资本确定性。最引人注目的是日本政府在 1996 年宣布的一项模仿 10 年前英国金融市场放松管制的"大爆炸"自由化计划。[4]在"大爆炸"时期,日本所有剩余的资本管制措施很快被取消,并且政府计划采取其他各种雄心勃勃的措施,包括改善结算系统、减少税收和监管以及增加可供使用的金融产品范围,以满足市场主体的现金流和风险管理要求。

然而,改革进程仍远未完成,可能需要许多年才能接近美国或欧洲的市场标准。最近一项对日本金融史的详尽研究,对于日本银行业可能出现的洗牌表示赞赏,但也承认,在未来多年内,这种转变不太可能完全实现(Hoshi and Kashyap 2001)。其他消息来源则更不乐观,质疑日本当局是否有必要的政治意愿来克服来自强大既得利益集团的坚决抵制。[5]伊藤和梅尔文(Ito and Melvin 2000)以及舍德(Schaede 2000)都强调,"大爆炸"的成功将在很大程度上取决于税法、监管程序、执法机构和法律追索权倡议的互补性改革的完成,而这些改革将要求日本企业经营方式的根本改变。到目前为止,东京政客们对这种激进的转变没有表现出多少热情。

然而,如果没有进一步的进展,日元相对于美元和欧元仍将处于竞争劣势,就连它最热心的拥护者也承认这一点(Kwan 2001,9)。国际贸易从业人员和投资者将没有动力承担把其他主要货币转换成日元的成本和风险。事实上,如果单靠市场力量,这种趋势更有可能继续朝着相反的方向发展,逐渐削弱日元的地位。这让人想起英镑在早期的长期下跌过程。

相比之下,诞生于 1999 年 1 月,竞争成功所需许多关键属性已经很明显的欧元成功挑战美元地位的可能性更大。欧洲货币联盟现有的 12 个成员国——通常被称为欧洲大陆[6]——共同构成了一个几乎与美国一样大的市场,不仅在欧洲地区,而且在世界各地都有广泛的贸易关系。网络外部性相当大。同样明显的是，欧洲大陆一开始既有无可置疑的政治稳定，又有令人羡慕的由联合货币管理局欧洲央行保证的低通胀率。欧洲央行完全致力于保持市场对欧元未来价值的信心。因此，正如许多观察家所预测的那样，欧元作为一种国际货币，有很大迅速崛起的空间。[7]欧元在对外贸易和投资中已经超过了过去德国马克和其他欧洲货币联盟"遗留"货币的总份额。[8]唯一的问题是欧元地位会提升多高，会从美元身上拿走多少份额。

特别是有两个因素将决定问题的答案。在政治层面，这在很大程度上取决于欧元相对于美元以及外汇市场上其他货币的管理水平。根据1992年的《马斯特里赫特条约》，欧元汇率政策究竟由谁来负责仍存在相当大的不确定性。尽管欧洲央行被指派负责欧元外部价值的日常运作，但欧盟其他机构（包括代表各国政府的部长理事会和位于布鲁塞尔的欧盟5国中央行政机构欧盟委员会）却难以分享欧洲央行在总体政策上的决策权。在政策协调或金融危机管理等更广泛的宏观经济问题上，谁将代表欧元区发言也存在相当大的不确定性。在货币基金组织或其他全球论坛上欧元区不存在代表该集团的一致性权威。

这样的不确定性是在第一阶段就欧洲货币联盟达成共识所需的谈判妥协的可以理解的副产品。而像这样的不确定性经常因其潜在的不利政治后果而受到批评（Henning 2000；McNamara and Meunier 2002）。如果欧盟连自己的汇率管理体制机制或外部代表权都无法达成一致，它怎么能指望在国际货币事务中行使权力呢？但如果这些不确定性在新的潜在货币使用者中散布，也可能产生严重的经济后果。风险在于零散的决策可能无法明确表明官方意图，从而抑制市场主体。这种风险持续的时间越长，就越不利于国际社会接受欧元。

就像日元一样，在经济层面，答案首先取决于金融市场未来的发展。即使欧元承诺广泛的规模经济和稳定的购买力，美元仍将得到在位自然优势的青睐，除非欧元交易成本（历史上一直高于交易更广泛的美元）能够降低到更具竞争力的水平。反过来，欧元交易成本的水平将直接取决于欧洲金融市场结构的变化。如果欧洲市场效率和开放度没有持续改善，欧元将难以克服国际货币使用的惯性力量。经济学家理查德·波特斯和海伦·雷伊(Portes and Rey 1998，308)简要指出："决定欧元国际化程度和速度的关键因素将是外汇和证券市场的交易成本。"

事实上，欧洲金融体系结构效率的前景似乎不错。纯粹从数量上看，欧元的引入最终将创造世界上最大的单一货币市场。欧洲大陆金融债权（固定收益证券、股权和银行贷款）的总价值几乎已经和美国一样大，而且无疑将在未来继续增长。除此之外，市场深度和流动性必然会有重大实质性改善，因为之前分割的国家市场逐渐被编织成一个完整的整体。欧洲货币联盟内部外汇风险的消除已经加剧金融机构之间的竞争，特别是在债券承销和银行贷款之间的竞争激烈，鼓励了成本削减和创新。从长期来看，法律和公约的协调以及新的跨境支付系统的发展将提高各类欧元资产的市场化程度。

迄今为止，欧元货币市场和公司债券市场的进展最为迅速，这些市场的工具和程序已基本标准化(Santillan，Baylen and Thygesen 2000)。一级股权市场也迅速扩张，并且结合更加紧密(Fratzscher 2001)，从而刺激了合并各国股票交易所的尝试。尽管计划中法兰克福和伦敦交易所的合并未能实现，但巴黎、阿姆斯特丹和布鲁塞尔的交易所以泛欧交易所名义建立了成功的合作关系。相比之下，由于各国之间持续存在差别信贷和流动性风险溢价，以及法律传统、发行程序和日历以及一级交易商制度的差异，公共债务市场的全面整合预计需要更长时间。各国间想将本国的债券发行标准作为欧洲大陆的基准的激烈竞争延长了市场分割的时间(IMF 2001，99—111)。

毫无疑问，欧洲市场结构效率的提高将对国际投资实践产生重大影响。诚然，迄今为止，尽管欧元计价资产的深度和流动性都有所提高，但外国投资者增持欧元计价资产的速度比预期缓慢。事实上，欧元在全球投资组合中所占的份额与之前欧洲各国遗留货币总额相比变化不大。最有可能的是，欧元汇率的不确定性导致相对较低的需求。在欧元出现的头几年，欧元汇率明显下降。但欧洲货币联盟对借款方的影响已经非常明显，非居民为广泛储蓄池机会所吸引。在债券和货币市场，新发行的欧元债券在欧元推出后急剧增加，并且远高于 1999 年以前欧洲货币联盟各国遗留货币的份额。[9]股票发行量也大幅增长，欧元在国际银行贷款中所占份额也上升了几个百分点。早期对欧元的全面调查（Detken and Hartmann 2000，2002；Danthine，Giavazzi，and von Thadden 2001；ECB 2001）一致认为，欧洲金融格局正在发生重大变化。

然而，问题依然存在：欧洲的结构性改善能否降低欧元交易成本，足以克服市场动态变化中固有的强大保守偏见？对此，合理的怀疑仍然存在。当然，欧元业务增长的大部分将以美元为代价，从而降低美元目前的领导地位。但在关键方面，美元的优势将持续存在。例如，正如理查德·库珀（Cooper 2000）所指出，欧盟及其各国政府还需要很多年才能开发出与美国国库券的外汇便利性和资本确定性相抗衡的通用金融工具。同样，全球范围内对美元独有的接受程度（欧元对美元的挑战还远远不够）继续使美元成为更具吸引力的货币交易工具。如第一章所述，美元在全球外汇市场中的作用仍然占主导地位。欧元推出三年后，与欧洲货币联盟前的德国马克份额相比，仍没有证据表明欧元作为货币兑换工具的作用有任何显著提高（Detken and Hartmann 2002，564—566）。

因此，总的来说，欧洲金融市场预期的效率提升虽然很大，但似乎不足以取代美元。无论是德特肯和哈特曼（Detken and Hartmann 2000）还是丹廷、贾瓦齐和冯·萨登（Danthine，Giavazzi and Thadden 2001）都没有发现大量证据以表明在引入欧元后交易成本立即降低。事实上，对于某些类别的交易，随着时间的推移，实际买卖价差相对欧洲货币联盟之前的德国马克的价差有所增加（ECB 2001；Goodhart et al. 2002；Hau，Killeen and Moore 2002a，2002b）。无论如何，没有人预计欧元的交易成本会下降到远低于目前美元的水平。因此，自发的市场发展必须通过深思熟虑的政策才能得以加强。波特斯和雷伊（Portes and Rey 1998，310，326）再一次用最简洁的语言阐述了这一点："如果欧洲当局希望推动欧元成为一种国际货币，就必须提高国内欧元金融市场的效率、一体化程度，并降低参与者的成本……最终，欧元市场的交易成本将取决于政策决定。"[10]

简言之，竞争的逻辑告诉我们，仅从市场力量来看，未来几年美元面临的唯一严重挑战很可能来自欧元而非日元，当然也不会是来自任何其他现有的国家货币。然而，即使对欧元来说，结果也将不仅取决于市场的发展，而且取决于官方的政策行动。这就引出了国家偏好的问题。在货币金字塔的顶端——美国、欧洲大陆和日本——我们可以期待这三大官方机构出台什么样的政策？

国 家 选 择

如第二章所述，有充分理由认为，维护或提高市场地位的单边主义策略将是市场领导者的首选。理性的政策制定者不太可能背弃本币广泛流通所带来的可观利益。但是，必须对两种不同的领导方式进行严格区分：非正式领导和正式领导。

鉴于所涉及的利害关系，毫无疑问三大巨头似乎都将尽其所能维持本币的核心竞争力，其目标是捍卫或促进市场主体广泛使用本币。在寡头垄断中，争夺市场份额——我们称之为非正式领导——是很自然的。然而，不太明显的是，是否有领导者会更进一步试图影响其他国家主体的行为，推出支持市场跟随者的策略，也就是说，支持形成一个有组织的货币集团，我们可以称之为正式领导。有没有哪个领导者会直接诱使其他政府鼓励某种形式的美元化？关于这一前景，还有更多的不确定性，尤其是因为这一额外行为所隐含的利益和成本均衡难以确定。

显而易见的是，无论三个竞争对手中的一个做什么，都肯定会受到其他两个对手的密切关注。在寡头垄断中，决策的策略相互依赖也很自然。任何提升正式领导地位的举措，都将把市场竞争的低级政治转变为外交对抗的高级政治。这些行为的风险在于，政策操作可能反过来导致三大巨头间紧张关系的加剧，尤其是如果人们认为货币举措侵蚀了既定的地区关系。然而，正是出于这一原因，更有可能的是，所有三方最终更有可能采取克制行动，避免可能危及更重要的政治和安全利益的直接对抗。确切地说，货币竞争将主要限于市场交易领域。

非正式领导

在去领土化所造成的寡头垄断环境中，欧洲大陆和日本都有明显的动机来提升各自货币的竞争力,以便将自己的货币品牌"出售"给尽可能多的潜在用户。在欧洲方面,欧洲货币联盟的成功启动,为在货币金字塔中大幅提升其地位创造了一个黄金机会。相反,在日本方面,最近的挫折增加了它采取防御措施以防止全球排名进一步下滑的压力。这两种货币的目标都是美元,即目前的在位顶级货币。欧元或日元地位的上升不一定意味着美国的绝对损失,博弈也不一定是严格意义上的零和博弈。但无论哪一方的成功几乎肯定会让美元付出相应代价。如果美元市场份额出现大幅下降,华盛顿也不太可能保持被动。日本或欧洲任何一方的公开行动肯定会引发美国的反制措施。因此,市场层面的竞争可能非常激烈。

以欧洲为例,从官方的角度来看,欧洲的愿望依然不大。根据欧洲央行的权威声明,欧元作为一种国际货币的发展将主要是一个市场驱动的过程,这只是欧洲货币联盟许多可能的副产品之一。欧洲央行表示,欧元国际化"不是一个政策目标,也不会受到欧元体系的促进或阻碍。因此,欧元体系采取中立立场"。[11]但这些经过深思熟虑的话可能会被认为仅是外交辞令,对我们毫无启示。众所周知,在幕后,欧洲政策制定者之间存在着相当大的分歧,最终的政策方向仍未确定。欧洲许多国家确实倾向将欧元的未来留给市场竞争的逻辑。但其他许多人意识到美元强大的在位优势,倾向采取更积极主动的姿态以增强欧洲货币联盟的潜力。很少有欧洲人不知道,美国从美元高踞在货币金字塔顶上所获得的诸多收益,戴高乐曾将其斥为美国的出口特权。长期以来,欧元一直被一些圈子(尤其是法国)视为欧盟挑战美元长期以来主导地位的最佳工具。

因此,更能说明问题的不是欧洲央行说了什么,而是它做了什么。特别值得一提的是,该行颇具争议性的决定发行面额高达 100 欧元、200 欧元和 500 欧元的纸币,远高于大多数欧洲人可能用于日常交易的金额。[12]为什么要发行这么大面额的钞票?知情人士表示,这一计划可能是为了让德国公众放心,因为他们担心失去自己钟爱的德国马克,与高面值德国马克纸币相当的欧元纸币将可以随时被使用。但这并不是全部。正如肯尼思·罗格夫(Rogoff 1998)和查尔斯·怀普洛兹(Wyplosz 1999)等知识渊博的专家所观察到的那样,这一计划也可能与熟悉的货币替代现象有关：大面额美元纸币，特别是 100 美元纸币在世界各地已经广泛流通。市场驱动的美元化保守地估计为美国政府每年至少节省 150 亿美元的利息，这是一种铸币税收入（Blinder 1996），虽然利润不高，但显然足以说服欧洲货币联盟当局计划提供一种潜在的有吸引力的替代方案。正如罗戈夫（Rogoff 1998，264）所写道："鉴于外国和潜在用户对大面额钞票的明显压倒性偏好，（欧洲央行）发行大面额钞票的决定是朝着满足发展中国家对安全外币大量需求迈出的积极一步。"赞成更广泛使用欧元的欧洲人公开对这一计划表示欢迎。其中一位写道："美国只需给外国人价值几便士的绿纸就可以获得商品和服务。美国没有理由垄断这些利益（Hüfner 2000，25）。"

除了发行高面值纸币，欧洲还能做些什么？通过特定税收激励措施，包括取消任何预扣税或申报要求，可能会鼓励更多国际投资者投资欧元债券和股票。同样，欧洲可以通过向欧洲银行提供有针对性的补贴，保证更多欧元作为工具货币进行跨境交易，从而降低第三国贸易的商业信贷成本。如前所述，旨在降低以欧元做生意的成本而采取的政策措施仍有很大空间。

再以日本为例，日本各种迹象表明它也打算继续参与竞争，以尽可能地维持日元正日益萎缩的国际地位。与欧洲人不同的是，日本人在宣告自己的愿望时表现得异常坦率。1998 年，扭转货币地位下滑趋势成为官方政策目标（Kwan 1999，12；Hughes 2000，249）。次年，日本财政部咨询小组、外汇和其他交易委员会（1999 年）的一份广为流传的报告进一步推动了这一趋势。委员会宣布（The Council on Foreign Exchange and Other Transation 1999，1—2）："国际化不一定与日本经济规模保持同步。最近日本的经济和金融环境表明，日元需要进一步国际化。日本必须采取什么措施来提高日元的国际地位，这再次成为一个至关重要的问题。"东京与第二次世界大战后的英国政府一样，即使冒着被怀疑甚至嘲笑的风险，似乎也决心抵制日元地位进一步下滑。

日本将政策重点放在继续实施"大爆炸"式改革进程上，希望这一进程最终能成功地将日元交易成本降低到更接近美元或欧元的水平。按照同样的思路，日本政府还提出一项计划。由于目前美元或欧元兑日元的汇率都在1：100水平上，日本计划将日元去掉两个0(Kwan 2001，124—125)(汇率缩小100倍)。日本当局认为确立与美元、欧元大体一致的平价，可能有助于日元更广泛地使用。该计划刚曝光时，一位官员表示，缩小日元面额："将有利于国际化和恢复对日元的信任。"[13]一位在东京的外国银行家评论道："如果有一个美元流动性市场和一个欧元流动性市场，日本就有可能成为某种二线市场。日本不希望日元成为亚洲的瑞士法郎。"[14]很明显，日本政府不会不战而降，任由日元地位进一步受到侵蚀。

华盛顿将如何应对这种竞争？从官方角度来看，美国仍然对此毫不关心。有关对欧元或日元未来挑战的政策声明一直刻意保持中立，避免挑衅。例如："欧洲货币联盟严格来说是欧洲的事务，而不是美国的事务。"比尔·克林顿的经济顾问委员会(Council of Economic Advisers 1999，297)警告道："欧元作为一种国际货币的出现不应引起警惕。美元不太可能很快被取代"(299)。但这样的话也可能被视为隐瞒事实真相的外交辞令而不值得信任。正如波特斯(Portes 1999，34)指出："很难相信美国当局对此漠不关心。"

对于政策的最终方向，华盛顿幕后也存在相当大的分歧。但是，一旦美元最高货币地位受到任何直接威胁，美国政府则存在许多情绪来应对。例如，欧洲央行大面额钞票一经推出就引发了一项反对提案，美国政府要求发行一张与之竞争的500美元的美联储票据，旨在保护美国在海外的铸币税收益。[15]就连戴维·黑尔(Hale 1995，162)这样的日元狂热者也承认："存在(日本的倡议)被一些美国人解读为威胁的风险，(并)可能加剧已经使美日关系紧张的经济冲突。"欧洲和日本的激进政策措施很可能最终会招致华盛顿的反制，三大巨头都在尽其所能最大限度地利用市场。

正式领导

然而，这并不意味着三大巨头中的任何一个都必然会走下一步，即寻求影响国家行为，直接推出支持市场跟随者的策略。与非正式领导的收益相比，赞助一个正式货币集团的额外收益可能相当可观。但是，政治和经济上的成本也可能导致预测的不确定性。事实上，无论是支持还是反对鼓励某种程度的官方美元化政策，都无法建立任何事先假设。理性的政策制定者可能会被拉向任何一个方向。

正如前一章所述,这里涉及的五个因素与货币竞争力较弱的政府面临的五个因素相同:交易成本、宏观经济稳定、铸币税分配、政治象征和外交影响力。然而,除了上述第一个因素提供互利机会外,市场领导者的收益计算方法几乎与其他国家完全相反。从本质上讲,剩下的四个因素都是零和博弈性质,一方获得收益,另一方损失。我们从第一章中知道,在国家间关系中,市场领导者已经可以被视为市场驱动的去领土化的赢家。问题是:将非正式领导正式化还能获得多少收益?

当然,与分割的领土货币地理相比,交易成本的降低可以视为正式领导的一种收益。在正式领导下,货币所有基本职能——交换媒介、记账单位和价值储存——的效用都得到了增强。因而,可以增加贸易和投资机会。然而,对于市场领导者来说,效率的提高微乎其微。因为即使没有正式的关系,我们也可以假设在货币竞争加速的世界里,市场领导者与潜在客户国家的大部分业务已经在使用领导者的货币进行,这就是去领土化的意义。

事实上,节约交易成本大部分收益将归于那些放弃缺乏竞争力货币国家的居民。根据定义,在与市场领导者(或使用领导者货币的任何其他经济体)交易时,这些国家的兑换成本将被消除。它们在与第三国交易时,成本也会降低。目前,由于缺乏直接的双边市场,在当地货币竞争力较弱的情况下通常需要进行两次交易。首先,当地货币必须转换成一种主要货币,在这种交易中,大量的交易网络有助于降低交易成本;其次,主要货币又必须转换成第三国货币。这里所涉及的规模经济解释了三大货币在全球外汇市场中所扮演的重要角色。若货币间是跟随关系则不需要第一种转换,因而大大简化了贸易或投资交易过程。

对于领导者来说,更多的收益可能来自其余四个因素,正如第一章所指出的,尽管这在很大程度上取决于可能抵消的风险,但这些风险的概率不易事先估计。例如,我们从第一章中了解到,如果正式的跟随者增加了以领导者货币计价的资本流动的有效范围,那么领导者宏观经济管理将有更大的自由度。国外的官方美元化程度越高,领导者国内获得的货币自主权就越大,但也存在一些不容忽视的潜在劣势。最突出的问题是,通过将领导者货币更多地用于外汇流通,官方美元化最终可能会对货币政策施加不利的约束。如果一个货币集团的货币需求突然频繁发生变化,就会产生跨境净流动,这可能会增加领导者国内货币总量的短期波动性。这种流动性冲击将使这位领导者的央行难以在一段时间内保持货币稳定。更长远地看,在未来某个时刻,一个或多个美元化国家可能突然决定重新引入本国货币而去美元化,从而在全球外汇市场上大规模抛售领导者的货币,其结果可能是领导者货币严重贬值,使领导者国内产生更大的通胀压力。

同样,对领导者来说,得到铸币税的机会将增加,特别是如果外国选择走厄瓜多尔和萨尔瓦多的道路。准美元化或完全美元化意味着政府必须放弃有息美元储备以获得取代当地流通现金所需的美元纸币和硬币。因此,放弃的利息支出代表了市场领导者的净储蓄。我们知道,这一利润是美元化国家的直接成本。另一方面,我们还必须考虑到,过去的货币替代使得市场领导者已经从其货币的对外流通中获得铸币税。潜在客户国先前非正式美元化的程度越大,正式美元化产生的额外转移就越小。此外,遵循共同货币区的先例,我们还必须考虑为补偿美元化政府损失的铸币税而进行谈判的成本。

如果市场领导者的货币成为正式货币集团的基石,它的地位和威望也将得到提升。罗伯特·蒙代尔(Mundell 1993,10)曾经写道:"大国拥有强大的货币。"实际上,如果不是霸权的话,领导者的货币就成了至高无上的象征。这就是政治学家约瑟夫·奈(Nye 1990)所说的"软实力"之一,即通过塑造信仰和观念来施加影响的能力。然而,根据具体情况,该象征可以说是一把双刃剑。在繁荣时期被认为是无害甚至是自然的,在经济衰退或危机发生时可能成为抗议的焦点。国内经济管理的任何失败都可能归咎于占主导地位的外国政府,甚至可以设想地方政府故意煽动民众抗议,以此转移人们对自身政策错误的注意力。领导者很容易成为不满的目标而可能要付出威望损失的高昂代价。

最后,在地缘政治方面,领导国直接获取外交筹码的机会将被放大。从货币发行局制度开始,大多数形式的美元化(从货币发行局开始)都是发出向外国央行交出权力的信号,使美元化国家实际上成为美元的客户。

这种关系显然是支配和依赖的等级关系,不可避免地易受领导者影响或胁迫。但这也是一把双刃剑,因为领导者可能也很难忽视本国货币集团外围的不利发展。即使在没有任何明确承诺的情况下,美元化也会对未来的货币救助产生一种隐性预期,即在发生金融危机或不稳定时美元化国家对领导者资源的或有索取权。这种预期是领导者政治权威增强的另一面。有人可能会说,处于货币金字塔顶端,不仅会带来更大的影响力,而且还可能带来更大的责任。不管喜不喜欢,领导国的决策者可能会发现自己经常面临满足客户特定需求或脆弱性压力。在制定政策目标时,领导者央行可能会被游说要考虑美元化经济体的状况(特别是在不对称支付冲击的情况下),或者向当地金融机构开放其贴现窗口。随着时间的推移,附属政府甚至可能开始在领导国央行的管理机构中争取间接甚至直接的代表权,寻求从纵向区域化转变为更像货币联盟的形式。

因此,以上讨论很难进行概括。对市场领导者来说,收益和成本的计算很复杂,而且在大多数方面都具有内在的主观性,为政策辩论留下广阔空间。然而,仔细观察这三个大巨头,可以发现,它们在高层政治层面发生彻底冲突的风险相对较低。

美　国

公共辩论在美国进行得最为深入,自 1999 年初卡洛斯·梅内姆首次提出美元化问题以来,美国与拉丁美洲一样,对美元化的兴趣一直在迅速升温。在阿根廷总统的倡议下,一个以前只被视为好奇心的想法现在突然获得美国真正的政治信任。美国国会召开听证会,发表官方声明,金融报刊上也进行热烈的辩论。核心问题是,华盛顿是否应该鼓励或阻止其他国家政府效仿厄瓜多尔和萨尔瓦多的做法。大家关注的重点是拉丁美洲地区,该地区在与美国的货币关系上已经表现出高度的跟随性。[16] 拉丁美洲被认为是正式美元化最自然的家园。然而,到目前为止,美国的政策仍然保持谨慎的中立——借用早期的一句话,这是一种"善意忽视策略"。

除非华盛顿感受到欧洲或日本这两个市场领导者的严重挑战，否则这种政策很可能会继续下去。

利弊

美国的辩论要素相当明确。从积极的一面来看，罗伯特·巴罗（Barro 1999）和朱迪·谢尔顿（Shelton 1999）等倡导者特别强调美元化的经济优势——特别是为美国在西半球的贸易和投资创造更好环境的潜力。[17]这不仅是一个降低交易成本的问题，更重要的是，在那些努力捍卫货币主权但货币却缺乏竞争力的国家，美元化是一个增强稳定性的承诺。拉美国家的中央银行有着高通胀和货币贬值的历史，它们的信誉并不高。相比之下，采用美元将意味着宽松的货币政策不会再引发新的金融危机。用商业经济学家迈克尔·加文（Gavin 2000）的话来说，货币制度现在能够"预防意外"，在表面上消除了这些国家发展的一个关键障碍。这些国家经济更稳定地增长意味着增长得更快，而这反过来又意味着美国出口和直接投资市场更健康。"正如另一位美元化狂热者朱莉·卡兹曼（Katzman 2000）的评论："美元化将消除繁荣与萧条、通货膨胀与衰退、货币升值与贬值的循环。这将同时为美国商品和已成为拉丁美洲国内经济重要主体的美国公司创造一个更安全的市场。"

但是，货币制度真的能"预防意外"吗？美元化只解决了拉丁美洲经济不稳定的众多原因中的一个——无效的货币政策——但没有直接纠正其他严重缺陷，如无纪律的预算政策、糟糕的银行监管或劳动力市场僵化。人们希望，随着货币政策的介入，拉丁美洲国家将会完成更多的结构性改革。但正如经济学家沃尔特·莫拉诺警告的那样："这可能只是一厢情愿。"[18]莫拉诺继续指出："美元化是对问题的片面看法。美元化并不能解决拉美国家当初导致危机的体制缺陷。它对塑造维持汇率制度所需的政治意愿毫无作用（Molano 2000，60）。"简言之，大家可能对单一的制度创新持有过多的信心。凯瑟琳·曼总结道："美元化不会产生神奇的变化（Mann 1999，56）。"阿根廷提供了一个恰当的案例，1991 年阿根廷货币局制定的紧缩性货币政策几乎与正式美元化一样严格，但这一政策最终并没有阻止 2002 年阿根廷比索崩溃引起的财政危机。

此外,正如许多学者指出的那样(Sachs and Larrain 1999；Fontaine 2000；Rojas-Suarez 2000),拉丁美洲经济体决不是与美国建立货币联盟的天作之合。用更专业的术语来说,西半球显然不是一个最佳货币区。除墨西哥外,美国南部邻国很少与美国的经济紧密结合,也很少与美国宏观经济形势趋同。它们都是大宗商品出口国,受世界需求和价格大幅波动的影响,而美国主要是大宗商品进口国。此外,大多数拉丁美洲经济体缺乏必要的要素流动性和价格灵活性,无法在没有灵活汇率提供的"减震器"的情况下,平稳调整以适应贸易条件的波动。因此,拉美国家的许多人可能会发现,随着时间的推移,他们的实际收入变动更多而不是更少。美国企业的市场环境可能远不如预期的健康。

在消极方面,反对者如罗伯特·萨缪尔森(Samuelson 1999)和简·阿里斯塔(D'Arista 2000)强调正式货币集团的政治劣势——尤其是美国可能被迫对整个半球的金融事务负责的风险。[19] 长期以来,美国人在制定货币政策的过程中一直存在高度的狭隘性,他们不愿意承担任何为了无纪律、甚至忘恩负义的外国人而牺牲国内优先事项的义务,无论这些义务多么有限。当然,这也意味着美国放弃潜在的经济和政治利益。但无论如何,美元化的收益最多只能算是微乎其微。有人认为,为了维持国家传统的货币自主权,他们的牺牲只是一个微小的代价。美元化带来的风险实在太大,无法承受。用萨缪尔森(Samuelson 1999)的话来说:"如果许多国家进行美元化,我们就会惹麻烦。他们会把他们的问题归咎于我们;他们会试图影响美国的政策。美元化是一个巨大的黑洞。我们应该劝阻其他国家不要把我们拖垮。"

不过,这在很大程度上取决于反事实证据:如果取消美元化的选择,拉丁美洲会发生什么?有几种可能的情况,每种情况都对应政府可采用的三种基本策略之一。最容易设想的是,未来各国政府会像过去一样,继续寻求生产自己的独立货币(市场保护策略)。在这种情况下,货币脆弱性和波动性的风险将一如既往地突出。如果美国南部邻国继续遭受周期性的金融危机,美国真的会变得更好吗?另外,一些西半球国家可能会考虑以欧洲货币联盟的模式自行推动货币联盟。在这种情况下,美国将避免承担任何责任,但随着新的联合货币的成熟,美国在该地区的地位和影响力也可能下降，得到铸币税的机会也可能减少。最后，第三种可能性是，一些仍然倾向跟随战略的国家可能会决定与欧洲站在一起，用欧元代替美元，以取代本国货币。在这种情况下，美国的实力和威望将受到更直接的挑战——这一次是来自一个强化的欧元联盟的挑战。

持中立态度的学者有弗雷德·伯格斯滕（Bergsten 1999）和威廉·尼斯卡宁（Niskanen 2000），他们认为善意忽视是一种最佳的政策承诺。货币自主权面临的风险已得到承认，但获得收益的前景也是如此。有人问，没有正式承诺，为什么要不必要地牺牲货币政策的自主性优势？考虑美元化的政府可能会得到道义上的支持以及一些技术援助，但其他方面可能或多或少需要依靠它们自己。它们会被告知，采用美元必须完全是单方面的，就像厄瓜多尔和萨尔瓦多地区一样。通过敞开大门，而不是关上大门，美国可以避免对拉美经济体承担任何责任，但仍有望收获潜在收益。实际上，华盛顿也可以有蛋糕吃。

但这能发生吗？善意忽视策略的主要缺点涉及一个经验主义问题：有多少国家会真正愿意在没有某种形式的正式交换条件而同时隐含所有不利因素的情况下，将自己转变为美国的货币客户？如第五章所述，厄瓜多尔之所以能自行实施美元化策略，仅仅是因为一场大规模的金融崩溃似乎让基多（厄瓜多尔首都）的决策者们别无选择；而萨尔瓦多也实在太小，在华盛顿没有太多的谈判筹码。在这两种情况下，选择图（见图1）中的 NC 曲线相对于 DL 曲线大幅上升。但在西半球的其他地方，除了中美洲、加勒比和安第斯山脉的一些较小经济体之外，情况可能并非如此（我将在第五章对潜在跟随者的偏好进行更多阐述）。从美国的角度来看，风险在于，只要华盛顿的政策立场保持官方中立，最终选择某种正式美元化的国家将不会很多。

展望

尽管存在这样的风险，华盛顿官员还是极力捍卫现行的善意忽视政策。美联储主席艾伦·格林斯潘和前财政部长劳伦斯·萨默斯早前都公开强调他们在此事上的中立立场。萨默斯在 1999 年 4 月的国会听证会上说："我们绝对不打算关闭审议这个问题的大门。"[20]但与此同时，他和格林斯潘主席非常明确地表示,不会采取任何措施来帮助支持美元化。相反,他们敦促各国政府首先关注国内的政策改革。格林斯潘(Greenspan 1999,14)警告说:"健全的政策不可替代。如果你试图从虚无中创造出一些东西,你最终将不会得到它,而是一无所有。"美国国内政治几乎没有迹象表明近期有可能出现任何重大政策变化。

与贸易等更政治化的对外经济政策问题不同,美元化很少引起美国国内利益集团的关注。这个问题仍没有爆发出政治分歧(如果真的存在的话),如果更多的邻国寻求把美元当作自己的货币,那么一切都可能改变。很明显,可以预期一些部门将从美元化中获利,特别是那些因大量参与跨境活动而受益于汇率风险消除的一体化利益集团。这其中包括美国银行和其他金融中介机构、进出口商以及投资组合投资者。相反,如果美元化鼓励美国企业将更多的生产转移到边境以南,也可能会有一些关键的利益受损者,尤其是蓝领工人,他们会发现自己可能失业。因此,从原则上讲,我们可能期望,无论是赞成方还是反对方,他们都会对这一问题进行有力的游说。然而在实践中,最引人注目的是这种游说活动的缺失。这表明,没有哪个集团预见到美元化将对自己的物质利益产生多大的直接影响。

金融部门可能受到美元化最积极的影响。与美元化国家的竞争对手相比,美国银行在获得美联储资源的特权方面自然具有优势。这些额外的利润被经济学家们贴上了名义租金的标签。这些经济学家早就认识到,一种货币的国际使用使得发行国金融机构享有不成比例的收益(Swoboda 1968)。然而,没有任何证据表明,美国的个别机构或代表性协会发起了任何系统的公共或私人运动以发表对美元化的看法。一些金融专业人士以个人身份发表意见,有些相当积极。但是,大家的声音并不一致,从高度热情(Gavin 2000;Katzman 2000)到坚决反对(D'Arista 2000;Molano 2000)应有尽有。尽管工人存在失业风险,但美国工会方面同样也没有任何正式回应。一位工会前高管坚称,美国劳工联合会-产业工会联合会在美元化问题上没有官方立场。[21]

在学术会议、国会听证会以及主要报纸上,也展开了一些关于美元化的公开辩论。然而,这里的声音同样不统一,不易辨别。高度重视货币稳定的保守派专家似乎更倾向美元化（Barro 1999；Shelton 1999），尽管这主要与潜在美元化国家的利益而非与美国的预期收益有关。简单地说，他们的论点是拉丁美洲的中央银行不可信。相反，如果拉丁美洲国家从美联储进口货币政策，它们的经济状况会更好。但也有著名的保守派反对美元化（von Furstenberg 2000a，2000b），而更自由的精英观点也铺天盖地（Bergsten 1999；Frankel 1999；Samuelson 1999）。美元化的立场似乎不是由意识形态或党派关系决定，而是由个人对未来得失判断的主观性决定。

因此，总体而言，私人部门似乎不太可能在塑造美国政策方面发挥多大作用。鉴于赞成美元化和反对美元化中的任何一方对这一问题都缺乏强有力、连贯的游说能力，美元化政策的结果更可能取决于公共部门内部偏好而不是外部压力。在公共部门内部，可以想象，国会可能会采取新的举措，但由于缺乏关键选民施压的压力，国会更倾向等待行政部门的信号，而后再确立某种立场。反过来，在行政部门内部，财政部和美联储的倾向很可能在确定政策基调方面起决定性作用。财政部和美联储是美国政府在国际货币问题上的领导机构。当涉及金融问题时，其他大多数机构都遵从这两家机构的意见，这些问题如果不是完全晦涩难懂的话，本质上是技术性问题。

唯一的例外可能是美国国务院，它肯定会注意到美元化的地缘政治优势。为什么要放弃巩固美国在西半球领导地位的机会？大多数经济学家对相关考虑嗤之以鼻。前经济顾问委员会成员杰弗里·弗兰克尔的话很有代表性：[22]"不得不说，我在美国政府任职期间，当涉及（美元化）问题时，我从来没有听到有人说：'是的，让我们为美帝国主义而战：这会有外交政策上的收益。'但我敢肯定，有一些政治学专家会谈论这一点。"但这太天真了。即使不是政治学家也能意识到美国国务院会利用任何机会以加强外交影响力来增加其官僚利益。显然，没有人——当然也没有外交官——会直言不讳地支持美帝国主义，即使是在私底下。外国政策专家也根本就不会用这样方式来表达观点。[23]但是，正式负责国家对外关系的部门也不会忽视能在海外施加影响力的新政策工具。真正的问题是，美国国务院是否真的能在政策最终形成中产生很大影响力。事实上，这不太可能。美国国务院在国际金融问题上很少占上风。长期以来,华盛顿一直将这一领域的主要责任交给财政部和美联储。

对这两个机构可以期待什么呢?当然,财政部和美联储的政策重点并不完全一致,因为它们的机构责任和利益不同。但它们在这个问题上似乎没有什么分歧。善意忽视的政策完全符合两个机构的偏好。众所周知,双方都对错误持谨慎态度,不愿采取任何可能破坏金融市场稳定的行动。如前所述,美联储主席格林斯潘已经明确表示希望避免仓促行事。他曾说(Greenspan 1999,16):"我们必须非常小心地辨别我们政策的任何改变是否会产生任何影响。"萨默斯财政部的继任者们也没有对美元化的新举措表示任何赞同,无论这些举措是赞成还是反对美元化。相反,布什政府显然倾向对拉丁美洲的货币发展保持一种不插手的政策。布什政府在阿根廷货币发行局制度崩溃的危机期间故意沉默的态度有力地证明了这一点。[24]

当然,财政部和美联储总是可能持不同政见。在许多拉丁美洲人看来,华盛顿潜在的野心显而易见,即在经济和政治上统治这个半球。如果格林斯潘和其他政策制定者抵制住鼓励邻国政府公开采用美元的诱惑,那只是为了避免引起反美反应,避免美元化实验出错而招致的责难。一位秘鲁评论员的话很有代表性(Schuldt 2003):"美国政府不能干预其他国家美元化的初步决定。这可能会导致一系列针对美国的要求和指责,而美国则希望通过一切手段将其避免。然而我们都知道,从美国官方的角度来看,美元化似乎是加强其半球和世界霸权的有效机制。"然而,几乎没有证据支持以上怀疑,这种怀疑在很大程度上仍然是一种阴谋推论。

因此,在现有策略中,最有可能的结果似乎是美国将延续到目前为止一直有效的善意忽视政策。财政部和美联储均认为没有任何理由放弃潜在利益,但它们也不愿承担过度风险。在可预见的未来,谨慎态度几乎肯定会主导美国的决策。

分享铸币税

当然,我们可以考虑在什么情况下美国的政策可能会变得更加积极主动。一种可能性是美国国内经济长期低迷,这可能导致决策者推动美元化，以此为美国出口和投资创造更有保障的市场。另一个可能是拉丁美洲再次爆发金融危机，这可能会增强承诺提高货币环境稳定性安排的吸引力。然而，这两种偶发事件都无法准确预测。

欧洲或日本这两个市场领头羊之一（或两者）的竞争升级可能刺激美国采取新思维。假设欧洲或日本采取公开措施以建立一个正式的货币集团，而不仅局限于培育市场需求这一挑衅程度低的低级政治。如果这种升级被视为严重侵犯美国已建立的任何地区关系，那么不难想象华盛顿会对更积极的政策产生更大的热情，提供具体的激励措施，鼓励潜在客户进行某种程度的美元化。

这些动机可能是什么？经济学家古勒莫·卡尔沃（Calvo 2000）大胆地提出，美元化国家应该在美联储获得席位，首先可能是作为观察员，但最终是作为有投票权的正式表决成员。其他人则建议在需要时提供某种金融安全网。不过，毫不奇怪，这样的想法在华盛顿赢得的粉丝寥寥无几。鉴于美国人历来重视货币政策的自主性，如果正式提议外国在美联储的代表权或准入权，那么无疑将遭到广泛抵制。很难想象美国政府在短期内会有任何类似的承诺。

更容易设想的是以某种形式分享铸币税，正如美国政府内部（Mack 2000；Schuler and Stein 2000）和外部（Barro 1999；Gavin 2000）的声音所倡导那样。从外国政府的角度来看，铸币税收入的损失是迄今为止美元化过程中最明显的成本。这似乎也是最不公平的，因为它作为纯粹的意外收获直接回归美国财政部。拉丁美洲人有权问，为什么富裕的美国应该以牺牲较贫穷的邻国的利益为代价获利？他们是否有权收回至少一部分被放弃的收入，作为放弃货币自主权的补偿？尽管一些人认为共享铸币税是一种"遥远的政治前景"（Sachs and Larrain 1999，87），但它很可能会引起许多美国人的共鸣，他们乐于为自己的公平竞争意识而自豪。在许多人看来，这是采取主动策略的必要条件。正如一位消息人士所断言的（Katzman 2000，213）："美国关于如何解决这个问题的决定将发出一个明确的信号，表明它是否打算支持美元化。"

正如巴罗（Barro 1999）所建议的那样，铸币税的分享可以很容易通过向每一个美元化国家转移所有需要的美元现金来实现。这样，各国政府就可以保留现有的美元储备。这不仅使它们今后能继续收到利息，也使它们拥有应对可能出现的流动性或银行危机的资源。美联储的票据可以作为纯粹的礼物——即启动这一进程的一次性分配，或一种近似的等价物——能以不超过印刷成本的价格出售给美元化国家（Niskanen 2000）。但这种做法遭到其他人反对，他们担心一个或多个国家未来可能出现去美元化，这一点在前文曾提及。假设某个政府真的要叛变，重新引入自己的货币。在这种情况下，这个政府的全部美元供应将可以在美国使用，这对于这个国家而言是一个很大的意外收获。为了避免这种风险，美联储票据应作为正式汇兑的一部分而被提供，要么以美元化国家现有流通中的货币存量为基础提供——一种直接货币互换（Gavin 2000）——要么以美元计价的无息政府债券的形式提供。无论哪种形式，美国都会拥有权利，如果需要的话，这种权利可以用来吸收大量回流的美元。

如果美元储备最初用于使美元化国家本币退出流通，华盛顿可以承诺今后定期向它们转移美元，以放弃部分或全部利息收入，就像南非在共同货币区中那样做。尽管没有说出来，但对美国来说，这种方法的关键优势在于政治方面。它为行使外交影响力提供了一个方便的工具。美国暂停转移甚至仅仅是威胁要切断，都足以说服各国政府避免采取与美国偏好不一致的政策。但主要缺点是，它会将铸币税问题直接纳入华盛顿的年度预算程序，这可能很容易使其成为一个政治足球。至少，可能会引起误解和党派纷争。最坏的情况是未来国会完全改变主意，投票决定终止对美元化经济体提供任何进一步补偿。

国际货币稳定法案

铸币税分享是失败的国际货币稳定法案（International Monetary Stability Act）的核心，该法案是迄今支持美元化最著名的立法倡议。该法案于 1999 年由时任国会联合经济委员会主席的佛罗里达州参议员康尼·马克提交。该法案被非正式地称为马克法案，该法案要求美国每年向美元化国家返还高达 85% 的铸币税损失（剩下的 15% 用于资助已经美元化的国家，如巴拿马和厄瓜多尔；并帮助支付美联储和财政部的相关费用）。美元化国家的政府最初会用自己的美元储备来取代流通中的当地货币,铸币税则以永续债券利息的形式支付返还,一旦美国财政部认证一个国家的货币供应正式美元化,该工具就会发行。[25]正如参议员马克所强调的,这项措施的目的是非常自觉地促进美元化。他宣称:"现在是时候了,美国应该表现出领导力,鼓励美元化。"[26]尽管参议院银行业委员会在2000 年 7 月的一次投票中对该法案进行了汇报,但该法案从未在参议院全体议员中进行过辩论,并在立法会议结束时就夭折。由威斯康星州众议员保罗·瑞安发起的众议院版本的法案也未能通过委员会;2001 年,在美国第 107 届国会上提出的一项后续法案也无疾而终。

马克法案是鼓励美元化的最佳方式吗? 从美国的角度严格来看,立法中仍有可能隐含其他责任的风险。该法案明确规定:"美国没有义务作为官方美元化国家的最后贷款人,在制定货币政策时考虑其经济或金融状况或监督其金融机构。"然而,即便是如此直率的措辞,也不足以在发生危机时减轻华盛顿的压力。一旦鼓励各国采用美元,如果其中任何一个国家陷入困境,华盛顿真的会背弃美元吗?

相反,从潜在美元化者的角度来看,似乎有理由担心该法案所包含的不平等的单边主义。铸币税退税资格的认证由美国财政部长全权决定。这个过程是否会被用来促进美国单方面利益? 该法案列出的考虑因素之一是该国是否向外国竞争者开放其银行体系。这样的规定显然会有利于美国金融机构,因为它们有权进入美联储,从而强化它们从美元化中获得的收益。铸币税退税资格的认证也可能在任何时候被撤销,这有可能使永续债券成为美国行使权力的一个更方便的工具。具有讽刺意味的是,该法案的两位最大支持者,国会人员库尔特·舒勒和罗伯特·斯坦恩也承认了这一点,他们写道:"国务卿的自由度是促使各国与美国充分合作的一个因素(Schuler and Stein 2000,8)。"用一位公开批评美元化人士的话说(von Furstenberg 2000b,119):

在某些条件下,向美元化国家发放的永续债券可能被宣布无效。当惩罚或给某个正式美元化国家施压在某些情况下变得具有政治吸引力时,美国国会和政府可能会撕毁以前的协议。永续债券的利息也可能会被附加在一系列条件的清单下。

对西半球的许多国家来说,美元化如果能通过谈判达成一项阐明相互权利和义务的条约,而不是完全由美国决定,将会更容易被接受。但对许多美国人来说,任何形式的书面协议都只会加剧人们对美国政府未来或有债权的担忧。要在双方的敏感点之间找到一个可控的平衡并不容易。与此同时,除了不可能预见的情况,最有可能的结果是华盛顿继续保持被动中立的现状。其他国家正式采用美元不会受到美国的明确劝阻,但也不太可能受到积极鼓励——至少在美国没有受到欧洲或日本严重挑战的情况下不会。

欧　洲

美国可能受到来自欧洲的挑战,但可能性不大。正如前面所指出的,欧洲人无疑将尽一切努力在市场层面促进其新货币的使用。同样明显的是,欧盟不会阻碍附近各国政府采取某种形式的官方"欧元化",特别是在中东欧和巴尔干地区。但这些都不会在华盛顿引发更为积极主动的政策,除非欧盟的野心不局限于附近邻国,而扩展到传统上与美国结盟的地区,如拉丁美洲。沿着这些思路,美元化出现更激进局面的可能性微乎其微。

这并不是说没有欧洲人对欧元抱有全球野心。恰恰相反,例如,波特斯和雷伊(Portes and Rey 1998)明确支持他们所称的"大欧元"情景,即欧元将和美元一起成为货币金字塔的顶端。他们宣称:"美元将不得不分享第一的位置(Portes and Rey 1998,308)。"[27]德国经济学家格哈德·迈克尔·安布罗西也表达了类似的观点,他断言:"欧洲人的自身利益……应朝着使这两种货币有序共存的方向努力(Ambrosi 2000,225)。"另一位德国人马丁·希夫纳的观点更为明确,他呼吁尽可能地积极鼓励欧元化——即使是在遥远的东帝汶地区也应如此。希夫纳(Hüfner 2000,24)写道:"欧元化将在巩固欧洲新货币的全球重要性方面发挥重要作用。"

然而,这些都是少数人的观点。欧洲最有见地的观点都承认,正式欧元区的天然家园是有限的。甚至连欧洲央行(European Central Bank

2001）都不指望欧洲货币联盟集团发展到它所称的"欧元时区"（Euro-time Zone）之外。

欧元化的一些参与者显而易见，比如欧盟边界内长期存在的几个货币飞地。包括以前使用法国法郎的摩纳哥、以前使用意大利里拉的圣马力诺和梵蒂冈以及安道尔不同寻常的情况。几个世纪以来，安道尔一直给予法国和西班牙（安道尔独立的共同保证人）的货币法定货币地位。[28] 所有的这些国家或地区都已经转而使用欧元，欧元化在这些地区都已经达到最充分的程度，不再允许发行当地货币（包括摩纳哥的法郎、圣马力诺和梵蒂冈的里拉以及安道尔的第纳尔）。[29]

当然，参与欧元化潜在的主体还包括英国、丹麦和瑞典这三个不太情愿的国家，它们都有望有朝一日加入欧盟伙伴行列中的经济货币联盟。不那么正式地说，欧元已经开始非正式地渗透它们的货币空间。正如一位英国观察家评论道："可能有人想把英国排除在欧元区之外，但你不能把欧元排除在英国之外。"[30] 更遥远的是，随着欧元流通范围的扩大，非欧盟邻国的挪威和瑞士也可能被吸引进来。据《纽约时报》（*New York Times* 24 February 1999）报导，瑞士——完全被欧洲货币联盟成员国包围——正在迅速成为一个双货币国家。

在更广泛的范围内，欧洲货币联盟集团自然也将包括大部分（如果不是所有的话）中东欧和巴尔干半岛国家，其中许多国家早就渴望成为欧盟成员国。黑山已经正式采用欧元作为其唯一的法定货币；[31] 也有几个经济体通过货币发行局制度与欧元挂钩，包括波斯尼亚-黑塞哥维那、保加利亚、爱沙尼亚和立陶宛。而该地区其他大多数经济体与欧元的联系更为松散。一些国家维持一篮子钉住制度，赋予欧元最大的权重；另一些国家则采取有管理的浮动汇率制，非正式地将欧元用作锚货币。[32] 实证研究表明，欧洲货币联盟与东欧国家之间的货币关系已经具有高度的跟随性。完全欧元化的势头只会随着欧盟的扩大而增强。正如皮尔·卡洛·帕多安（Padoan 2000，101）所言："欧元化这个案例很容易陈述，重要的不是如果，而是什么时候。"一位消息人士预测，到 2007 年，欧洲货币联盟将有大约 18 个成员国，十年后成员国将多达 33 个（Walter 2002）。

事实上，对欧盟来说，问题不在于是否加快中东欧和巴尔干地区的欧元化进程,而在于是否放慢其进程。经过多年艰苦的谈判,另有 10 个国家将于 2004 年加入欧盟,还有更多的申请者仍在排队等候。[33]尽管所有新加入者都必须承诺采用欧元作为加入欧盟的条件,但欧洲货币联盟的全面参与将不会自动发生。正式地说,加入欧盟之后,各国政府将首先有义务满足一些苛刻条件——即当前主体在成为欧洲货币联盟正式合作伙伴之前所要求的所谓趋同标准。《马斯特里赫特条约》规定了四个趋同标准,包括对通货膨胀、利率、财政赤字和公共债务的严格限制。此外,加入欧盟的潜在主体必须成功地参与一项与欧元挂钩的安排,即为期至少两年的汇率机制(ERM 2)。[34]然而有几个候选国公开表示,有可能单方面采用欧元(就像厄瓜多尔和萨尔瓦多对美元所做的那样),而不是先等着满足《马斯特里赫特条约》的条件。为什么要推迟获得世界上一种贵族货币的收益呢?

例如,在保加利亚,当地一些著名的经济学家发起 2000 年欧元计划,目的是尽快用欧元取代该国货币列夫(Angarski and Harsev 1999; Nenovski,Hristov and Petrov,2000)。为了促进保加利亚的欧元化,人们还建立了一个网站。[35]有时,爱沙尼亚和波兰早期也表达了对欧元化的浓厚兴趣(*The Economist*,1 June 2002,69—70)。斯洛文尼亚政府认为,在加入欧盟之前,候选国应因其汇率稳定的记录而获得认可,因此有权立即采用欧元,而不是被迫等待两年(*The Economist*,29 January 2000,81—82)。同样,波兰政府建议放松《马斯特里赫特条约》关于财政赤字的规定,以便为全面参与欧洲货币联盟铺平道路(*The Economist*,7 December 2002,68—69)。

然而,欧盟当局一直在尽其所能阻止人们对欧元的抢购。主要理由是,各国在没有充分准备的情况下的参与可能难以管理,在政府最需要灵活性的时候,束缚各国政府。(这些参与国的)压力可能源于经济结构和货币需求的变化、资本流动的规模和可能的波动以及生产率的不同增长趋势。[36]用欧盟委员会的话说:"过早采用欧元的企图可能极具破坏性。"[37]部长会议和欧洲议会都大力提倡渐进的做法。2001 年 11 月,欧盟各国政府首脑正式宣布候选国应走规定的道路。在公开场合,欧洲央行的态度却模棱两可,它表示,只要候选国明白欧洲央行在制定政策时没有义务将它们考虑在内，它们仍然愿意，就可以采用欧元。在私下里，欧洲央行官员更加坚定，担心单边欧元化可能会影响他们对流通中欧元供应的控制。在这个阶段，他们最不希望的就是承担起为仍然欠发达和脆弱的银行体系提供担保的责任。[38]

不过不管势头如何，只要这是欧洲的愿望，美国就不太可能发动进攻。华盛顿从未质疑欧盟在它自己后院的特权利益。正如维普洛斯（Wyplosz 1999，89）所写："这是欧元的地盘。"事实上，美国甚至可能倾向刺激欧洲人，鼓励候选国更积极地支持欧元化，因为它有望为一个可能动荡的地区带来更大的稳定。正如兰德尔·亨宁（Henning 2000，18）所说："货币联盟的巩固有助于中欧和东欧的经济和政治稳定。如果货币联盟失败，中欧和东欧的稳定性可能会大大降低。因此，美国对兵力和资源的承诺也将相应增加。这种地缘政治考量对美国外交政策极为重要。"

欧洲人是否希望走得更远？在欧洲后院之外，可以想象，欧洲货币联盟集团还可以扩大到包括地中海地区和撒哈拉以南非洲国家，其中大多数国家与欧盟有着密切的经济和政治关联。这些国家也是欧元时区国家。它们的一些货币已经与欧元挂钩，其中最突出的是非洲金融共同体法郎区的法郎，欧元已经无缝地接管了法国法郎以前发挥的锚定作用；还有许多其他货币，即使没有正式挂钩，也显示出与欧元的高度协同（Benassy-Quereand Lahreche-Revil 1999）。尽管除了土耳其之外，这些国家都未被考虑成为未来的欧盟成员国，但它们都可以接受以货币发行局或双货币体系的形式实现某种程度的欧元化。（在第五章中，我将再次对潜在跟随者的偏好有更多的说明。）但是在欧洲，除了专门的学术研究外，[39]很少有关于这个问题的公开讨论，也没有证据表明有任何努力来动员舆论，为市场跟随策略提供正式支持。

更没有人愿意把目光投向欧元区以外更远的地区，比如中东石油出口国、拉丁美洲或亚洲。事实上，欧洲当局普遍同意欧盟即将扩大的局面已经够它应对的了。它最不希望看到的是与美国在正式货币领导权问题上的对抗。

日 本

相比之下,美国受到日本挑战的几率更大。原因很简单:日本人的损失更多。很明显,欧元是一种地位正在提升的货币。即使欧洲当局无所作为,作为欧盟扩大的自然结果,欧洲货币联盟集团仍将继续联合。相反,日元的地位却在下降。如果东京不采取任何行动,日元地位的下跌即使在东亚也可能会变得不可逆转,而日本把这个地区视为自己的后院。很难想象东京会不经斗争就接受这种地位的丧失。但也很难想象,日本的任何挑战都会发展到与美国公开对抗的地步,因为美国在亚洲地区有自己的既定关系。我们有充分的理由相信,两国政府在货币问题上的紧张关系虽然几乎不可避免,但不会难以控制。

历史上,如前一章所述,日本政策制定者长期以来对日元区的存在性持矛盾态度,他们尤其担心国内货币政策自主性可能受到更多限制。然而,最近随着日元国际地位的削弱,日本舆论的重心明显转向强调日元区的优势而不是劣势。[40] 正如我在《货币地理》(The Geography of Money 1998, 163)中所指出的,这种变化是根本性的,是民众对日本在世界上地位的态度逐渐发生的更广泛、更深远转变的一部分,这可以说是新时代的到来。对于新一代政治家来说——2001 年日本任命改革派小泉纯一郎为首相是最好的象征——现在已经到了日本通过承担更多大国角色实现国家国际地位正常化的时候了(Green 2001)。据推测,其中一个角色就是成为货币区的领导。用一位知情人士的话来说(Castellano 1999, 5):"日元国际化的成功将等同于取得更大的政治地位。这是日本为了扩大全球政治影响力所作出的努力。"

事实上,日本官员毫不掩饰这样一个事实,他们现在的抱负远远超出了仅成为非正式的货币领导者。对于陷入困境的日元,他们似乎已经确信,最好的防御措施是大力进攻。当然,鉴于日元的地位不断下降,提高日元的市场竞争力被视为当务之急。即使在亚洲,美元仍被广泛地用于大多数交易。[41]但是，正如各种消息来源所证实的那样，发挥更大的市场吸引力只是日本政府野心的开始。[42]除了向市场用户出售其品牌的货币外，东京似乎还打算将其出售给邻国政府。简言之，就是尽其所能建立一个正式的货币区——尽管这不可避免地会以牺牲美元为代价。迄今为止，似乎很少有国家（或地区）政府准备"购买"日元，即完全采用"日元化"，甚至也没有政府以货币发行局或双货币制的形式采用日元（这也是第五章的主题）。但在日本官方圈子里，他们希望说服邻国至少能将汇率固定在日元上，并让日元取代美元成为其主要储备货币，显然这并非不切实际。尽管有激怒华盛顿的风险，但日本的这些努力仍在继续。

例如 1996 年日本与 9 个亚洲国家政府签署一系列互换协议，如果这些国家需要帮助稳定汇率，日本将向它们的央行发放日元贷款。尽管美国当时没有提出任何批评，但知情人士毫不怀疑，这些精心设计的协议是有意增加日本在该假定货币区成员国中的影响力。一位驻东京的银行经济学家表示："这显然是试图取得领导地位。"[43]

一年后 1997 年泰国泰铢的暴跌引发了亚洲金融危机，日本迎来最大的机遇。很快，该地区几乎所有经济体都面临着投资者恐慌和资本外逃的压力。一些人冷嘲热讽地说："这是巴林主义（Bahtulism）的蔓延。"[44] 1997 年 9 月，东京抓住时机，提议建立一个 1 000 亿美元的新区域金融机制（很快被称为亚洲货币基金组织［AMF］），以帮助保护本国货币免受投机性攻击。[45]这一次华盛顿的反应要强烈得多，因为如果将美国排除在外，亚洲货币基金组织将有助于提升日本在亚洲货币关系中的主导地位。坦率地说，这一前景令美国官员感到失望。正如《经济学人》(*The Economist*, 27 September 1997, 80)冷淡评论的那样："美国人对任何不包括他们在内的倡议都高度怀疑，并奋力争取成功阻止这一提议。"

日本人否认别有用心。一位日本外交官说："我们不想建立一个被美国视为敌对的常规组织。"[46]事实上，有迹象表明，日本将美国排除在外，至少在一定程度上是因为日本官员误读华盛顿意图。[47]在亚洲危机爆发之初，当泰铢首次受到攻击时，最引人注目的是美国没有参与东京和国际货币基金组织提出的救助计划。这主要与美国国内政治有关，在 1994年拯救墨西哥之后，美国国会对美国参与未来危机管理工作施加了限制

(Henning, 1999)。从这一先例来看，日本决策者似乎从中得出结论：我们别无选择，只能在没有华盛顿帮助的情况下独自前行。

然而，美国方面并不相信东京是无辜的，并认为所有与此相反的声明都是不真诚的。《纽约时报》(*New York Times* 28 September 1997)援引时任美国财政部长罗伯特·鲁宾的话指出："亚洲基金(Asia-for-Asians Fund)将损害美国在该地区的利益。"最重要的是，华盛顿担心国际货币基金组织在货币事务中的核心作用可能受到挑战。对国际货币基金组织的任何威胁，也是对作为该机构最大成员国美国领导权的威胁。用一位财政部官员的话来说："华盛顿长期以来一直将国际货币基金组织视为美国施加影响的便利通道。"[48]美国官员决心避免美国在国际货币基金组织的主导地位被削弱。正如理查德·希格特(Higgott 1998，346)总结的那样："从美国人的角度来看，一个成功的亚洲货币基金组织并不符合美国的整体利益。它会加强日本取代美国作为该地区主导的趋势。对美国外交经济决策界的许多人来说，亚洲货币基金组织似乎是迈向日元区潜在的第一步。"[49]

尽管日本国内经济陷入困境，海外私人投资也在稳步回流，东京仍然坚持寻求新途径来促进其区域货币作用。1998年10月，时任财政部长宫泽喜一在一项很快被称为《新宫泽新倡议》的计划中，向亚洲提供了约300亿美元的新金融援助；[50]最近在2000年5月，日本与亚洲国家就计划中新的互换安排网络达成协议，该协议以泰国谈判所在的城镇命名，名为《清迈倡议》。[51]因为这两个倡议都局限于东盟＋3(东盟十国加中国、日本和韩国)，美国没有明确参加。许多人认为它们进一步肯定了东京对建立专属日元集团的持续兴趣。这是日本一种微妙的尝试，旨在通过渐进的方式实现亚洲货币基金组织的目标，同时避免建立一个正式机构这种政治上更具挑衅性的举措。[52]随着这些举措的增多，日本与华盛顿的紧张关系似乎将继续，甚至可能会加剧。

然而，紧张不等于冲突。东京可能希望更多地扮演大国角色，但几乎可以肯定的是，它不会以牺牲与美国长期以来享有的广泛政治和安全关系为代价。一位专家写道："与美国的双边关系是日本维持世界地位不可或缺的核心。在涉及美国根本利益问题上，日本仍然保持谦恭和谨慎

（Green 2001，3—4）。"事实上，这涉及一种微妙的平衡，研究日本外交政策的学者们早就明白这一点（Vogel 2002）。正如另一位专家所言，日本的基本策略一直是保持日本在东亚的经济主导地位，同时维护美国在该地区的经济和政治参与。[53]《清迈倡议》很好地说明了这种微妙平衡。该倡议直接以国际货币基金组织的参与为前提——从而间接地把国际货币基金组织最具影响力的成员美国的部分参与——作为援助的条件。

日本也不能忽视即将出现的中国的影响力，这更将增加与华盛顿保持特殊关系的价值。由于近年来经济的快速扩张，中国在整个东亚地区已经获得了相当大的外交影响力。各种迹象表明，中国有意挑战日本的地区主导地位。[54]一位美国专家说："对亚洲所有国家来说，中国是一股强大的力量，唯一理性的反应就是想办法如何与之合作，这是无法被阻止的。"[55]如果没有美国人的支持，日本抵抗中国的地位将变得特别困难。

简言之，东京无意疏远其最强大盟友。华盛顿也不急于破坏与日本数十年的关系，这一关系因其为一个动荡地区带来的稳定而备受重视。可以预期，双方都将继续在亚洲金融领域发挥优势，但双方都不太可能让货币竞争失控。

结　　论

总之，在货币金字塔顶端，货币之间充满竞争，但在一定范围内。旨在影响市场主体偏好的非正式领导之间的竞争将十分激烈。但几乎没有证据表明，市场竞争的低级政治很可能很快转变为外交对抗的高级政治。就美国而言，除非受到欧洲或日本正式领导的严重挑战，美国不会放弃对美元化政策的善意忽视。就其他人而言，无论是欧洲人还是日本人，似乎都不愿意与华盛顿发生公开的货币冲突。因此，这三大巨头中没有一个能够提供任何意义上的直接诱因来改变其他国家政府所面临的激励结构（东亚的日本可能例外）。考虑到其他国家在货币保护、跟随或结盟等选项中所面临的棘手选择，大多数国家或多或少会发现要靠自己做出决策。

注 释

1. 卡斯特利亚诺和卡塔达详细地记录了日元自 20 世纪 90 年代初以来的回落(Castellano 1999；Katada 2002)。

2. 参见 Bergsten, Ito and Noland 2001，他们写道："日元在全球货币中位列第三，远远落后于新欧元和美元(234)。"

3. 注意到日本经济规模是博茨瓦纳的近千倍，日本前首相小泉纯一郎(援引自 *New York Times*，6 July 2002)抱怨道："说日本国力低于比日本援助的非洲国家是无稽之谈。"在 2001 年，日本向博茨瓦纳提供 1 200 万美元的赠款和 1.06 亿美元的贷款。但对评级机构来说，博茨瓦纳的债务占 GDP 的比例不到 10%，信用风险低于债务率接近 150% 的日本——是美国的三倍，甚至比意大利还要高(意大利此前被认为是工业国家中最肆意挥霍的国家)。

4. 关于日本"大爆炸"的更多细节，参见 Ministry of Finance 2000；Hoshi and Kashyap 2001。

5. 尤请参见 Mulgan 2000；W. Grimes 2001b；Posen 2001。但相比之下，更加乐观的预测强调了日本私人部门的创新创造力，参见 Helweg 2000。

6. 尽管在欧元推出之后，"欧洲大陆"(Euroland)这个词很快就在欧洲广受欢迎，成为新的欧洲货币联盟集团的首选标签。但对这个词也不乏批评者，特别是在法国，人们认为这个词有点过于日耳曼化。法国科学院甚至发布一份官方公报，宣布在法国，正确的表述应该是"欧元区"。法国科学院建议不要使用"欧洲大陆"，这种情形就像"众神"坚持一样。(*New York Times*，8 January 1999)。欧洲央行最终采用中性术语"欧元体系"(Eurosystem)。

7. 参见 Bergsten 1997；Alogoskoufis and Portes 1997；Hartmann 1998；Portes and Rey 1998；Mundell 2000a，2000b；Walter 2000；Frenkel and Sondergaard 2001。相反的观点见 McCauley 1997；Prati and Schinasi 1997；R. Cooper 2000；Frankel 2000；Rosecrance 2000。

8. 德特肯和哈特曼提出"遗产"货币这一术语，指被欧元取代的国家货币(Detken and Hartmann 2002)。

9. 事实上，1999 年，以欧元计价的国际债券和票据发行量首次短暂超过以美元计价的发行量，随后几年欧元的平均份额约为 29%(而美元的份额约为 43%)。在 1999 年之前的五年里，欧元前身货币在全球发行中的平均份额为 19%。参见 ECB 2001，7—8；Detken and Hartmann 2002，566—567。

10. 皮尔·卡洛·帕多安(Padoan 2000，69)也提出同样的观点，在更理论的层面上，他认为"要从一种均衡转向另一种均衡，一种货币在国际使用中必须超过一个使集聚因素、网络外部性发挥作用的最小临界值"。欧元是否会从一种均衡转向另一种均衡，将在很大程度上取决于欧洲货币联盟的政策。

11. ECB 1999，31，45。欧洲央行在 2001 年重申了这一立场，所用措辞几乎相同。

12. 在大多数欧元区国家，面额最高的欧元纸币（500 欧元）远远大于这些国家以前流通的面额最大的纸币——例如希腊，欧元最高面值是希腊以前国家货币德拉克马最高面值的 17 倍。参见 *New York Times*，15 August 2001。

13. 援引自 *The Economist*，30 October 1999，85。

14. 援引自 *New York Times*，19 November 1999。

15. Makinen 2000，5. 1946 年美联储终止发行面额超过 100 美元的票据。此前，发行的面额为 500 美元、1 000 美元、5 000 美元和 10 000 美元。

16. 许多实证研究表明，货币跟随的地区在几个关键维度上（汇率、利率和国内价格）与美国存在很高的协方差。参见 Frankel and Wei 1998；Alesina，Barro and Tenreyro 2002；Fratzscher 2002。

17. 其他人则从各种角度主张美元化，包括 Calvo 1999，2000；Forbes 1999；Hausmann 1999a；Schuler 1999；Gavin 2000；Katzman 2000；Mack 2000。

18. Molano 2000，52. 另参见 Eichengreen 2001 and 2002b，他发现很少有实证证据支持美元化将加快结构改革步伐的主张。

19. 其他人则以各种理由反对美元化，包括 Mann 1999；Sachs and Larrain 1999；Alexander and von Furstenberg 2000；Molano 2000；von Furstenberg 2000a，2000b，2000c；Larrain and Velasco 2001；Willett 2001。

20. Summers 1999b，8. 亦可参见 Summers 1999a，16。

21. 私人交流。

22. 援引自 IMF 1999b，6。

23. 我想起威廉·迪博尔德几年前在纽约外交关系委员会（Council on Foreign Relations）退休时所说的话。在谈到第二次世界大战后重建条款谈判的美国官员时（很多人将第二次世界大战后重建看作美国行使霸权），迪博尔德指出：“我从未见过以‘我的快乐霸权时代’为题出版的回忆录。”

24. 参见 *New York Times*，5 January 2002。随后，随着阿根廷金融崩溃的连锁反应逐渐蔓延到邻国，阿根廷行政当局的强硬路线有所软化。参见 *New York Times*，5 August 2002；6 August 2002。

25. 进一步讨论，参见 Joint Economic Committee 2000b；Schuler and Stein 2000。

26. Joint Economic Committee press release，8 November 1999.

27. 波特斯是一位长期居住在伦敦的美国人。雷伊是比利时人。

28. 参见 McCauley 1997，24—32；Padoan 2000，100—108。

29. 参见 *New York Times*，23 December 1998；*The Economist*，9 January 1999，48。

30. 西蒙·巴克比是一位支持欧元的倡导者，援引自 *New York Times*，9 December 2001。

31. 虽然名义上黑山与其邻国塞尔维亚一起在 1999 年宣布德国马克取代南斯拉夫第纳尔成为其国家货币，以突出其实际的自治权。但从 2002 年开始，欧元纸币和硬币进入流通,德国马克随之被欧元取代。有关细节参见 Bogetic 2002。自从科索沃这个塞尔维亚的省份 1999 年被纳入国际管理以来,欧元也成为其的唯一货币。

32. 参见 Benassy-Quere 1996b；Benassy-Quere and Lahreche-Revil 1998，2000；Benassy-Quere，Mojon and Schor 1998；Frankel and Wei 1998；Alesina，Barro and Tenreyro 2002；Fratzscher 2002。

33. 这 10 个新成员是捷克共和国、爱沙尼亚、匈牙利、拉脱维亚、立陶宛、波兰、斯洛伐克和斯洛文尼亚,以及地中海岛国塞浦路斯和马耳他。与保加利亚和罗马尼亚的积极谈判仍在继续。长期以来一直寻求加入欧盟的土耳其,也被正式定为候选国,但预计近期不会进行谈判。

34. ERM 2 是汇率机制 ERM 1 的替代物。ERM 1 以前是欧洲货币体系的核心,也是 1997—1999 年 EMU 的前身。ERM 2 要求在相对较大的 ±15% 的波动幅度内(即总波动幅度为 30%)对欧元实行双边平价。有关候选国家参与条款的更多细节,参见 ECB 2000a；IMF 2000b, ch. 4。

35. 网址为 http://www.geocities.comleuroize。

36. 参见 Masson 1999；Szapary 2001。尤其值得关注的是所谓的巴拉萨-萨缪尔森效应(Balassa-Samuelson effect),产生这种效应的原因是生产率增长在不同行业之间存在差异,而工资的差异往往较小。随着向欧盟成员国的过渡,市场竞争无疑将加速贸易商品部门生产率的增长,推高所有部门的工资,从而推高非贸易商品相对于贸易商品的价格。如果汇率没有一定的灵活性,由此产生的通胀压力将难以抑制。参见 IMF 2000b, 168—169。

37. 援引自 *The Economist*，6 November 1999，79。亦可参见"The European Central Bank," *The Economist*，6 January 2001，63—65。

38. 参见 *Financial Times*，25 March 2002，4。

39. 参见 Berrigan and Carre 1997；Chauffour and Stemitsiotis 1998；Benassy-Quere and Lahreche-Revil 1999；Honohan and Lane 1999。

40. 日本对日元国际化态度的演变,参见 Castellano 1999；W. Grimes 2000，2001a；Kwan 2001, ch. 6；Laurence 2002。

41. 实证研究显示,几乎没有证据表明目前日元集团正在形成(即使是在日本的近邻中)。参见 Benassy-Quere 1996a, 1996b, 1999a, 1999b；Frankel and Wei 1998；Kwan 1998；Alesina, Barro and Tenreyro 2002；Fratzscher 2002。日元集团正在形成的部分证据,参见 Aggarwal and Mougoue 1996；Takagi 1999。

42. 参见 Hughes 2000；W. Grimes 2000，2001a；Katada 2001a，2001b，2002；Kwan 2001。

43. 援引自 *New York Times*，27 April 1996。

44. 更多关于亚洲金融危机的信息,参见 Radelet and Sachs 1998，2000；Pempel 1999；Haggard 2000；Noble and Ravenhill 2000；Woo, Sachs, and Scwhab 2000。

45. 更多细节参见 Altbach 1997；Rowley 1997；Hamada 1999b；Katada 2001b。

46. 日本驻新加坡大使桥本浩，援引 *New York Times*，26 December 1999。

47. 参见 Higgott 1998，343；Katada 2002。

48. 援引自 Cohen 1986，229。实证研究强烈表明，一个国家与华盛顿的政治关系往往在决定其获得国际货币基金组织信贷的数量和条件方面起决定性作用。参见 Thacker 1999；Stone 2002。

49. 尽管华盛顿方面反对，但法国金融市场管理局（AMF）的提议仍然吸引着很多人的兴趣。Bergsten 1998；Wade and Veneroso 1998b；Kiuchi 2000。

50. "新"被用来区别宫泽一郎在 1988 年担任财务大臣时提出的帮助解决拉丁美洲债务危机的计划。更多关于"新"宫泽一郎倡议的细节，参见 Hamada 1999b；Katada 2001a，ch. 8。

51. 有关《清迈倡议》的更多细节，参见 Henning 2002；Wang 2003。截至 2002 年底，《清迈倡议》已经完成 11 项互换安排，还有 3 项正在谈判中。

52. 参见 Bergsten，Ito and Noland 2001，202—203，257；W. Grimes 2001a；Bowles 2002。

53. Hughes 2000，221。亦可参见 Katada 2001b，2002。

54. 例如，在 1997 年提议设立法国金融市场管理局时，中国完全支持美国对法国金融市场管理局的反对，担心日本主导的机构可能会对中国自身的地缘政治地位造成影响。参见 Bergsten，Ito and Noland 2001；Bowles 2002。

55. 尼古拉斯·R.拉迪是布鲁金斯学会的一名经济学家，援引自 *New York Times*，28 June 2002。

第四章
市场保护策略：生存的艺术

如果任由其他国家自行决定，大多数政府本能地宁愿继续生产自己的货币——这是市场保护的默认策略。但这种策略忽略了捍卫一国货币主权的成本。我们知道，货币间跨境竞争的压力正将维持货币主权的成本推高，尤其是对于货币金字塔底部附近的国家而言。在选择图中（见图1），关键问题是 NC 曲线的位置。与 DL 或 MA 曲线相比，维持一国货币的成本能否避免大幅上升？如第二章所述，国家可用的选择包括说服或胁迫策略。随着去领土化的加速，许多政府将发现越来越难以践行生存的艺术。

说 服 与 胁 迫

在寡头垄断中，说服策略是很自然的，竞争迫使供给方设法管理市场需求，将产品"销售"给尽可能多的用户。在工业寡头垄断中，竞争对手可能通过降价、提高质量、积极的广告或任何类似的市场营销手段来增强产品的吸引力。在全球舞台上，各国也可以通过投资本国货币的声誉做同样的事，采取行动增强货币对任何或所有通常的货币用途的吸引力。这些做法是为了增强人们对持有货币的可用性和可靠性的信心——"信心游戏"，回想一下保罗·克鲁格曼（Krugman 1998a）对这种行为的命名。

这个标签很讽刺，因为和任何骗局一样，玩游戏的努力可能被证明是徒劳的。

直到最近，货币关系中的寡头垄断因素还没有得到广泛认识。[1]然而，如今随着货币去领土化的蔓延，货币与以注册商标出售的商品之间的相似性已变得显而易见。正如经济学家罗伯特·阿利伯（Aliber 2002，106）调侃的那样："美元和可口可乐都是品牌名称。"美元化倡导者朱迪·谢尔顿在谈及在货币竞争的世界中生产"更好的产品"必要性时，也不再是一个罕见的例外。她指出："要想超越竞争对手，货币生产商必须向公众提供'比竞争对手更好的货币品牌'。"（Shelton 1994，231）。

货币关系中品牌竞争因素绝非例外。事实上，当今迅速全球化的世界经济中，树立国家品牌正日益成为外交政策的一项重要内容。正如一位消息人士所观察到的那样（van Ham 2001，3—4）："全球化和媒体革命使每个国家都更加了解自己，包括自己的形象、声誉和态度。简言之，就是自己的品牌……聪明的国家正以聪明的公司的方式，围绕声誉和态度打造自己的品牌。"货币只是"品牌国家"崛起的一个更明显的信号。阿利伯（Aliber 2002，106，108）总结道："每个国家的中央银行都生产自己的货币，并且采用营销策略来加强对其特定货币品牌的需求。"

用户需求可能通过几种方式得到加强。如第一章所述，从最狭义的角度说，货币政策可能会转变为一种政治象征主义的实践。更具吸引力的外国货币在竞争中战胜本土货币，可以被视为一场军事入侵，效忠本国货币则能被政府上升为一种爱国行为。例如，1997 年亚洲金融危机爆发时，印度尼西亚的国家货币印尼盾受到攻击，这就是印度尼西亚采取的策略之一。印度尼西亚的公共服务广告中出现一个货币交易员，他戴着由100 美元钞票制成的恐怖面具，广告敦促人们保卫印度尼西亚、为印度尼西亚盾而战。然而，最终雅加达的行动明显失败。这表明，在缺乏其他实质性政策行动的情况下，这种策略不足以恢复人们对一种货币的信心。[2]

除了说服之外，特殊的税收优惠、可兑换性保证或更高的资产回报率都可能会鼓励货币的使用。更广泛地说，各国政府可以通过促进货币交易网络的扩张，以提高人们对某种货币的接受程度。例如，欧洲和日本均以本国货币计价的资产市场的发展来提高兑换便利性和资本确定性。本质上,货币的声誉可能是由对"稳健"宏观经济管理的可靠承诺来支撑。在这种背景下,"稳健"通常被理解为政府对稳定性的特别强调,承诺低通胀和低通胀波动率的特性,这在达尔文式的货币竞争中备受推崇。对大多数政府来说,玩信心游戏意味着默许货币管理中权力从国家到市场重新分配,这在第一章中有所提及。政府最先应该考虑安抚社会主体的偏好,使他们有能力和机会在替代货币中作出选择。

这种做法的优势在于,它使政府能够至少保留一部分货币垄断发行的收益,特别是象征意义和隔离外部影响这两个政治方面的收益。该国的货币幸存下来,继续促进民族认同感,决策者仍然能够抑制受到外国影响或胁迫的风险。同时还有助于实现发展统一国家市场的经济目标。但这一策略也有两个明显的缺陷,本质上都是经济性的,而且每一个都相当严重。一是限制政府获得铸币税,这是对财政政策的限制;二是限制政府管理价格和利率的灵活性,这是对货币政策的限制。这两个限制都被视为"稳健"宏观经济管理的必要条件,即为维护当前声誉而付出的成本,并且都倾向提高 NC 曲线的高度。

该策略之所以会限制财政政策,是因为以往许多国家经常滥用财政政策,将其作为国家收入最后的手段。理性的市场主体不太可能被这样的政府货币所吸引,这种政府似乎无法抵制蓄意利用铸币税特权的诱惑,而抵挡不住铸币税的诱惑往往会导致货币贬值。这一过程被称为"通胀税",并非没有原因。因此,如果国家希望依靠说服力来维持市场忠诚度,它们就必须实行财政自我限制——即一位经济学家所说的对收入的忍耐(Ritter 1995,134)——自愿限制通过货币创造而融资的公共支出。尽管铸币税在原则上仍然可用,但政府在实践中必须放弃很大一部分的铸币税。但对于税收体系不发达或经常面临突发事件的政府来说,这种忍让显然代价高昂。

同样,对货币政策的限制源于过去对国家刺激经济活动总速度能力的滥用。理性的市场主体也不太可能被一种过度用于扩张目的的货币所吸引,这种做法可能导致货币贬值。因此,希望依靠说服方式的国家也必须实行一种货币自我限制策略,强调价格稳定,尤其是货币和信贷供应的管理。但如果这导致经济增长放缓或失业率上升,政府也将为此付出高昂代价。

这两个约束加在一起,对政策施加了一种纪律,一旦出台,就很难消除。若没有实质性的、持续的努力,声誉不可能迅速提升。对此,一位消息人士评论道:"货币信心不可能一夜之间产生,也不是一种免费的商品(Melvin 1988,440)。"彼得·艾肯斯(Aykens 2002)区分了信心发展过程中的三个阶段:(1)"瞬时信心",仅基于实时可用信息的风险计算;(2)"声誉信心",源自不断增长的熟悉和经验,以及最后的(3)"情感信心",代表着稳定的、毫无疑问的预期。只有到了情感信任的最后阶段——漫长的社会互动和学习过程的最终产物——政府才会觉得自己真正赢得了信心游戏。但要达到这个阶段,通常需要相当长的时间,也可能相当痛苦。

考虑到市场的持续警觉,声誉很容易被摧毁。银行家沃尔特·伊斯顿(Wriston 1998,340)评价道:"金融市场就像一台巨型投票机,实时记录现实世界对货币的评估。"在建立信任的同时,可以理解的是,市场主体对政府哪怕是最轻微的再犯迹象都很敏感。因此,对"稳健"管理的承诺一旦作出就不能轻易放松。如果一国想成功地建立自己的货币品牌,就不能放松警惕,哪怕是片刻。

当然,货币纪律绝不是不可取,过去政策过度的任何受害者均可证明这一点。跨国研究清楚地表明,从长期来看,通货膨胀与增长之间存在着显著负相关关系,尤其是在通货膨胀率更高的情况下。[3]价格的高企和波动会破坏储蓄,扭曲激励机制,抑制生产性投资,国民生活水平肯定会受到影响。

但是,以年而非以十年来衡量的短期情况会如何呢?什么时间范围与大多数政策制定者更相关?希望保持货币声誉的政府通常被敦促执行严格的政策纪律。最重要的是,这是国际货币基金组织对遇到货币问题的国家所强调的观点。严格控制货币和财政政策——克鲁格曼(Krugman 2001b)称之为"根管经济学"(root-canal economics)——是国际货币基金组织援助调整计划的核心。但是,向"稳健"管理的突然转变是否就一定会很快带来繁荣呢?实证分析表明,事实并非如此,国际货币基金组织的援助计划实际上倾向降低增长率,即使计划结束之后也是如此(Przeworski and Vreeland 2000),甚至国际货币基金组织的经济学家也承认"通货紧缩过程有可能至少在短期内抑制 GDP 增长"。[4]通货紧缩还可能导致更大的收入不平等以及越来越多的家庭生活在贫困线以下(Madrick 2001)。

回顾上一章关于美元化的讨论,根管经济学的问题在于存在许多结构性缺陷,这些缺陷可能会抑制一个经济体快速或顺利地适应更受约束的政策环境的能力。再次强调一遍,货币稳定不会产生神奇的变化,其主要结果很可能不是更快的增长,而是带来持续痛苦的经济衰退,甚至可能是长期的停滞。记者托马斯·弗里德曼(Friedman 1999)称市场纪律是一件"金色紧身衣"(golden straitjacket),因为人们预期它最终会产生正的回报。然而,这种乐观的观点认为,随着通货紧缩的到来,经济体可以迅速采取行动,创造新的就业机会——这是一个英雄般的假设。著名经济学家约瑟夫·斯蒂格利茨(诺贝尔奖获得者)指出:"破坏就业机会很容易,但创造就业机会要困难得多。很少有经济学家相信瞬时创造就业机会,至少自大萧条以来是这样。"(Stiglitz 2002,59)许多国家的现实是稳定只会给政策带来持续的通货紧缩倾向。货币纪律可能是持续增长的必要条件,但肯定不是充分条件。"金色紧身衣"可能永远不会有回报。

事实上,随着货币去领土化趋势的加强,社会主体在货币选择上的范围越来越广,情况可能恰恰相反。为了保持政策效率,市场主体越容易从一种货币转移到另一种货币,政策的通货紧缩倾向就必须变得明显。选择图(见图1)的 NC 曲线将被推得越来越高,特别是对于货币接近金字塔底部的国家。更糟糕的是,由于信心概念本身的主观性质,政策目标本身可能被证明是虚幻的。如第一章所述,如果货币选择中决策的相互依赖性创造了多重均衡的可能性,那么没有人能够真正知道什么样的政策能够说服市场。正如丹尼·罗德里克(Rodrik 1999,118)写道:"如果市场信心只有在遵循'稳健'的政策,并且'稳健'的政策被定义为触发信心的政策之后才会出现,那么金融市场原则上可以收敛于任意一套政策组合。"这个游戏可能真的是个骗局。

简言之,信誉并不便宜。为了对市场主体具有说服力,国家必须把货币放在嘴边,即使这样它们也可能无法成功地捍卫市场份额。玩信心游戏可能令人沮丧和徒劳无功。问题是:这个游戏值得付出这么多的精力吗? 正如克鲁格曼(Krugman 1998a)对这个困惑的总结:"人们认为需要玩信心游戏，这取代了对经济政策的正常关注。这听起来很疯狂，难道没有更好的办法吗？"

如果有更好的方法，那也只能是胁迫而非说服策略。原则上，货币主权也可以通过利用国家的正式权力、政府的法定强制权来管理，用以限制国内外货币之间的竞争。实际上，这意味着对市场主体在货币之间进行选择的能力施加某种形式的限制——简言之，就是资本管制。[5]资本管制备受争议，有些人赞成，有些人则深恶痛绝。

管制是否提供了更好的方法？事实上，这涉及三个问题。第一，这种干预措施真的应该用吗？第二，如果它们真的被使用，它们的成本会比信心游戏低吗？第三，即使它们的成本更低，它们在保持 NC 曲线不随时间上升方面是否会比信心游戏更成功？虽然第一个问题的答案显然是肯定的，但第二个问题的答案却不确定；很遗憾，第三个问题的答案是否定的。在某些情况下，胁迫可能比说服更好，但随着时间的推移，在降低维持一国货币成本方面，其效果将不会比"金色紧身衣"更有效。

合　法　性

首先，真的应该用资本管制吗？许多人认为，出于货币治理目的，管制不能被视为货币治理的合法政策工具，因为它们违反了根深蒂固的政治价值观。然而，尽管有这些担忧，专家意见总体上越来越接受在某些情况下使用选择性限制。

政治价值观

许多人认为，作为政治权威工具的资本管制与民主的标准规范有着本质的不兼容性。借用经济学家大卫·黑尔（Hale 1998a，11）的话来说："资本管制是一种指令性的经济干预形式，它可能影响一个国家的政治自由，而不仅仅是经济自由。"记者塞缪尔·布里坦（Brittan 1998）更直截了当地指出："大家反对外汇管制的最基本论点是，它是暴政最有力的武器之一,可以用来把公民囚禁在自己国家。"简言之,管制破坏了自由。

　　这一观点的基础是对政府的基本不信任,可以被恰当地描述为自由意志论。自由主义者赞同市场分散决策对政治行为施加的所有限制。对他们来说,市场具有两个有价值的功能:它分散了社会中的权力,也为国家令人敬畏的权威提供了有力的制衡。因此,货币的去领土化是一件好事,因为它促进个人的选择。如果国家被剥夺垄断地位而被迫充当寡头,而为市场主体的忠诚而激烈竞争,我们不是都会过得更好吗? 此外,自由主义者坚持认为,市场本质上是民主的,因为它们反映了数以百万计的个体态度和决定,实际上是一种永久性的民意测验——即里斯顿所说的巨型投票机。相反,管制是一件坏事,因为我们将受到政府官员武断行为而不是市场理性的影响。我们都应该对一个从人民手中夺取权力的治理结构感到恐惧。

　　当然,资本管制固有的权力显然可能被滥用。出于利己的原因,对公民货币选择的限制对政策制定者具有很大的吸引力。通过管制,政府可以更容易地利用铸币税特权为公共开支提供担保。通过通货膨胀的货币创造,政府可以从私人部门任意攫取资源。[6]它们还可以通过关闭避税管道来保护政府的正式收入基础。然而,正如我在《货币地理》(*Geography of Money*,1998,147—149)中所指出的那样,自由主义者的观点在两个关键方面严重不足,它忽视了公平和责任的问题。

　　首先,货币之间的跨境竞争确实赋予许多社会主体更多的权力来应对可能滥用权力的政府:如果他们不赞成官方政策,就有权转换货币。但是这种选票不是按个人分配的一人一票,而是由财富分配。因此,法律面前人人平等的概念即使没有受到致命的损害,也遭到了侵犯。用经济学家阿瑟·奥肯(写下民主原则和资本主义原则之间的"重大权衡"的人)的话(Okun 1975,29)来说:"货币侵犯了平等的政治权利。有钱的人得票最多。这种扭曲的选举权实际上与民主的标准规范非常不一致。"

　　更糟糕的是,在一个赋予市场主体和民选官员同等影响力的治理体系中,问责更少。作为一种政治统治的方法,这种政权可能被认为是倒退甚至有害的,因为它颠覆了一般选民的意愿。政客可能是无能或令人讨厌的,但在许多国家——当然是在代议制民主国家——他们应该在被统治者同意的情况下治理国家。换句话说，至少在某种程度上，他们可以对自己的行为负责。相比之下，市场主体既不是选举产生，也不承担政治责任，他们甚至可能不是公民。如果多数人的意愿（虽然在代议制政府的视角下难以反映）都能被匿名的少数人的经济力量所阻挠，民主本身就受到了威胁。

因此，在原则上，货币选择自由与管制相比没有特殊优势。事实上，只要它们是代议制政府的产物，就可以说，管制措施就更可能符合公认的公平和问责概念。

从逻辑上说，自由主义的观点否定了国家的目的，在威斯特伐利亚世界中，国家是合法强制权威的独特体现。事实上，自由主义者认为政府总是以服务公共利益的名义侵犯个人自由。他们容易忽视的是，市场是一种社会结构，只有在达成一致的标准和规则的背景下才能有效运作；而这些标准和规则通常需要国家的强制执行权。市场与政治的二分法是错误的。国家胁迫对于克服关键的集体行动问题以及提供必要的公共物品至关重要，例如确保尊重财产权的运转良好的司法机构。自由不是绝对的，不是所有的国家干预都是专横的暴政。事实上，市场可能会行使自己的一种暴政，就像它们对选择玩信心游戏的国家肯定会做的那样。因此，管制可以作为一种可能的纠正措施，以保护国家社会的福祉。

无论如何，在国际法和国际惯例中，各国政府对货币使用的管制权已经确立。这种干预措施始于 19 世纪，采用诸如法定货币法和公共可接受性条款等手段。毕竟，威斯特伐利亚的货币地理模型并非仅凭说服策略而形成。资本管制最早出现在大萧条时期，是这一传统的自然延伸。从最广泛的意义上讲，它们可以被简单地视为市场保护货币策略的逻辑推论。一位消息人士总结著名主流经济学家的研究结论指出："资本管制不是无关紧要的，而是经济政策和管理的基本要素。"（Ries 1997，1）

历史视角

事实上，资本管制一经发明，就很快变得相当流行，尽管它违反了传统的自由市场原则。许多观察家忘记了，1944 年在布雷顿森林谈判中国际货币基金组织的最初设计，实际上并未要求市场主体拥有无限的货币选择,而是恰恰相反。20 世纪 20 年代和 30 年代,热钱流动严重破坏了货币关系的稳定,国际货币基金组织章程明确允许保留资本管制,反映出人们对这种流动的憎恶。几乎所有参与布雷顿森林谈判的人都同意国际联盟(League of Nations)的研究《国际货币经验》中(Nurkse 1944)的观点,即需要某种形式的保护以防范"不稳定的资本大规模流动"的风险。因此,管制的选择权明确赋予给各国政府自由裁量,但条件是不对国际贸易进行限制。[7] 其目的是让各国政府拥有足够的政策自主权以促进国内的稳定和繁荣,同时又不危及国际上正在艰难构建的广泛多边贸易和支付结构。它是国内干涉主义和国际自由主义之间的一种蓄意妥协——即约翰·鲁吉(Ruqqie 1983)后来所说嵌入自由主义的妥协。[8]

推动这一妥协的关键人物正是约翰·梅纳德·凯恩斯,他被公认为是当时最伟大的经济学家,也是布雷顿森林体系英国代表团的知识领袖。对凯恩斯来说,没有什么比投机资本的自由流动更具破坏性了,他认为"这是不稳定的主要原因……如果没有防止这种情况再次发生的安全措施……更好的藏钱处的下落可能会随着魔毯的速度而变化"。不受约束的资金可能席卷全球,打乱所有稳定的业务。没有什么比流动的资本更需要受到管制的了。[9] 凯恩斯仔细区分了生产性投资资金流动和自由的流动资金。他指出前者对开发世界资源至关重要,应予以鼓励。只有后者才应该受到控制,最好是作为战后制度的一个永久特征。[10] 继布雷顿森林体系之后,凯恩斯对他在这方面目标的实现表示满意:"该计划不仅作为过渡时期的一个特征,而且作为一项永久性安排,赋予每个成员国政府控制资本流动的明确权利。"过去的异端现在被认可为正统。[11]

然而,这一成就并没有持续下去。在接下来的半个世纪里,随着货币去疆界化进程的逐步加快,凯恩斯的严格规定基本上被遗忘了,原本被认可为正统的东西现在再次成为异端邪说。资本管制失宠,反映了后来出现的被称为"华盛顿共识"的新自由主义经济学的思想。新自由主义经济学强调私有化、放松管制和尽可能自由化的优点。[12] 20 多年来,美国政府官员、国际货币基金组织以及世界银行一道四处宣传"华盛顿共识"。首先是欧洲和日本比较发达的经济体,然后是东亚和拉丁美洲的大多数新兴市场经济体,它们承诺尽可能多地取消现有管制。尽管许多较贫穷的国家仍然坚持对货币选择的限制,[13]但这种选择最终却在主要政策圈子里遭到反对,被视为一种陈腐、飞扬跋扈心态的残余。他们认为这种心态是错误,甚至是不合时宜的。

20世纪80年代,金融自由化几乎成为每个有自尊心的工业国家或中等收入国家的目标。事实上,到了20世纪90年代,这股潮流显然正朝着将资本自由流动奉为普遍准则的方向发展。1997年初,国际货币基金组织的一个重要决策机构国际货币金融委员会,当时被称为临时委员会,开始准备着手国际基金组织章程的新修正案以使消除资本管制成为基金组织的一项具体目标和责任。[14]

但就在几个月后亚洲金融危机爆发,迫使人们从根本上重新审视金融自由化的收益。一开始,投资者对当地债务不断增加的货币和期限错配的可持续性感到担忧,引发了有限的恐慌,但很快,这种担忧就恶化为对表面上更安全的外币的全面抢购。东亚各国政府此前一直以本国货币的竞争力为荣,但突然发现自己无法保持用户忠诚度。过去似乎足以维持市场份额的策略,现在必须在市场主体大规模转向优质产品的情况下重新评估。不可避免地,政策制定者被迫重新审视旧的管制案例。一位消息人士当时评论道:"在许多亚洲政府官员的心目中,资本限制这个想法的时代又回来了。"(Wade and Veneroso 1998a，23)资本管制再次开始流行。[15]

改变公众对资本管制态度的是著名经济学家贾格迪什·巴格瓦蒂在1998年5月发表的一篇文章。[16]尽管其他经济学家为管制措施辩护已有一段时间,[17]但巴格瓦蒂的名气成功地将这一问题提升到了公众认识的新水平。在经历了亚洲的痛苦之后,巴格瓦蒂问道:"有人还会相信资本流动好处的'神话'吗?"用他的话来说(Bhagwati 1998，8—9):

> 很明显,伴随着资本流动的危机不容忽视。当危机来袭时,资本自由流动的负面效应就会出现。因此,任何考虑接受资本自由流动的国家都必须考虑到这些成本,同时也要考虑陷入危机的可能性。如果要作出明智的决定,那么在一个假设没有危机世界里,资本自由流动所带来的经济效率收益必须与这一损失相抵。

同理,不久之后,克鲁格曼谴责了传统的说服策略——他称之为

"A计划"——的失败。他认为:"现在是认真考虑'B计划',即管制的时候了。经济学家们几乎一致认为,外汇管制效果不佳。但当你面对亚洲的那种灾难时,问题必须是:与什么相比更糟糕?"[18]同样地,在几个月内,金融家乔治·索罗斯(Soros 1998,192—193)写道:"某种形式的资本管制……可能比不稳定更可取,即使在理想世界中它也不是好的政策。"到1998年秋天,这种势头明显转向以某种方式重新评估新自由主义的正统思想。正如巴格瓦蒂(Bhagwati 1998,12)总结道:"尽管假设理想世界确实是一个资本自由流动的世界,但证据和逻辑的力量指向相反的方向,指向对资本流动的限制。是时候把举证责任从那些反对者转移到那些赞成资本自由流动的人身上了。"

因此,一种直到最近才被视为过时的方法,一种干预主义时代的遗留物,现在又坚定地回到了政策议程上。很快,某种管制措施的优点得到国际金融界的高度认可,[19]并受到越来越多专家的积极追捧。[20]甚至国际货币基金组织也改变了态度,不在讨论旨在促进金融自由化的新修正案,转而讨论在特定情况下至少某些类型的管制措施可能产生的效果。[21]这是向凯恩斯等人在国际货币基金组织成立之初设想的未来所迈出的试探性一步。2001年,基金组织新任命的副总裁安妮·克鲁格(Krueger 2002)正式支持在危机情况下使用资本管制作为主权债务重组新方案的一部分。

尽管仍受到许多人的挑战,但以货币治理为目的的金融限制的合法性如今作为一个原则问题已被广泛接受。很明显,至少对某一些政府而言,各种事件的压力与重新觉醒的历史感交织在一起,以一种新的、更体面的方式来阐述资本管制的理由。

收 益 和 成 本

然而,随着光明的到来,热议也同时出现。专家们开始比较管制与"稳健"货币管理这一传统策略的实际利弊。[22]批评者反对管制,认为它效率低下,很难行得通。支持者们则将其视为遭受重创经济体的一种补药。

没有人怀疑管制可能代价高昂。意见分歧在于，对于决心捍卫其货币主权的国家而言，对货币选择的强制性限制是否比信任游戏成本更高。在某些情况下，一些国家使用管制所付出的代价可能确实低于"金色紧身衣"所要求的成本。

反对资本管制的传统论据很简单。对资本自由市场逻辑的论证类似于对商品和服务自由贸易的标准理论论证。贸易自由化被认为是一种互惠互利的经济福利现象，传统上以最终使用的商品和服务的可获得性来定义。那么，为什么不实行金融自由化呢？与基于比较优势的贸易一样，资本流动也会带来关键的效率收益，即更高效地使用投资资源、增加有效风险管理的机会，以及增加能够提升福利的跨期消费平滑的机会。因此，我们大家的境况都可能改善。[23]用新自由主义正统派的权威代表美联储主席艾伦·格林斯潘（Greenspan 1998，246）的话来说："全球金融的加速扩张促进了商品和服务的跨境贸易，以及跨境组合投资策略的实施，在全球范围内促进了低成本融资进而促进实际资本的形成，导致国际贸易的扩大和生活水平的提高。"

相反，所有这些节约的成本都会受到管制的制约。人们认为，管制几乎肯定会造成经济扭曲，抑制有利于社会的风险承担行为。更糟糕的是，鉴于全球金融技术的发展势不可挡，最终管制措施甚至可能无效。再次用格林斯潘（Greenspan 1998，249）的话来说："我们不能在技术上让时间倒流，我们也不应该试图这样做。"任何倾向管制的政府实际上都只是活在过去。

针对这些长期以来主导政策界思维的观点，有人提出了两大不同意见。第一种反对意见着眼于支持传统情形所需的假设，即对金融资产交易的要求应该与对商品和服务贸易的要求一样高。严格地说，只有在一个纯粹竞争和完全可预见的理想世界中，资本自由流动才能使经济福利最大化。在现实中，经济体中充斥着扭曲现象，如价格和工资的黏性或信息不对称阻碍"第一最优"均衡的实现。理查德·库珀（Richard 1999b，195）指出："长期以来，人们已经认识到，在存在重大扭曲的情况下，资本流动将导致世界资本错配，甚至可能恶化资本输入国的经济福祉。"[24]因此，一个"次优"解可能是管制。明智地引入一种扭曲的资本管制形式，实际上可能会提高而不是降低净福利。对于每一种可能的市场失灵形式，原则上都有一种相应的最优干预形式。

这种论证的逻辑没有争议。一个正处理一种明显扭曲的无所不知的政府无疑可以通过某种形式的金融约束来改善福利。有争议的是，在存在多重扭曲和不完美政策的现实世界中，这种逻辑的价值何在。正如迈克尔·多利（Dooley 1996）所指出的，这个问题不是理论问题，而是实证问题。[25]支持次优理论所需的假设，并不比那些传统的自由放任观点所隐含的"英雄主义"更少。

第二种反对意见与正统信心游戏更为相关，它关注的不是微观经济层面的经济扭曲，而是金融市场的本质及其在宏观经济层面的影响。即使在没有其他考虑的情况下，货币债权市场也往往容易出现频繁的危机和波动，这是由债权买卖中固有预期的相互依赖造成的。期望的相互依赖性不可避免地导致羊群行为和多重均衡。货币市场特别容易受到自我实现的泡沫和投机攻击。货币市场也有一种令人不安的倾向，即对不断变化的基本面作出不可预测的滞后反应，并反应过度。这种反应十分迅速，而且往往也很武断。[26]由此产生巨大的资本流动，对实际经济变量的影响扩大，可能对国民经济造成严重破坏。因此，国家当局明智的干预也合乎逻辑。在这种情况下，管制可以限制宏观经济的不稳定性以及金融市场运行特有的传染效应。墨西哥银行前副行长的话很具有代表性（Buira 1999，8—10）：

> 在通过电子联系的全球市场中，最近市场不稳定的经验使大规模投机流动的潜在成本难以忽视或被低估。资本自由流动的假定收益必须与这种流动带来的真正风险相匹配。为了保护新兴市场经济体免受大规模资本流动造成的毁灭性金融危机的影响，某种形式的监管或控制似乎是必要的。

这类论据的价值也受到了经验上的质疑，这取决于宏观经济不稳定的风险可能会有多大。事实上，风险相当大。最近的研究表明，金融自由化明显增加了发生严重系统性危机的可能性（Williamson and Mahar 1998；Haggard 2000）。对于决心坚持用说服策略以捍卫其货币主权的各国政府来说，正是这种危机的持续威胁，使得对"稳健"管理的承诺难以放松。实际上,宏观经济层面的收入和就业都是为了维护微观经济层面的效率收益而牺牲的。即使金融市场如教科书上所说的平稳运行,这也似乎是一种值得怀疑、甚至是不反常的权衡。经济学家兰斯·泰勒(Taylor 2000)引用的证据表明,随着时间的推移,金融自由化往往导致较低而不是较高的经济增长。反过来,正是这种长期存在的宏观经济政策的通货紧缩倾向(源于"金色紧身衣")在改变人们对资本管制的态度方面起到了决定性的作用。

因此,这个问题越来越多地从权衡的角度提出。为什么选择货币的自由要比所有其他因素优先考虑? 实际上,为什么政府在寻求促进其公民福祉时,要把一只手绑在背后? 最佳的政策设计似乎要求利用包括资本管制在内的所有可用政策工具,只要其成本不超过其收益。

时　间　因　素

但问题就在这里。即使可以设计出比信任游戏成本更低的管制手段,它们也不太可能成功地阻止选择图(见图1)中 NC 曲线最终上升,这里的时间因素很关键。管制可以适用于资本流出(出售本国货币)或流入(购买)。证据表明,如果任何一种限制设计和实施得当,都可以在短期内成功实现其目标。在捍卫货币主权方面,收益可能相当可观。然而,随着时间的推移,除非不断扩大管制,否则管制的效率肯定会受到侵蚀,从而导致越来越大风险以及效率损失。一种货币的市场地位肯定可以通过管制来维持,但遗憾的是,只能以不断上升的 NC 曲线为代价。更糟糕的是,一种货币的竞争力越弱,NC 曲线上升的速度就越快。

资本外流

当提到资本管制时,大多数人都会想到限制资本外流。对外限制的目的可能是抑制新的外汇收购,也可能是逆转货币替代,迫使过去被收购的资产回流。这似乎都符合市场保护的逻辑。如果能够抑制更具吸引力的外币,那么本国货币在境内的特权地位显然将得到保护,世界上许多较贫穷的经济体,仍然存在这种情况。

但是,如果这种管制在任何时间内都得到执行,也有不利的一面。由于资本外流的障碍大大减少了货币选择,限制了公众逃离劣质国内货币的机会,它们播下了挫折的种子,并为资本外逃创造了很大的动机。用国际货币基金组织(Ariyoshi et al. 2000,28)枯燥的话来说:"在面临足够的逃避动机时,管制并不能提供持久的保护。"管制措施实施的时间越长,就越有可能刺激公众对更多货币替代品的需求。[27] 如果不想逐渐削弱其影响,管制最终将不得不加强和扩大。[28] 货币去领土化一旦开始,就很难逆转。

这在一定程度上归因于货币的惯性,这种惯性为市场主体提供了动力,促使它们设法保持来之不易的、获得更具竞争力外国货币的机会。还有部分原因在于制度因素,这些因素提供了实践机会。在世界许多地方,金融自由化带来的一个更为有害的副产品是其建立了一个由私人中介机构组成的庞大网络,该网络得到了最新信息技术的支持——如果可能,可以合法使用;如果认为有必要,可以非法使用——用以绕过最严厉的官方限制。考虑到市场主体支持网络的可用性,管制措施只会鼓励寻找新的逃离政府权威的途径,就像水位会自动上升一样。理查德·库珀(Cooper 1998,17)在文章中很好地阐述了这一点,他写道:"任何决心从一个国家出口私人资本的人都可以找到一种方法,只要付出一定的代价。"为遏制动荡的流动性,管制的堤坝必须筑得越来越高、越来越宽,成本也越来越高。

一个典型的例子是 20 世纪 80 年代,几个拉丁美洲国家试图通过实施管制,强行将国内银行的外币账户转换为本国货币来阻止资本外逃,其中包括 1982 年的玻利维亚和墨西哥以及 1985 年的秘鲁。在这三个案例中,市场最终的反应都是投出不信任票:资本被秘密转移到国外账户,削弱而不是巩固了这些国家货币的市场地位。[29] 研究表明,考虑到在外国银行和国内银行的存款,这些国家在实行管制之后,资本流出实际上是增加了(Savastano 1996)。以上三个国家的管制措施最终都被废除。

正如批评者经常指责的那样,类似的经历并不意味着限制资本外流本身就不可行。但它们确实表明，如果管制措施在危机时刻是临性的，而不是永久性的实施，那么它往往最有效。经济学家塞巴斯蒂安·爱德华兹(Edwards 1999a)将这些称为"治疗性"管制。在货币危机中，当人们对本国货币的信心突然崩溃时，国家当局面临的挑战很简单：如何阻止"流血"。解决办法似乎同样简单：以任何可能的方式限制对竞争货币的准入。然后，一旦恐慌的热度消退，就可以停药了。毫无疑问，克鲁格曼所说的"B计划"即"治疗性"管制措施，在其本应生效的期间内可行。[30]只有当管制无限期存在时，其作用才会减弱。

此外，管制措施实施的时间越长，就越容易滋生腐败和任人唯亲，因为市场主体试图通过贿赂或政治利益来获得无法通过法律手段而获得的资源。理查德·库珀(Cooper 1998，12)再次提到这一点，他指出风险控制将有利于违法乱纪的公民，对公共道德产生腐蚀性影响。言下之意是，如果要采取管制措施，也只能在紧急情况下实施，甚至在紧急情况下也只能作为一种过渡性措施，一旦情况恢复管制就要停止。

因此，这里存在一个显而易见的悖论。临时性资本外流的管制效果最好。但正因为这些措施是临时性的，在其他地区拥有更具吸引力的货币品牌的情况下，"治疗性"管制对维持一种货币的市场地位毫无作用。只有使管制永久化，才能阻止本国货币向更具竞争力货币的转换。爱德华兹(Edwards 1999a)将这些称为"预防性"管制。但正因为它们是永久性的，"预防性"管制可能会因为逃避和腐败的持续威胁而变得越来越昂贵。NC曲线的上升不可避免。

马来西亚很好地说明了"治疗性"管制的优势，在东亚经济体中，马来西亚选择全面限制资本外流以应对始于1997年的金融危机。中国则发现，将流动性限制在本国境内越来越困难。

马来西亚

在最近的金融危机中，马来西亚是唯一一个对金融外流采取全面控制措施的亚洲国家。1997年泰铢崩盘后的第一年，马来西亚的政策严格正统：利率大幅提高，政府的预算被削减了近五分之一。然而，马来西亚经济萎缩了近7%，国家货币林吉特贬值了40%，吉隆坡股市萎缩了

75%。到1998年中,马来西亚的独裁领导者、总理马哈蒂尔·穆罕默德对他的财政部长安瓦尔·易卜拉欣的新自由主义政策失去了耐心(安瓦尔后来因各种指控被解职并入狱)。这位多疑的总理认为,按照信心游戏的规则行事,仅仅意味着与西方串通一气,将破坏马来西亚经济。他断言,是时候从乔治·索罗斯和犹太人领导的国际外汇"投机者"手中夺回控制权了。

这一变化发生在1998年9月1日。马来西亚对林吉特用于贸易和投资用途的可兑换性施加严格限制。政府对林吉特的交易进行严格控制,并宣布了一项暂停令,要求外国资本一旦投资,至少要在该国停留12个月后才能汇回国内。[31] 马来西亚政府主要目的在于为更大的扩张性政策提供空间,而不是将政策空间约束在"金色紧身衣"下看似可取的政策中。马来西亚政府的货币政策变得更宽松,10月份出台一份新的预算,其中包括大幅减税和大规模的新公共支出。马哈蒂尔对议员们说:"该计划旨在将马来西亚从亚洲金融危机的控制中解救出来,并为马来西亚经济奠定更坚实的基础。"[32]

马来西亚总理激进的新管制政策确实很有争议,这并不令人惊讶。尽管马哈蒂尔的阴谋论很容易被人嘲笑,但他对货币治理的传统观点提出了大胆挑战,因为传统观点认为自由的国际投资最重要。多年来,新兴国家一直被灌输着金融自由化的优点,然而现在的政府却在做相反的事情。许多人认为,马哈蒂尔的大胆行为可能会产生强大的示范效应。如果马来西亚经济因为新安装的投资者恐慌"绝缘层"而复苏更快呢?人们对该实验进行了细致的观测。

事实上,这个实验只持续了不到一年。1999年2月,外国投资停留12个月的规定被累进出口税所取代,在该国停留时间越长的资金适用越低的税率;7个月后,正好是该计划开始的一年后,累进税被统一征收10%的汇回利润税所取代。显然,马哈蒂尔的意图并不是完全放弃信心游戏。他领导的政府因迅速回归正统而受到广泛称赞,并得到了摩根士丹利资本国际投资公司的有效认证。摩根士丹利广具影响力的投资组合指数作为投资新兴市场经济体的指南而被基金经理和其他人士广泛使用。在最初实施管制时,马来西亚从摩根士丹利指数中消失,但在1999

年 11 月恢复。当摩根士丹利的恢复计划宣布时，一位马来西亚经纪人说这是一个巨大的推动因素。[33]2001 年 5 月，这项实验的最后一个部分，即统一的 10% 的出口税被正式取消。到 2002 年中，马来西亚的信用评级已经超过中国。

马来西亚的实验成功了吗？众多研究表明，这些管制措施确实有效地阻止了当时涌向出口的资金洪流。[34]"大出血"停止了，马来西亚经济很快反弹，到 1999 年底实现了每年近 10% 的增长。随着新千年的到来，马来西亚出口量和股市再次上升，外国资本回归。所有这些似乎都证明马哈蒂尔对传统观点大胆挑战的正确性。早在 1999 年春天，马哈蒂尔总理就已经公开宣布他坚决打击投机者的战争取得了胜利。[35]他的"治疗性"管制似乎奏效了。

不是每个人都赞同以上观点。许多观察家认为，[36]大多数其他遭受危机打击的国家也在同一时期恢复了元气，有些甚至比马来西亚恢复得更快。这降低了马来西亚资本管制的解释力。经济学家琳达·利姆（Lim 1999，39）的评论很经典，她认为："马来西亚的资本管制既不是经济复苏的必要条件，也不是充分条件。考虑到马来西亚在危机前的宏观经济基本面和金融机构均比其他危机国家强劲得多，人们认为它的复苏会比其他国家更快、更强劲。而这种情况并没有发生，表明资本管制可能会拖累经济复苏。"需要特别强调的是，马来西亚在亚洲金融危机开始消退之前，迟迟不实施管制。多恩布施（Dornbusch 2001b，10，13）指出："1998 年 9 月，亚洲市场已经稳定下来，利率一直在下降，而且在美联储降息和恐慌减少的影响下各地的利率都会很快下降……因此，我们不能说，资本管制阻止了一种本来会糟糕得多的情况发生。"总之，马厩的门是在马跑掉之后锁上的。

但这些异议忽略了一个事实，即危机对马来西亚的全面影响比对该地区大多数其他国家来得晚。1998 年夏天，马来西亚实际上比许多邻国受到更大威胁，而韩国和泰国的情况已经开始稳定。马来西亚的应对措施被推迟，因为它的危机比其他经济体来得迟。那匹马实际上还没有脱缰。正如一个消息来源评论的那样（Kaplan and Rodrik 2001，5—6）：

　　1998 年 9 月初，韩国和泰国都没有面临另一场迫在眉睫的危机。

相比之下,马来西亚的现状是,就在马来西亚当局决定实施资本管制之前,国际上针对林吉特的强烈且持续的投机压力使林吉特汇率达到了峰值,从而导致马来西亚现有政策不可持续。很难相信马来西亚会在随后几个月经历泰国或韩国的经济表现同时又保持其现有的政策结构。[37]

简言之,似乎有理由得出这样的结论:事实证明,紧急情况下马来西亚的"治疗性"管制确实是一种"比信心游戏更好的方式"。甚至一度批评马哈蒂尔做法的国际货币基金组织官员现在也承认他可能是正确的(*New York Times*, 21 August 2002)。此外,由于这些管制很快被取消,它们也能够以相对较低的成本平息市场的狂热。克鲁格曼(Krugman 1999a, 4)指出:"马来西亚证明了一点,即在危机中管制资本至少是可行的。面对恐慌,一国货币可以得到有效的保护。"

中国

但如果像中国那样对资本外流的管制无限期地持续下去,情况会怎样?中国经验表明,即使没有立即出现紧急情况,"预防性"管制在捍卫货币市场地位方面也是可行的。但同样明显的是,成功的防御并非没有代价。管制措施的有效时间越长,其成本就必须越高,这样才能保证管制措施有效。

自从中国共产党 1949 年掌权以来,中国一直保持着大量限制公民货币选择的管制措施。人民币在形式上是不可兑换的,任何人想把人民币兑换成外币都必须得到中国人民银行的许可。相反,任何接收外币的人都有法律义务将外币卖给央行换取人民币。这些管制措施的目的是为了避免中国遭受投机攻击以及阻止金融脆弱性的传染。中国在这方面的成功于 1997—1998 年得到了很好的证明,当时即使许多邻国遭受大规模资本外流,中国仍然没有陷入危机。时任美国财政部长罗伯特·鲁宾评价中国是"一个稳定的岛屿"。[38]当其他亚洲经济体因信心游戏而陷入衰退时,中国的增长几乎没有受到影响;当其他地区的货币贬值时(中国台湾地区和新加坡的货币分别贬值了 10% 和 20%,印尼的货币贬值了 80%),人民币却保持了坚若磐石的稳定。大多数观察人士都认为,这一解释很简单。《纽约时报》(*New York Time* 25 June 1998)指出："人民币没有变动的主要原因是货币市场缺乏做空它的机制。"

然而，随着时间的推移，腐败和规避管制的行为越来越多，导致中国当局不断扩大和加强现有监管范围和力度。亚洲金融危机爆发后，中国的资本外流尤为明显。当时尽管中国拥有巨额贸易顺差，但其外汇储备却没有增加。1997 年及 1998 年上半年，分别可能有 200 亿、110 亿美元被非法转移出境(Ariyoshi et al. 2000，30)。[39]1998 年 9 月，北京以严厉打击官方媒体所描述的黑市活动作为回应。政府宣布对外汇交易实行更严格的监管，要求外汇交易者提供更详细的档案，并对外债发行设置新的限制。1999 年 6 月，中国实施更严格的管制，限制大多数企业以人民币进行海外交易。因为中国境内企业显然在寻找办法，在中国香港或其他地方以更优惠的汇率获得人民币，然后把它们汇回境内换取外汇。

有人担心，不断加强控制可能会对中国的贸易和投资产生负面影响。针对这种担忧，一名政府官员坚称："这只是我们为打击犯罪所付出的代价。"[40]捍卫人民币主权的代价不菲。

资本流入

如上所述，政府既可对资本流出施加限制，也可对资本流入施加限制。限制资本流入显然不会直接增加对当地货币的需求。因为从定义上讲，它们的目的恰恰相反，是为了抑制需求。但随着时间的推移，它们可以减少未来资本外逃的可能性，随着时间的推移增强了货币的稳定性，从而增强其吸引力。因此，这间接增加对当地货币的需求。不过，很明显，该国货币市场地位只能以不断上升的 NC 曲线来维持。

当亚洲危机爆发后，国际货币基金组织和其他机构开始改变对管制措施的态度，最受关注的是限制对弱势货币的购买，而非出售。[41]学者普遍认为，导致 1997—1998 年危机的一个关键因素是之前大量涌入的资本，而这些国家的金融体系无法有效处理如此多的流动性。有人指出，如果没有如此庞大投资于本币的外国投资者随时准备逃离，这场危机的破坏性可能会小得多。[42]显然，如果前几年的金融自由化程度较低，就不会有这么多自由的外国资本。因此，从审慎的角度来看，将限制资本流入作为降低后期资本流出风险的方法似乎是合理的。今天的管制可能会成功地减少未来投资者情绪逆转的风险敞口。

此外,这种策略也有先例。早在十几年前,即使金融市场普遍自由化,一些新兴市场经济体也对资本流入实行选择性限制,其中包括巴西(1993—1997 年)、智利(1991—1998 年)、哥伦比亚(1993—1998 年)、马来西亚(1994 年)和泰国(1995—1997 年)。1980 年,由于拉丁美洲债务问题所产生的不确定性,国际资本流动性急剧下降。当时,中等收入国家面临的挑战是吸引外资流入,而不是阻止外资流出。但到了 20 世纪 90 年代初,在投资潮复苏后,情况很快就发生了逆转。各国政府开始担心资本流入的规模和潜在波动性。大规模的流动性投资似乎威胁到国内货币政策的自主性,并增加了未来发生危机的风险。因此,限制资本流入变得越来越有吸引力。本着战后自由主义妥协的精神,这些国家政府的目标是限制可能破坏国家经济稳定的大规模热钱流动的范围。

他们成功了吗?大多数争议围绕智利的案例展开,这是拉美新一轮资本流入管制浪潮中的第一次,并且持续时间最长。[43]早在 1989 年,流入智利的资本激增,导致政府内部和外部政策目标之间的冲突日益加剧。智利的当务之急是维持紧缩的货币政策而不造成汇率升值以免降低出口竞争力,长期挑战则是降低日后资本大规模外流的风险。1991 年,官员们决定的解决方案是实施一项旨在阻止海外短期借款或证券投资的行政措施。

该措施的核心是对各类外部融资要求无回报的存款准备金率(URR)。[44]任何希望进入智利市场的投资者或贷款人都必须向政府缴存一笔相当于交易特定百分比的存款,期限为一年。这一比例逐渐提高到30%,在 1998 年降至 10%,最后逐步取消。由于存款者没有收到存款利息,这项要求实际上就像对资本流入征税。但是,固定的持有期限意味着随着投资期限的到期,证券持有者的财务负担会减少,于是就产生了一种动机,促使人们转向流动性较低的长期投资形式,从而降低智利比索的波动风险。

智利的措施已聚焦大量研究的目光。[45]许多证据表明,该计划在其直接目标方面并不是特别成功,既不能保证国内政策的自主性,也不能保证汇率具有竞争力。爱德华兹（Edwards 1999a，82）对此评价道："智利的资本流入管制对其实际汇率没有显著影响，对利率的影响也很小。"[46]然而，就其改变该国外债期限构成的长期目标而言，该计划似乎要有效得多。相关数据显示，1989—1991年期间，智利短期资本流入占其资本总流入的90%以上；而1991年，该占比下降到不足75%；到了1995—1997年，该占比下降到10%以下。这一变化与大多数其他新兴市场经济体的经验形成鲜明对比。在那些国家，流动性更强的投资形式继续占据主导地位。智利对资本流入的管制始于1991年URR成立后，并在该项目继续运行期间管制一直持续。尽管智利的资本流入总量在1997年之前一直在增加，但不像其邻国阿根廷和巴西受到亚洲危机的任何严重影响。正如艾肯格林（Eichengreen 1999）所言："这是一个非常令人满意的结果，也正是我们的意图。"

当然，智利到期债务构成的变化可能虚有其表。与大多数国家一样，智利的数据仅根据合约到期日将资本流入分为短期或长期。爱德华兹（Edwards 1999a，1999b）指出，真正重要的不是合同到期日，而是剩余到期日，即短期一年内到期的债权价值。爱德华兹在研究外国银行贷款时发现，如果按照剩余期限重新计算，智利的短期债务占总债务的比例接近50%，而不是10%。这与其他新兴市场没有什么差异，实际上还高于没有资本流入限制的墨西哥。但这种计算存在误导性，主要是因为对外负债衡量标准过于狭隘。威廉姆·克来因（Cline 1999）指出，如果将分析范围扩大到包括非银行负债，对债务总额进行更准确估计，那么智利短期到期的债务所占份额将不到20%，略高于官方统计数字。因此，毫无疑问，智利的管制措施确实有效地降低了资本突然外逃的风险。这一结论得到了更广泛的比较研究的证实，该些研究对也尝试过流入管制的其他国家进行了比较研究。总之，资本流入管制似乎确实能够成功地保护一国货币免受大规模流出的影响。

然而，很明显，随着时间的推移，除非持续扩大管制，否则其效力肯定会受到削弱。[47]诚然，与对外管制相比，流入壁垒可能会持续更长时间，因为将资本拒之门外显然更容易。虽然对资本外流的限制减少了货币使用者的多种选择，而对资本流入的限制只限制了投资者许多选择中的一种，让海外投资者可以自由地继续在其他地方寻找获利机会。约翰·威廉姆森（Williamson 2000，39）指出："在资本外流的情况下，规避的动机通常要大得多。"但即使流入方，市场主体也可能最终学会利用潜在漏洞，进而迫使当局把堤坝筑得越来越高。智利的情况当然也是如此，由于市场主体不断从目标交易类型转向那些仍然被豁免的交易类型，URR 的覆盖范围被迫不断扩大。URR 起初是一个相对有限的措施，主要适用于某些类型的短期借款，但最终扩展到除了非投机性直接投资以外所有形式的外国融资。同样的事情也发生在其他地方（Ariyoshi et al. 2000；Kaminsky and Schmukler，2001）。随着时间的推移，扭曲程度不断上升。最终，对资本流入控制并不比对资本流出控制的成本低。

结　　论

因此，结论十分明确。决心继续生产自己货币的政府在说服和胁迫策略之间有一个合理的选择。在某些情况下，新自由主义正统理论下的信心游戏可能更可取；在其他情况下，对内或对外资本管制可能提供了更好的方式。但这两种方法都不能用来阻止选择图（图 1）中的 NC 曲线随着时间的推移或多或少的快速上升。因此，这并不意味着大多数国家一定会决定从一个效率更高的生产国购买货币，即从"双 S"中选择一个或另一个。这一决定还将取决于 DL 和 MA 曲线的情况，我们将在接下来两章讨论这两条曲线。但这确实意味着，各国无法长期逃避货币地理迅速变化所产生的压力，尤其是对货币竞争力最低的国家而言。政府必须有意识地解决市场保护、跟随或联盟策略中三方选择的问题。

注　释

1. 本杰明·克莱因（Klein 1974）是一个例外，他在三分之一世纪前就谈到了品牌资本在影响对货币价值和可靠性的市场评估中的作用。亦可参见 Klein and Melvin 1982；Melvin 1988。

2. 作为同一运动的一部分，贴纸上出现了"我爱卢比"的字样，一位公民回答说：

"别管卢比了，只要是钱我就爱。"(援引自 *The Economist*，24 January 1998，38)

3. 参见 Fischer 1993；Barro 1995；Bruno and Easterly 1996；Corbo and Rojas 1997。

4. Ghosh and Phillips 1998，674。亦可参见 Ul Haque and Khan 1998。

5. "资本管制"一词在这里指的是控制货币选择的任何形式的政府直接干预，包括了狭义的对个别交易类别、选择性的限制，以及广义的对货币可兑换性的限制(从技术上讲，即外汇限制)。

6. 参见 Alesina，Grilli and Milesi-Ferretti. 1994；Schulze 2000。

7.《国际货币基金组织协定》第六条第一款和第三款。在某些情况下，甚至可以强制使用管制措施。如果发生严重的支付危机，国际货币基金组织有权要求该国政府实施资本管制，甚至可以禁止该国政府获得国际货币基金组织的资源，除非该国政府遵守规定。

8. 详见 Helleiner 1994，ch. 2。具有讽刺意味的是，正如赫莱纳指出的那样，当时的反对者和今天的反对者完全是基于同样的自由主义立场来挑战资本管制。管制被认为与民主形式的政府不兼容——"强制性"，甚至让人想起希特勒的货币体系(Helleiner 1994，41)。

9. "Post-War Currency Policy." 1941 年 9 月英国财政部备忘录，重印于 Moggridge 1980a，31。对于"ole"，读作"hole"——一个藏钱的好地方。

10. "Plan for an International Currency（or Clearing）Union"，January 1942，重印于 Moggridge 1980a，129—130。

11. 重印于 Moggridge 1980b，17。欲了解更多凯恩斯的观点及其与当代的关系，参见 Cassidy 1998；Kirshner 1999。

12. "华盛顿共识"一词最早由经济学家约翰·威廉姆森（Williamson 1990）创造。

13. 事实上，截至 1998 年，国际货币基金组织 184 个成员国中有 129 个仍然对资本账户交易保持着某种形式的限制。参见 Johnston et al. 1999。

14. Interim Committee Communiqué，28 April 1997，para. 7。根据该计划，将对两条条款进行修订——第一条，将有序的资本自由化添加到国际货币基金组织的正式目的清单中；以及第八条，该条款赋予该基金对其成员资本账户的管辖权，如同它已经对经常账户享有的管辖权一样。与其对经常账户的管辖权相同。该协议还要求各国承诺将金融自由化作为一个目标。

15. 我能找到的最早的关于这种态度转变的例子是《金融时报》评论员马丁·沃尔夫在 1998 年 3 月初的一篇专栏文章。沃尔夫是自由市场的坚定拥护者，但他不情愿地总结道："危机过后，问题不再是这些流动是否应该以某种方式进行监管，而是如何进行监管(Wolf 1998)。"10 个月后，在瑞士达沃斯举行的一年一度的世界经济论坛上(一直是追踪权威公共和私营部门意见的有效场所)，从大多数评论中可以明显看出，不受限制的资本流动不再受欢迎。参见 *New York Times*，29 January 1999。当然，这些观点并不一致。对于多恩布什(Dornbusch 2000b)来说，资本管制已是"过时的想法"。

16. Bhagwati 1998.原文载于《外交事务》(Foreign Affairs),该文以及后来一些关于他的基本论点的论文重印于 Bhagwati 2000。

17. 参见 Grabel 1996a,1996b。

18. Krugman 1998b.亦可参见 Krugman 1999c, ch. 9。

19. 参见 Little and Olivei 1999,记录了由波士顿联邦储备银行主办的一次高级国际会议的会议内容。

20. 参见 Eichengreen 1999;Wade 1998—1999;Wade and Veneroso 1998a;Vernengo and Rochon 2000;Williamson 2000;Cohen 2000f,2002a,2003a。

21. 参见 Adams et al. 1998;Eichengreen et al. 1998;Adams,Mathieson and Schinasi 1999;International Monetary Fund 1999c;Ariyoshi et al. 2000;Mussa,Masson et al. 2000;Edison et al. 2002。

22. 有关辩论的评论,参见 Neely 1999;Evenett 2000。

23. 参见 Obstfeld and Rogoff 1996,他们提供了优雅的理论论据,证明了通过自由的国际证券市场进行跨期交易的潜在收益。

24. 亦可参见 Eichengreen et al. 1998;Lopez-Mejia 1999。

25. 关于这一点,另参见 Eichengreen 2003, ch. 3。

26. 敏锐的观察者托马斯·威利特将其称之为"太多,太迟假设"。他写道:"市场经常无法提供早期预警。此外,当市场纪律最终发挥作用时,市场往往反应过度(Willett 2000, 2)。"

27. 这一点在穆尔穆拉斯和拉塞尔的论文中得到理论论证(Mourmouras and Russell 2000)。关于逃避的实用技巧入门,参见 Dunn 2002。

28. 关于这一点的陈述,参见 Cohen 1965。在我大胆而热衷教条主义的年轻时代,我甚至愿意将这一观察结果提升到经济法的地位,我雄心勃勃地称之为"经济控制的铁律"。也就是说,"要想有效,推出控制手段的速度必须快于规避控制手段的速度"(Cohen 1965,174)。如今,我发现自己不太愿意如此直言不讳了。

29. 事实上,在墨西哥和秘鲁这两个例子中,资本外流十分明显,以至于决策者最终感到有必要使银行国有化,关闭资本外逃的管道。关于进一步讨论,参见 Maxfield 1992。

30. 参见 Ariyoshi et al. 2000,18—28.但对于更怀疑的观点,参见 Edwards 1999a, 69—70。

31. 更多细节,参见 Ariyoshi et al. 2000, appendix 3;Haggard 2000;Kaplan and Rodrik 2001。

32. 援引自 *New York Times*, 24 October 1998。

33. 援引自 *New York Times*, 14 August 1999。

34. 参见 Adams,Mathieson and Schinasi 1999,97—101;Ariyoshi et al. 2000,53—55;Athukorala 2001;Edison and Reinhart 2001;Kaminsky and Schmukler 2001。为马来西亚策略的辩护,Stiglitz 2002,122—125。

35. *The Economist*，1 May *1999*，73.

36. 参见 Haggard 2000；Dornbusch 2001b；Jomo 2001，ch. 7。

37. 亦可参见 Adams，Mathieson and Schinasi 1999，99；Athukorala 2001。

38. 援引自 *New York Times*，25 June 1998。

39. *The Economist*，26 September 1998，*79*。

40. *New York Times*，30 September 1998 援引中国国家外汇管理局局长吴晓灵的话。

41. 尤可参见 Eichengreen 1999；Mussa，Masson et al. 2000；Mussa，Swoboda et al. 2000；Williamson 2000。

42. 参见 Goldstein 1998；Radelet and Sachs 1998；Wade 1998—1999。

43. 在 1978—1982 年期间，即 20 世纪 80 年代债务危机爆发之前，智利还短暂地限制了资金流入。参见 Edwards 1999a，71。

44. 在西班牙语中，URR 被称为 encaje。有关智利项目的详细信息，参见 Ariyoshi et al. 2000，appendix 1。

45. 对这些文献的总结参见 Edwards 1999a；Eichengreen 1999，51—55；Nadal-De Simone and Sorsa 1999；Williamson 2000，37—45；Ulan 2002。

46. 亦可参见 Edwards 1999b，2000。但对于不同的观点，参见 Williamson 1999 37—45。

47. 参见 Reinhart and Reinhart 1998；Montiel and Reinhart 1999；De Gregorio，Edwards and Valdes 2000；Mussa，Masson et al. 2000。

第五章
市场跟随策略：跟随领导者

　　某种形式的美元化是答案吗？鉴于捍卫某种弱势货币的成本面临着持续上升的压力，不足为奇的是一些政府可能准备考虑另一种选择，即跟随某位领导者，将部分或全部货币主权交给占主导地位的外国势力。再次回到选择图1，现在的问题是 DL 曲线相对于上升的 NC 曲线的位置。某些国家会发现某种程度的从属关系比艰难的生存艺术更有吸引力吗？货币地理真的会像一些人预测的那样，朝着以货币金字塔顶端为中心的两个或三个大集团发展吗？[1]

　　问题的关键在于第二章和第三章所概述的五个因素：交易成本、宏观经济稳定、铸币税的分配、政治象征以及外交影响力。其中，只有第一个因素为各国提供互利机会，使跟随者和领导者都受益。其余四个因素都是零和博弈性质，一方获益就会使另一方受损。在纵向区域化所代表的主权交易中，跟随策略的成本随着所涉及的从属程度上升而上升。这就是为什么我们观察到在区域货币设计上存在如此大的差异，因为每个国家涉及的利益不同。根据谈判环境的不同，一部分政府可能会被要求较低的跟随形式所吸引。但相对而言，很少有国家愿意接受完全美元化这一纵向区域化程度最高的形式。

美 元 化

　　严格地说，美元化意味着放弃本国货币，即完全美元化（full dol-

larization)。[2]在国内经济中,只有占主导地位的外国货币才会被视为法定
货币。准美元化(near dollarization)是一种近似的形式,即当地货币继续
流通,但数量非常有限。因为两者都涉及类似无条件投降的货币主权从
属关系,很明显,这两者都不会对大多数主权政府有天然的吸引力。这并
不是说美元化不可能实现。但这确实意味着,如果更多国家效仿厄瓜多
尔和萨尔瓦多选择走这条路,很可能是因为它们捍卫现有国家货币的成
本已高得令人无法忍受,而不是因为这种激进放弃本币行为的成本已低
得诱人。

收益

首先考虑完全美元化的情形。一国政府放弃弱势国家货币在微观经
济层面上可以获得很多收益。在微观经济层面上,转向领导者的货币必
然会降低所有相关的交易成本。此外,如第三章所述,美元化国家将获得
更高的共同储蓄份额(mutual saving),其居民将不再需要忍受缺乏竞争
力的当地货币所带来的不便。关于这一潜在收益,几乎没有争议。

然而,有争议的是另外三个支持美元化的观点。这三种观点是不确
定的,而且都可能被证明是弊大于利。

第一种观点认为,作为一种不可逆转的制度变革,采用领导者的货币
将为该国更健全的金融部门奠定坚实基础(Hausmann 1999a；Hausmann
et al. 2000)。大多数发展中国家的原罪是本国货币竞争力弱,不能用于
国外借款,甚至不能用于国内长期借款。因此,国内借款人必须以外币或
短期的方式借款,这意味着投资将面临两种风险:一种是货币错配风险,
因为投资收益以本币计价,而资本却由外币贷款融入;另一种是期限错配
风险,因为长期投资资金源于短期贷款融入。豪斯曼(Hausmann 1999a,
67)悲哀地指出:"这无疑是造成金融脆弱的原因。"但随着美元化进程的
推进,可能推动更深层次、更具弹性的市场,从而使市场主体更容易经受
住潜在的冲击。因为借款人和储户现在都可以接触到那些在国际上声名
显赫的金融机构。如果国内中介机构希望保持竞争力,它们将被迫提高
服务和产品的质量。此外,国内缺乏流动性的机构现在将更容易从国外
市场借贷:由于实行与领导者货币挂钩的政策,通胀失控的风险受到严格

约束,将极大促进这些机构长期借贷的发展。美元化的支持者指出,直到最近,巴拿马还是西半球唯一一个美元化的主权经济体,它能够利用与美国银行体系的一体化,将自己定位为主要的离岸金融中心。凑巧的是(并非巧合),它是拉丁美洲唯一一个拥有国内 30 年抵押贷款市场的国家。[3]

然而,美元化并不能保证这些国家的金融部门变得更健全,而且可能会由于外国对国内市场的更大渗透而付出高昂的代价。我们知道,与当地竞争对手相比,以领导者经济为基础的银行在获得领导者央行资源方面具有得天独厚的优势。反过来,正如经常被提及的那样(D'Arista 2000;Vernengo and Rochon 2001),这些名义租金带来的竞争优势可能加强了外国对当地金融机构的控制。这种发展将导致美元化国家当局的金融监管复杂化,并给未来国内信贷分配带来严重问题。正如一位观察者疑问的那样(D'Arista 2000, 4):

> 外国银行对向小企业、不富裕的消费者、购房者、农民、地方政府、市政当局以及占"客户"国家公民大多数的其他借款人提供贷款有多大兴趣?如果没有一个对国内市场上大多数银行既有货币权威又有监管权力的央行,那么谁能够或愿意采取行动以确保国内经济中有充足而平衡的信贷流动?

第二是美元化国家利率将大幅下调的观点。当卡洛斯·梅内姆在 1999 年第一次提出美元化问题时,他就清楚地想到了这一点。[4]通常情况下,在世界金融市场借款时,阿根廷等新兴市场经济体必须付出相当高的溢价,通常以与等值美国国库券的价差来表示。这一溢价可能高达数百个基点,[5]反映出贷款人的两大风险:一种是贬值风险(或货币风险),即对当地货币汇率贬值的恐惧;另一种是违约风险(或主权风险),担心该国的外债支付被中断或暂停。美元化不能直接降低违约风险("国家"溢价),它是国家主权政治的现实反映。在极端情况下,一个独立的政府如果面临财政紧急状况或政治动荡,总是可以暂停或取消其对外义务。但美元化可以在很大程度上消除贬值风险("货币"溢价),因为这种改革至少在原则上应该不可撤销。它甚至可以间接地降低违约风险,因为违约风险的一部分反映了未来货币危机的可能性。[6]如果以上分析成立的话,汇率波动将成为过去(除非重新引入当地货币),政府更容易履行对外承诺。

如果幸运的话,降息将导致国内投资和未来增长水平大幅提高。

然而在实践中,尽管消除了货币贬值风险,但利率的下降却可能是微不足道的。对于大多数潜在的美元化者来说,真正严重的问题似乎不是货币溢价,而是国家溢价。这反映了国内政策的根本缺陷(尤其是不断增加政府未偿还债务的预算政策),人们没有理由相信采用另一个国家的货币会自动形成更严格的财政纪律。事实上可能恰恰相反。法塔斯和罗斯(Fatás and Rose 2001)的分析表明,美元化与更少而不是更多的预算约束相关。持续不断的赤字势必引起人们对未来偿债能力的合理怀疑。美元化国家的违约风险实际上可能是增加而不是降低。

这一点在阿根廷实行货币发行局制度的最后几年里表现得很明显。2002 年初该制度崩溃之前,最令外国投资者担忧的不是汇率,而是违约可能性。更恰当的例子是巴拿马和厄瓜多尔这两个完全美元化的国家。巴拿马(从来没有使用过美元以外的任何货币)与其他拉丁美洲国家相比,其外国贷款利差较低,因此经常被提及。[7] 从表面上看,这些较低的息差证明了消除贬值风险的收益。但巴拿马的借贷成本绝不是西半球最低的,它远高于智利或哥斯达黎加等国。这种差异反映了巴拿马公共财政的危险状况,这迫使巴拿马政府在不到 30 年的时间里与国际货币基金组织制定了不下 17 项调整计划(Edwards 2001;Goldfajn and Olivares 2001)。同样地,在采用美元两年多后,厄瓜多尔再次与国际货币基金组织谈判,以帮助应对不断飙升的预算赤字(*The Economist*,13 April 2002,39)。显然,违约风险可能会稀释甚至抵消美元化国家在利率方面所希望获得的改善。正如一项仔细研究总结的那样:"美元化有助于降低风险溢价,但仅在有限的范围内。"[8]

第三种观点是,美元化将在宏观经济层面产生收益,特别是对长期以来高通胀和货币贬值的国家而言。放弃国家货币,顾名思义,意味着放弃对货币政策的正式控制。但美元化的狂热者认为,美元化可能不会有什么损失,尽管过去美元化的表现尤其糟糕。以滥用货币垄断而闻名的政府最有可能成为市场驱动的货币替代目标,这意味着这些政府有效的政策自主性已经受到严重损害。我们知道,货币替代程度越高,央行成功管理当地货币状况的能力就越弱。换言之,继续玩信心游戏的成本将越高。

相反,通过将货币政策外包而采用一种声誉已经稳固的货币,可以获得很多收益。实际上,像美联储或欧洲央行这样受人尊敬的外国央行的品牌,可以被"雇佣"来创造实时信誉。正如杰弗里·弗兰克尔(Frankel 1999,2)所调侃的那样:"信誉是装在瓶子里的商品。"[9] 为了确保一定程度的货币稳定,美元化国家的政府不再需要投入巨资打造本国货币品牌的声誉。

但这也有不利的一面。美元化国家可能获得更大的货币稳定性,但也可能付出未来经济增长放缓这种高昂的代价。回想一下第三章的讨论,美元化不会产生神奇的变化。如果不采取任何措施来约束预算政策或纠正当地经济结构性僵化,这些国家实际上的均衡增长可能会受到抑制,而不是刺激。塞巴斯蒂安·爱德华兹和其他学者的研究表明,与其他国家相比,美元化经济体的通胀率会像美元化狂热者认为的那样,可能更低、更稳定。[10] 但平均而言,以实际收入计算,这些经济体的增长率似乎也随着时间的推移而明显低于实行自主货币政策的国家。爱德华兹(Edwards 2001,263)总结道:美元化对宏观经济的有利影响是"典型的误导性广告案例"。[11] 信誉不能轻易被装进瓶子。

成本

另一方面,美元化同时带来了不同的成本,这一点甚至连美元化支持者也不得不承认。采用领导者货币而带来的不利因素远比有利因素更确定,而且影响可能更大。

其中有四个成本尤为明显。第一,也最明显的是随着当地货币退出流通,美元化国家的铸币税受到损失。以前,这些国家的中央银行可以从其无成本负债和对应资产利息之间的差额中获利。而现在必须变卖储备以获得替代当地现金所需的外国纸币和硬币,所涉数额可能很大。[12]

经济学家通常非常重视铸币税,也许因为这是所有美元化效应中最容易被量化的。根据斯坦利·费希尔(Fischer 1982)首次提出的方法,本书区分了两种不同的测量方法。一是存量法。铸币税损失被视为一次性存量成本,即美元化国家必须获得的初始新货币数额,或者等价地计算为以放弃未来利息收益表示的持续流动成本。[13] 对于潜在的美元化者,其中许多是相对较小和贫穷的国家,这些成本无论如何衡量,都不是微不足道的。例如在阿根廷,据估计,正式转向美元的存量成本是赎回其国家中央银行持有的约价值 150 亿美元的本币,约占 GDP 的 4%。二是流量法。按流量计算,美元化每年的成本将达到 7 亿美元,约占 GDP 的 0.2%。[14]据估计,在拉丁美洲其他地区,潜在的流动成本从占墨西哥 GDP 的 0.8%到秘鲁的 2.5%不等(Bogetic 2000a,2000b)。用一位著名的美元化批评者(von Furstenberg 2000b)的话来说:"这都是将直接转移到市场领导者身上的非常高的财政负担。"[15]

　　美元化的拥护者提出异议。他们承认收入损失是真实的,但预期的风险溢价降低所带来的财政收益可以抵消这一损失,这将降低公共债务的偿还成本。[16]然而,如前所述,利率降低的程度可能比预期的少。另外,美元化对市场领导者的财务贡献最终可能会比标准计算得还要高。由于只关注储备资产的存量,即最初将转换为美元现金的储备资产,或因该存量而放弃的利息收益流量,传统的估计没有考虑到未来货币需求增长的潜力。这里隐含的假设是,随着时间的推移,国内货币基础将保持不变,这当然不现实。考虑到这两种会增加央行利润的货币增长来源,一个消息来源(Schmitt-Grohé and Uribe 1999)认为,铸币税的转移实际上可能是通常估计的五倍之多。除非美元化国家能够与市场领导者就某种形式的补偿进行谈判,正如在现已失效的《马克法案》中向美国提出的那样,否则预期的收入损失可能会对许多美元化国家政府构成严重制约。

　　第二个潜在成本与货币垄断在宏观经济绩效管理中的作用有关,是失去国内银行体系的最后贷款人(LoLR)。在采用外币时,一个国家也放弃了在金融危机时能够自由贴现的中央银行。因此,本地银行可能更容易面临流动性风险,从而造成经济动荡。

　　不可否认的是,实际上,这种劣势可能没有看起来那么严重,正如美元化倡导者指出,政府并非没有其他选择(Calvo 1999)。最后贷款人功能通常与中央银行的能力联系在一起,即以其垄断供应商的身份凭空创造货币。但是也有其他的方法来为银行提供流动性,例如,通过中央银行的国际储备。美元化减少了外汇储备的总体供应,因为美元化国家有义务清算外汇资产以获得必要的外国纸币和硬币。但美元化也减少了对外汇储备的总体需求,因为以前需要外汇的部分对外交易现在等同于内部交易。如第三章所述,中央银行剩余的外汇资产将可用来应付可能出现的流动性或银行危机。随着时间的推移,美元化国家可以利用税收收入建立一个应急基金,或者利用储备或未来税收收入作为抵押品,与外国银行或货币当局协商灵活的信贷额度。阿根廷政府建立了一种获取外国信贷额度的模式,即建立一个或有回购机制,允许其在需要时向指定国际银行出售以美元计价的债券来换取美元现金,以支持其现已不复存在的货币局制度。

然而,这些预防措施都不如央行以前按需发行货币的能力来得方便。所有这些都需要谈判或制度创新,都需要采取一些措施,这些措施旨在减轻公共或私人支出的实际负担。莫里斯·戈德斯坦(Goldstein 2002, 30)写道:"自我保险机制是有代价的。"

第三个成本是失去国家认同的重要标志。这一成本不易计算,但也不容忽视。在一般人的心目中,货币和国家之间仍然存在着一种强有力的联系,否则我们如何解释这位前坎特伯雷大主教坚决反对英国加入欧洲货币联盟的理由?他坚称:"我希望钞票上有女王的头像。关于国家认同这一点非常重要。对我来说,身为英国人非常重要。我不想变成法国人或德国人。"[17]或者,我们如何解释墨西哥一项民意调查的矛盾结果?当被问及是否愿意看到美元在整个经济体系中自由使用时,约86%的人给出了肯定的回答。[18]然而,当被问及墨西哥是否应该正式废除比索时,绝大多数人表示反对。在世界上的大多数地方,放弃一种国家的货币,无论它多么缺乏竞争力,都会被普遍视为类似于军事失败,这是对国家尊严的严重打击。任何政府都不能忽视这种风险,即货币忠诚的改变可能会削弱公民对国家的情感依恋。在拉丁美洲,即使是美元化的狂热支持者也承认,采用一种印有北方巨人的开国元勋和前任总统头像的货币可能会激起民愤。有消息称,也许美元纸币可以重新设计,让哥伦布的头像印在西半球货币上。[19]

最后,由于美元化安排中固有的依赖因素,美元化国家在一定程度上失去了隔绝外部影响的能力。实际上,完全美元化是以其极端方式将货币金字塔中隐含的等级制度正式化。用一位评论家的话说,这种关系是强大赞助者与脆弱客户之间的关系,是一种"重塑的殖民主义"(D'Arista

2000)。虽然货币依赖性被用于强制性目的的风险很低,却真实存在。

再以巴拿马为例,它在 20 世纪 80 年代末就体会到美元化经济体可能面临的外部胁迫。故事的开头是对巴拿马武装部队指挥官、国家实际领导人曼努埃尔·诺列加将军腐败和走私毒品的指控。1998 年 3 月,里根政府终于对诺列加失去耐心。巴拿马人在美国银行的资产被冻结,所有支付或其他转移到巴拿马的美元款项都被禁止。这是一场决心迫使这位将军下台行动的一部分,实际上就是驱逐。美国这些措施的影响十分迅速。巴拿马大多数银行被迫关闭,经济发展也因严重的流动性短缺而停滞。尽管巴拿马当局通过发行标准化面额的支票,匆忙创造了一种替代货币,希望收款人之后将其视为现金。但美国这些措施的影响仍是毁灭性的。这个国家实际上被摧毁了。前美国驻巴拿马大使表示,自 1671 年海盗亨利·摩根洗劫巴拿马城以来,华盛顿此次强制行动对巴拿马经济造成的损害最大。[20]当年巴拿马国内产出下降了近五分之一。

事实上,制裁本身不足以让诺列加下台。1989 年末,华盛顿认为有必要发动军事入侵以暂时占领巴拿马,直到一个更友好的新政府成立。但毫无疑问,流动性紧缩是痛苦的,也是诺列加垮台的重要原因。美元化显然会使一个国家更容易受到外部压力的影响。经济学家劳伦斯·克莱因(Klein 1993,112—113)谨慎地建议:“教训是显而易见的:巴拿马使用美元作为其货币单位,只要保持友好关系,这是个不错的安排……但对于巴拿马来说,获得美元便利性的风险溢价非常高。如果这个小国不让外国人来管理它的货币政策,它将更好、更独立。”

准美元化

考虑到所有这些成本以及潜在利益的不确定性,选择完全美元化的国家数量迄今为止仍然很少,这并不奇怪。所有完全美元化的经济体,都是像马绍尔群岛和列支敦士登这样的微小国家。其他走美元化道路的国家则倾向至少保留象征性数量的本国纸币或硬币(见表 2),即准美元化的情形。大多数准美元化国家的规模往往相当小,尽管也有巴拿马、如今的厄瓜多尔和萨尔瓦多等这些存在已久的特例。在欧元出现之前,安道尔、摩纳哥、圣马力诺和梵蒂冈等微小的欧洲飞地也包括在内。

与完全美元化相比,准美元化有一个主要缺点,即两种不同货币平行流通可能导致交易成本上升。但是,只要当地货币的数量仍然有限并且与锚货币的汇率联系仍然牢固,效率损失可能就不大。此外,从从属国的角度来看,任何这样的缺点都将被可能的利益所弥补。与完全美元化相比,准美元化的主要优势是,通过象征性的当地货币流通,政府保留了铸币税的可能来源以及国家象征。最重要的是,如果一个国家决定通过去美元化来减少其货币依赖,那么本地货币的存在,即使只是一种伪货币,也会降低潜在的退出成本。显然,增加已经存在的货币流通量要比从零开始创造货币流通量容易得多。

去美元化的可能性不能被轻易忽视。以利比里亚为例,该国多年来一直将美元用于大多数货币用途。众所周知,利比里亚的存在得益于美国的倡议。自 1847 年诞生以来,它一直与华盛顿保持着特殊的关系。在殖民时代,华盛顿一直支持该国在面对法国和英国的入侵时维护其独立。1944 年,蒙罗维亚(利比里亚首都)同意将美元作为该国唯一的法定货币,取代以前在西非殖民时期主导当地货币供应的英制货币(Bixler 1957)。然而,在接下来的半个世纪里,利比里亚的趋势却大不相同,朝着今天看来更像双货币体系的方向发展。

首先,从 20 世纪 60 年代开始,该国有限发行小面额利比里亚硬币(也称作"dollar")以补充流通中的美钞,利比里亚从完全美元化向准美元化转变。1974 年,利比里亚国家银行成立。20 世纪 80 年代,在陆军中士塞缪尔·多伊领导下发生政变之后,利比里亚出现严重的政治动荡和财政赤字,导致政府大量发行大面额硬币和纸币。利比里亚政府于 1982 年推出五元硬币,很快被称为多伊元。随后于 1989 年推出五元纸币,这是一个苦苦挣扎的政府诉诸铸币税作为最后收入手段的典型案例。同样,格雷欣定律很快就发挥了作用,使美元和利比里亚元之间的官方一兑一汇率成为笑谈。到 20 世纪 90 年代初,美元几乎完全从利比里亚的流通中消失,尽管利比里亚与华盛顿的货币协议名义上仍然有效。形式上,美元仍然是利比里亚的主要货币,尽管它不再积极地充当交换媒介,而是只能通过浮动汇率与利比里亚货币进行兑换。这个国家现在实际上是在去美元化。

从更广泛的角度来看，利比里亚案例显然是一种异常现象——这绝不是经过深思熟虑决策的产物，而是暴力革命和公民秩序几乎完全崩溃的后果之一。到 20 世纪 80 年代末，利比里亚是一个"失败国家"，甚至无法在本国境内实施最基本的治理。事实上，20 世纪 90 年代，代表敌对政治派别的两种不同版本的利比里亚货币在流通中相互直接竞争，每一种法定货币在这个国家的不同地区流通（Ellis 1999，97）。令人高兴的是，没有多少其他国家发现自己处于同样的功能失调状态，当然这些国家都没有正式的美元化。[21] 尽管如此，对于那些可能不愿正式承诺依赖另一个国家货币的政府来说，这一先例很重要。主权当局不愿让自己失去某种可行的退出选择。

近期经验证据

然而，即使有退出选择，美元化对大多数政府来说也缺乏自然吸引力，因为涉及的成本很高。如果说目前的做法吸引了越来越多人的兴趣，那么这似乎更多的是因为保护缺乏竞争力的国家货币（选择图中上升的 NC 曲线）的不利因素越来越多，而不是因为采用外币的优势出现了新的有利条件（下降的 DL 曲线）。最近的经验表明，大多数国家可能仍然抵制将货币主权彻底交给一个市场领导者。

事实上，只有两个国家选择走美元化道路，即厄瓜多尔和萨尔瓦多。但无论是哪种情况，都不能说这一决定反映了它们突然爱上美元。这两个国家实际上更多的是不情愿地向政府无法控制的经济或政治力量投降。

这一点在厄瓜多尔尤其明显，该国是在国家紧急状态下作出美元化决定的。该国的麻烦始于 1997—1998 年的亚洲金融危机，到 1999 年已经蔓延到拉丁美洲的大部分地区。1999 年 2 月巴西雷亚尔贬值后，厄瓜多尔货币苏克雷面临巨大压力，尽管政府在基多拼命玩信心游戏，苏克雷还是在年底前贬值了超过三分之二。厄瓜多尔的通货膨胀率飙升至 60% 以上，国内生产总值萎缩了 7% 以上，这是厄瓜多尔自 19 世纪 30 年代以来最严重的经济衰退。到了 2000 年 1 月，厄瓜多尔经济明显接近崩溃。令人绝望的是，1 月 9 日，总统哈米尔·马胡德提议放弃苏克雷，转而使用美元，而此时美元已经占据了该国所有银行存款的三分之二。[22]实际上，该国的货币政策已被正式地移交给了美联储。用《经济学人》(*The Economist*，15 January 2000，21)的话说："这是一个绝望政客的最后行动"。当地一位著名经济学家说道："这是在一场失控的危机面前的绝望之举。这是一个国家无条件的投降，它承认自己没有能力执行自己的货币政策。"[23]

马胡德的提议一点也不受欢迎。中央银行行长和两名高级副手辞职以示抗议，并且街头爆发了暴力骚乱。这些反映出人们担心美元化会导致更严重的通货膨胀，对城市贫民和农民造成伤害。一位工会领袖说这是"贫困的美元化"。[24]其他抗议活动的动机更多的是担心厄瓜多尔成为像巴拿马那样的美国附庸国。一位立法者指责说："这个措施不仅仅是经济美元化，也是经济巴拿马化。"[25]民意调查显示，多达四分之三的民众反对此举。[26]然而，在厄瓜多尔政治体制不稳定的背景下，更重要的是私人企业集团的反应，它们都坚定支持该计划。[27]尽管马胡德总统本人被推翻，但在私人企业集团支持下，这项提议很快得到了议会的批准，并在几个月内得到全面实施。该国赎回流通中大部分苏克雷票据，存量成本约为4.5亿美元。

今天，尽管疑虑挥之不去，厄瓜多尔的美元化通常被认为是既成事实。[28]即使是现任总统卢西奥·古铁雷斯在2002年底当选后也承认了这一点。尽管他在竞选时承诺寻求另一种货币安排，但一旦当选，他就承诺保持并加强美元化，希望改善厄瓜多尔进入国际资本市场的机会(*The Economist*，30 November 2002，32)。

萨尔瓦多没有出现紧急状况。但起作用的力量与厄瓜多尔大致相同，特别是保卫国家货币科隆的成本迅速上升。20世纪90年代，萨尔瓦多保守派政府竭尽全力打造"稳健"货币管理的声誉。然而，外国借贷成本依然居高不下，而经济增长率却下滑到不到哥斯达黎加和尼加拉瓜等邻国的一半。早在1995年，灰心丧气的官员们就提出一个计划，正式用美元取代科隆，希望以此降低利率从而刺激增长。尽管由于害怕失去国家象征，这个想法很快就被政府放弃了，但它并没有被遗忘，并从卡洛斯·梅内姆1999年的言论和2000年厄瓜多尔的先例中获得了新动力。因此，当该计划于2000年11月正式恢复并在两个月后实施时，很少有组织提出明确反对。现在,在萨尔瓦多美元化也被视为既成事实。[29]

　　然而,在其他地方,美元化继续受到抵制。理由在于,总的来说,其成本仍高于维护国家货币的成本。根据选择图1,人们普遍认为 DL 曲线仍然高于 NC 曲线。二十多年前以色列提供了一个早期案例。当时以色列面临严重的恶性通货膨胀,现任财政部长约拉姆·阿里多提议用更稳定的美元取代以色列货币谢克尔。公众出于民族主义的原因被这个提议激怒了。劳伦斯·克莱因(Klein 1993,113)后来写道:"当阿里多提议以色列美元化以应对失控的通货膨胀和其他经济问题时,他就注定要离开政府。一个自豪的独立国家竟然没有自己的货币,这是不可想象的。"另一个消息来源(Glasner 1989,31—32)报道称:"如果这个想法落实,以色列可能会开始飘扬美国国旗,并且歌唱'星条旗永不落!'"

　　也许阿根廷提供了一个更恰当的案例,该国对恢复美元化的兴趣最大。尽管前总统梅内姆在离任前迫切希望取代阿根廷以美元为基础的货币局制度,但他的政府从未实施这一想法,正如第二章所述,这一想法最终被他的继任者拒绝。在许多方面,阿根廷似乎是美元化的理想候选国。该国通过货币替代和以美元为基础的货币发行局制度与美国建立了牢固的经济联系。1999 年底,美元占阿根廷银行存款总额的 56%;[30]而在流通的纸币中,美元所占的份额虽然不确定,但无疑很大。布宜诺斯艾利斯在政治上也与美国走得越来越近,长期以来习惯了华盛顿在西半球的领导角色。

　　但阿根廷也是拉丁美洲第三大经济体,是一个中等收入的新兴市场,拥有相当数量的工业企业——这与厄瓜多尔和萨尔瓦多大不相同,这两个国家都要小得多,也贫穷得多。此外,至少从 20 世纪 80 年代末开始,该国的政治也比厄瓜多尔或萨尔瓦多更加开放和多元化。在厄瓜多尔或萨尔瓦多,得益于金融开放的利益集团更有可能占据主导地位。特别是在厄瓜多尔,由于危机情况普遍存在,反对派几乎没有机会有效地组织来反对政府的美元化策略,一体化主义者的力量能够支配决策。相比之下,在阿根廷,反一体化势力(尤其是工会)组织得更好,在政治上更有代表性,这创造了一个更公平的竞争环境。事实上,甚至在梅内姆执政期间,反对美元化的政党就控制了阿根廷议会的下院。因此,该国的谈判环境与厄瓜多尔或萨尔瓦多所面临的确实大不相同。在规模和国内政治的双重推动下，布宜诺斯艾利斯希望通过与华盛顿签订双边货币联盟条约的形式，以达成更好的协议。[31]

至少，布宜诺斯艾利斯希望收回一些可能的铸币税损失，这些损失预计每年至少达到 7 亿美元。据报道，布宜诺斯艾利斯其他目标包括美国在联邦储备委员会为阿根廷银行提供最后贷款人服务以及在银行监管方面的合作。[32]最重要的是，如果阿根廷要交出其历史上剩余的货币主权，自豪的阿根廷人希望被视为美国的合作伙伴，而不仅仅是附属者。当华盛顿礼貌地拒绝所有这些让步并保持其善意的忽视立场时，布宜诺斯艾利斯选择了努力维持要求较低的货币发行局形式。

未来展望

那么，哪些国家更能预示未来的前景？是拥护美元化的厄瓜多尔和萨尔瓦多？还是抵制美元化的以色列和阿根廷？除非出现重大的全球危机可能促使许多国家政府寻求三大货币之一的庇护，否则答案似乎更倾向后者。许多国家被认为是美元化的候选国，但只有相对较少的国家可能急于模仿厄瓜多尔和萨尔瓦多。

当然不是每个人都同意以上观点。例如，在西半球，一些人理所当然地认为美元化是未来的潮流。一位专家直截了当地预测（Schuldt 2003）："我们次大陆大多经济体的完全官方美元化将在十年成为现实。"里卡多·豪斯曼（Hausmann 1999a）等国际知名经济学家在该地区大力推动美元的使用，并得到了从哥斯达黎加中央银行行长（Joint Economic Committee 2000a）到墨西哥一些最大私人企业的负责人（O'Grady 1999）等众多有影响力的拉丁美洲人的好评。然而，整个西半球美元化的阻力仍然很强，原因与预期成本有关。卡洛斯·梅内姆的继任者在阿根廷拒绝美元化的做法得到广泛回应。即使是毗邻美国并与其经济联系密切的墨西哥，也没有表现出任何渴望美元化的迹象，许多普通墨西哥人会认为这是一种有辱尊严的新型依赖（Starr 2002）。例如，当比森特·福克斯当选总统后不久被问及是否会考虑将墨西哥经济美元化时，他坚定地回答："不会在我执政的六年内。"[33]事实上，在拉丁美洲，几乎没有证据表明美元化有任何明显的势头。正如罗伯特·巴罗（Barro 2000）所说的那样："许多地区的政府'热衷'加入美元俱乐部，这根本不是事实。"

当然，随着捍卫弱竞争力的国家货币的成本不断上升，美元俱乐部可能还会壮大。即使缺乏热情，一些国家仍然可以像厄瓜多尔和萨尔瓦多那样发现放弃是一种权宜之计。正如一个消息来源写道（Fernandez-Arias and Hausmann 2000，179）指出，"放弃当前货币安排的意愿与它们面临的挫折程度有关。"危地马拉于2000年底决定将某些交易中的外币使用合法化，这一决定具有启发性。该国自己的货币格查尔是拉丁美洲受到美元竞争威胁最大的货币之一，美元已经在当地经济中广泛流通。在危地马拉（许多家庭依靠在美国工作亲属的汇款）"外币"就等同于美元。政府有效地建立了一个双货币体系，这可能是最终美元化的前兆。这个半球的其他地方也可能出现类似情况。

然而，各国对美元化的兴趣与其说是热衷，不如说是听天由命。由于华盛顿方面没有作出任何重大让步，比如在失败的马克法案中设想的那样分享铸币税。加入该俱乐部往往不是一种特权，而是一种庇护。[34] 最有可能的情况是像厄瓜多尔那样，国家的紧急情况让决策者没有选择。事实上，正如政治学家帕梅拉·斯塔尔（Starr 2001）所言："共同承受国家创伤可能是克服国内对这种激进改革抵制的唯一途径。"[35] 威廉·比特（Buiter 2000）直截了当地指出："美元化只会引起长期管理不善的经济体的兴趣，而这些经济体实现货币稳定的唯一希望是单方面放弃货币主权。"有人会想起格劳乔·马克斯的一句话，他绝不会想加入一个愿意接纳他为会员的俱乐部。

美元化最有可能的候选国是中美洲、加勒比和安第斯等地区较小的经济体。对它们来说，市场保护策略的成本往往特别高，因为它们的永久性货币或准货币已经被美元等更具竞争力的货币渗透。大多数知识渊博的观察者都同意这一点。[36] 国际货币基金组织的两位经济学家（Berg and Borensztein 2000a，41）的观点最为简单："美元在国内商品和金融市场的使用量越大，保留本国货币的优势就越小。"美元化潜在进入者名单包括玻利维亚、哥斯达黎加、尼加拉瓜和秘鲁。根据最近的估计，这些国家都是西半球非正式美元化程度最高的经济体。[37] 与厄瓜多尔一样，这些国家美元化的时机可能取决于当地发生经济或政治冲击的时间,这些冲击至少暂时能够减少无条件放弃货币主权的阻力。

在东亚,尽管东京在积极努力为正式货币集团奠定基础,但似乎没有一个国家的政府急于"日元化"。其中原因既有经济上的,也有政治上的。在经济方面,只要日本经济仍然停滞不前,日元的国际地位继续下降,"日元化"显然就没有吸引力。从政治角度看,只要东亚各国政府寻求与其他地区领导者(尤其是中国)保持友好关系,跟随日本的承诺就有问题。马来西亚马哈蒂尔·穆罕默德的话很典型,他承认:"我们需要接受这样一个事实:那里有一个中国,它将是一个非常繁荣并且经济强大的中国。"[38]无论如何,东亚人发现很难摆脱他们对日本动机和利益的历史性怀疑。正如一位分析家(Castellano 2000,8)所言:"东亚大部分地区仍然对日本的任何领导形式保持警惕。"

值得注意的是,该区域近年来唯一走美元化道路的经济体是东帝汶。这一选择不是自愿的,而是最初由外来者强加的,他们在 1999 年东帝汶脱离印度尼西亚之后,以联合国的名义接管了该领土的管理。此外,当决定在东帝汶使用何种货币时,甚至没有考虑日元。主要候选货币是欧元(反映了该领土与葡萄牙[欧洲货币联盟成员国]的历史殖民联系)、美元、澳元和印尼盾。东帝汶最终选择了美元,尽管为了适应当地大多数的低面额交易而进口大量美国硬币带来了很大不便,[39]在 2002 年东帝汶获得完全独立后,仍使用美元。

2001 年底塔利班政权倒台后,类似的故事也在阿富汗上演。在喀布尔成立新政府后,阿富汗也积极考虑某种形式的美元化。[40]当时,多达七种国家货币阿富汗尼在流通,其中一种是塔利班自己发行的;另一种是其在所谓的北方联盟中获胜的对手发行的;还有一些是当地军阀,比如总部位于马扎里沙里夫的阿卜杜拉希德·多斯塔姆将军发行的。[41]暂时采用强势外币成为摆脱当时货币混乱的最简单方法。但在这里,也很明显,这个选择并非自愿。同样明显的是,候选货币从来都不是日元,被认真考虑的外币是美元和欧元。[42]

事实上,如今似乎只有一部分地区对采用占主导地位的外国货币充满了热情。这些地方处于欧盟在中东欧的新成员国以及如第三章指出的巴尔干半岛之中。在这些地区,很多人都支持尽快实现欧元化。有人认为,立即采用欧元将给候选国带来经济利益,包括降低交易成本和利率,以及提升其金融市场和金融机构效率的机会。在向完全欧盟伙伴关系过渡的特殊情况下,欧元化还将确保有价值的货币稳定,促进与其他欧洲经济体的宏观经济趋同,并有助于吸引外来投资。用罗伯特·蒙代尔(Mundell 2000c)(一位直言不讳的欧元化倡导者)的话来说:"突然之间,它们将拥有一种一流的货币。在放弃了无用的货币之后,它们将得到资本市场以及有效的货币和金融体系。"[43]或许最重要的是,欧元化将成为它们成功重返欧洲的证明。但很少有申请国会轻率地违背欧洲货币联盟现任成员国的意愿,它们的意愿在其他国家申请加入欧盟的过程中仍然至关重要。欧元肯定会进入到欧盟的候选国之中,但不会过早。[44]

在其他欧元时区,如地中海地区或撒哈拉以南的非洲,完全或准欧元化的可能性较小。考虑到现有经济和政治关联的深度,与欧元建立有限联系才会引起欧洲南部许多国家政府的兴趣。所有这些国家都是近几十年才独立,它们一直试图减少,而不是增加依赖性。它们最不想做的就是以一种新货币形式重塑殖民主义。

货币发行局制度

不管喜不喜欢,国家必须作出选择。考虑到货币竞争的无情压力,越来越多的国家会发现自己陷入两难境地:既面临捍卫本国货币成本持续上升的困境,又面临美元化替代方案吸引力仍然有限的困境。当然,有些政府可能会通过某种形式的联盟来寻求摆脱困境,但货币联盟的前景也不容乐观,我们将在第六章看到这一点。对许多国家来说,更具吸引力的选择可能是在保护和跟随策略之间达成妥协,那是一种更为宽泛的纵向区域化形式。这在原则上可能会缓解持有一种弱势货币的不利因素,同时保留更多货币主权的优势。实际上,这意味着货币发行局的主题会有所不同。[45]

利弊分析

货币发行局制度最纯粹的形式,其本质是一种明确且公开可见的货币规则,通常得到立法机构的正式支持。如前所述,该规则通常结合了三个关键特征:与主导外国货币的固定价格关系、不受限制地兑换为锚货币以及以外国货币支持新发行的国内货币。总之,这三个特征有效地将货币主权置于市场领导者的竞争力之下。长期以来,这种形式受到加强央行纪律支持者的青睐。其中,最著名的倡导者是经济史学家史蒂夫·汉克,他与一批被约翰·威廉姆森(Williamson 1995,1)称为"货币福音主义者"(monetary evangelicals)的同事们多年来一直不懈地为在世界各地采用货币发行局制度而奔走。[46]

货币发行局制度的缺点与美元化一样。原则上,当地货币当局(的权威)被最小化。一个纯粹的货币发行局既不能创造货币,也不能随意贬值。它不能创造新货币,像央行那样通过购买国内资产来创造自己的新负债。在出现资本外流或贸易逆差的情况下,也不可能进行任何汇率调整。相反,发行局将采取完全被动的行动,以适应外汇供应或需求的任何变化。这是19世纪旧金本位制的现代版本,在旧金本位制中,由市场驱动的黄金流动将决定国内货币状况,使货币供应完全是内生的。采取货币发行局制度的国家既不能管理自己的宏观经济事务,也不能以低成本作为最后贷款人提供贷款。它也会发现自己与外部政治影响的隔离效果较差。已故的鲁迪·多恩布施等货币发行局倡导者将国家权力侵蚀的重要性降至最低,他写道:"在这种情况下,主权问题不能被认真对待。"[47]但这是经济学家的说法,任何政治学专业的学生都不会认为政府应该对自己的实际能力漠不关心,也不应该如此。

然而,与美元化相比,货币发行局还有两个明显的优势。第一,国内货币仍然是货币供应量的一个重要组成部分,不仅以象征性的数量流通,并且作为锚货币的一个完整替代品。从心理上讲,这必然会增强货币作为国家认同的象征价值,使其成为民族认同的催化剂。[48]在财政上,国内货币的广泛流通保证政府可以赚取铸币税(美元化的批评者经常强调这一点),[49]当局可以继续从支撑本币的锚货币储备中获得利息收入,而不是清算外国资产以取代本国纸币和硬币。从政治上讲,保留国内货币可以降低潜在的退出成本,因为如果要改变跟随策略,需要取代的外国货币将会减少。[50]

第二,与美元化相比,货币发行局提供了更大的政策灵活性空间。当一个领导者的货币被正式采纳为跟随者的主要货币时,跟随政府就没有多少余地来影响货币状况或逃避外交胁迫。相比之下,货币发行局制度根据货币规则的制定方式,在需要时可以有更多的"回旋余地"。虽然原则上货币发行局制度根本没有自由裁量权,但实际上当局政府可以保留相当大的政策自主权以应对突发事件或抵御外国压力。即使在殖民地时代,货币规则也经常被放宽以适应当地的条件。[51]货币发行局制度灵活性的关键在于四个相互关联的设计问题。其中前两个问题与国内资金的外汇支持有关。一是支持什么,二是需要多少支持,三是与锚货币的价格关系,四是退出可能性。所有这四点都可能发生很大变化。[52]

第一,支持什么? 我们知道,货币总量可以通过多种方式进行计算,从核心指标 M0,即流通中的纸币和硬币以及商业银行的现金储备(经济学家称之为"基础货币"或中央银行货币);到 M1,即 M0 加上通用支票账户(活期存款);到更广泛的衡量标准,M1 基础上加上其他存款(M2)以及到流动性逐渐减少的金融债权(M3 和 M4)。在要求最高的情况下,货币发行局将被要求为经济体中的所有流动货币资产提供支持,这意味着货币供应量将最少达到 M2,也就是广义货币供应量。但是,在实践中,覆盖范围可能更窄,通常也更窄,只适用于基础货币的一部分,这是货币供应中唯一直接来自国家的部分(以央行债务的形式)。在今天运行的货币发行局制度中,法定覆盖范围从文莱央行负债的 70% 到中国香港流通中现金的 105% 不等。[53]

从理论上讲,即使是这样一项仅限于基础货币的狭窄概念,也应该确保货币状况被动地对外汇的供应或需求的变化作出反应,即金本位模式。这是因为在部分储备银行系统中,基础货币的变化预计会对银行存款水平产生系统的、多重的影响——这就解释了为什么基础货币也被称为"强力货币"。然而,基础货币在很大程度上取决于银行的法定存款准备金率,而这仍在政府的控制之下。改变银行存款准备金率的能力为政策制定者保留了另一项自由裁量权。

第二,需要多少支持? 在最苛刻的情况下,货币发行局被要求为国内或地区货币提供完全支持,不低于锚定货币的100%覆盖率。但同样在实践中,如果允许货币发行局以在公开市场上买卖的国内或地区资产(例如政府证券)的形式进行部分覆盖,货币当局则可能会保留一定的自由裁量权。阿根廷提供了一个案例。在它现已被废除的货币发行局制度下,央行被允许以阿根廷公共债务的形式覆盖其货币量至多三分之一的份额。[54]另一个案例是中国香港。自1988年以来,被称为外汇基金的香港货币发行局制度已获得法律授权,可以自行进行公开市场操作。[55]央行通常将域内资产的公开市场操作作为货币政策的主要工具。

第三,与锚货币的价格关系。这两种货币的汇率有多稳定? 它是在形式上不可撤销、由法律明确规定的硬钉住吗? 或者仅是行政上设立、可能会有变更? 在这方面,只要价格关系没有达到绝对的刚性,采用货币发行局制度的国家(或地区)就可以保留一定的自由裁量权。

第四,还有退出问题。这种安排是永久性的,表面上一直锁定一个国家的货币制度吗? 或者在某个时刻,政府在汇率方面的承诺是否有可能放松,以应对意料之外的冲击? 或者为建立一个功能齐全的央行铺平道路? 对一些学者来说,货币发行局制度最好作为一种过渡手段,一旦国家货币的竞争力稳固,就应该被取代。正如一位消息人士所说(Kopcke 1999,22,36)所说:"货币发行局制度代表着货币制度演变的开始而不是结束,它是培养信誉良好的中央银行和金融机构的临时屏障。"根据这种观点,任何自尊自重的主权国家的理想仍然是一个国家/一种货币。因此,作为一个审慎的计划,需要一个定义明确的退出策略。对另一些人来说,退出策略更像是一种风险保险,确保政府能够应对意料之外的经济或政治动荡。货币发行局即使表面上是永久性的安排,也可以使用某种救生阀来防止可能的危机(Balino and Enoch 1997,24—25)。无论哪种方式,结果都将成为决策者另一个自由裁量权的来源。

当然,灵活性带来了它自己的权衡。这种安排的回旋余地越大,这个国家(或地区)就越有可能失去跟随策略的主要收益,像汉克和货币福音派这样的纯粹主义者从未停止强调这一点。他们认为,任何偏离"正统"货币发行局制度严格规定的做法,都是内部矛盾的,因此必然会损害通过使用外国央行政策而获得的信誉。[56]令人遗憾的是，立陶宛政府在 1994 年底首次引入货币局六个月后发现了这种危险。官员们试图利用货币发行局制度间接增加财政收入，结果导致了一场近乎灾难性的资本外逃。直到当局重新承诺接受货币发行局制度的约束，资本外逃才告终。正如一个消息人士（Camard 1996，2，19）评论的那样："立陶宛的经历说明了过分追求灵活性的危险。"

更引人注目的是，阿根廷引入货币发行局制度的最后几年出现了危险，当时政府开始失去外国投资者的信心。这两个案例表明，如果市场参与者怀疑对货币发行局制度的承诺不够可信，那么对国家货币的压力可能仍将很大，外国贷款的溢价仍将居高不下，当局仍将被迫以本国经济的重大代价来玩信心游戏，给当地经济带来巨大损失。最终，就像在阿根廷发生的那样，结果甚至可能是努里尔·鲁比尼（Roubini 1998）预测的那样，整个制度将崩溃。

尽管如此，货币发行局制度这一选择对各国政府还是有吸引力的。主要是因为这一制度有很大的自由裁量权，各国可以根据具体的国情进行调整。实际上，当局必须在市场纪律和外国主导的势力之间作出选择。一个政府越是愿意跟随处于货币金字塔顶端国家的领导，这种安排在支持、汇率和退出方面就越严格。在实践中，其结果可能与准美元化相差无几。相反，政策制定者越重视自己的权威，抵制对其他国家的正式授权，关系就可能越松散。尽管这听起来有点矛盾，但事实上，货币发行局制度可能是主动的，而不是被动的。事实上，货币发行局的灵活性可能会被推到这样一个地步：几乎无法与双货币主义区分开来。双货币之一是最低程度的纵向区域化。在这种程度上，国内货币与其外国货币之间只剩下最松散的联系。实际上，这里有很多选择。货币发行局制度是非常有弹性的。

近期经验证据

当然，从 19 世纪英国政府第一次建立货币发行局制度时，人们最不关心的就是灵活性。当时的目的不是鼓励各地自治，而是帮助稳定伦敦与其海外属地的金融关系。货币发行局制度之后才进行了调整。

就像帝国本身一样,英国的货币发行局制度不是刻意设计而是随机试验的产物。尽管早在 1849 年,在毛里求斯就建立了货币发行局的原型,但直到 1912 年冈比亚、黄金海岸(现在的加纳)、尼日利亚和塞拉利昂的西非货币发行局成立,货币发行局制度才得以最终确立。它后来成为伦敦其他海外属地的典范,通过保证本国货币按需按固定汇率兑换成英镑,消除了与母国贸易中的所有外汇风险,有效地将殖民地金融机构纳入英国国内银行体系。英国的银行将外国属地的银行看作是地方银行一样运作。这一模式随后被其他殖民国家以及一些名义上的主权国家效仿,其中包括 1923—1924 年的自由城市丹泽和 1928—1943 年的爱尔兰。[57]

但第二次世界大战后非殖民化的伟大时代一开始,这种被动的做法很快就被放弃了。货币发行局制度可能保证了殖民地一定程度的货币稳定,但它们通常被视为帝国压迫的象征。有人认为,没有一个拥有自由裁量权的央行,只会让依赖延续下去而扼杀发展。货币发行局的所有资产都以外币持有的要求,似乎意味着用于国内投资的资源减少;同样,对锚货币的固定兑换率也排除了当局对当地情况进行积极管理的可能性。那么,为什么不像殖民国家在 19 世纪为自己所做的那样,去控制货币的创造权呢?著名的货币历史学家安娜·施瓦茨(Schwartz 1993,170)所指出的那样:"独立将使从帝国控制中解放出来的前殖民地能够更有效地利用资源,从而实现更快的经济发展,这已成为一种信条。"货币发行局制度并不符合这一愿景。

无论如何,从原则上讲,持续的货币依赖似乎与刚刚赢得政治独立的国家状况完全不符。如第一章所述,威斯特伐利亚模式现在的地位至高无上,每个国家拥有专属货币的主权权利已成为一种普遍规范。因此,货币发行局很快就被抛弃,取而代之的是基于严格领土原则的更具本土特色的安排。在东亚存在几个例外情况,新加坡和文莱在获得独立后,最初都选择保留货币发行局的形式;吉布提作为法国在东非的前殖民地,自 1949 年以来一直实行货币发行局制度(不过,正如第二章所指出的,与美元挂钩,而不是与法国法郎挂钩)。除了 20 世纪 70 年代的一段短暂插曲外,香港一直保持着货币发行局制度,即使在 1997 年香港作为特别行政区回归中国之后也是如此。在其他地方,这种做法被视为过时的产物而遭到拒绝,包括 1973 年新加坡最终放弃了货币发行局制度。[58]

然而,最近货币发行局又卷土重来了。正如第二章所示,阿根廷在 1991 年采用了几十年以来第一个新的货币安排,作为稳定计划(称为可兑换计划)的一部分。这一计划的目的是扭转 1989—1990 年阿根廷恶性通货膨胀局面。尽管阿根廷的中央银行被保留了下来,但它的自由裁量权被一项法律严重削弱,该法律规定"新"比索(阿根廷六年来的第四种货币)可以以固定的 1∶1 平价与美元完全兑换。[59]后来,原苏联的两个加盟共和国爱沙尼亚(1992 年)和立陶宛(1994 年)也建立了正式的货币发行局制度。[60]根据 1995 年 12 月签署的《代顿和平协议》,饱受战争蹂躏的波斯尼亚和黑塞哥维那也成立了正式的货币发行局。[61]保加利亚则于 1997 年正式建立货币发行局。[62]世界上许多其他地方也在对此进行积极讨论。事实上,到 21 世纪末,货币发行局的回归似乎已成定局。一些知情人士断言(Ghosh, Guide and Wolf, 2000, 271):"货币发行局'又流行起来了'。"

未来展望

然而,这个时尚趋势可能被夸大。事实上,世界上并不会出现几十个货币发行局。对于那些因本国货币品牌竞争力下降(选择图中 NC 曲线上升[见图1])而感到压力的国家来说,货币发行局无疑比更激进的美元化方案更容易被接受。货币发行局具有明显的可塑性,它要求的从属程度较低,并在 DL 曲线的长度上为货币发行局国家提供了更广泛的选择。但这并不意味着许多国家将以更大的热情接受这一做法。这只意味着,如果这些政府真的决定跟随一位领导者,承认它们不能再捍卫自己的传统货币主权,那么某种形式的货币发行局是更有可能的选择。

当然,20 世纪 90 年代卷土重来的货币发行局并非自发形成。从逻辑上讲,货币发行局的存在并具有吸引力的理由在于,它是市场保护和追随策略之间的一种折中方案。然而,在仅有的两个案例中,阿根廷和保加利亚的选择可以被视为货币间达尔文主义斗争的直接结果;而至于厄瓜多尔和萨尔瓦多,它们最初货币发行局的决定主要是被动地屈服于国内不利情况的结果。在上述两种情况下,多年的通货膨胀在很大程度上摧毁了当地货币的吸引力,货币发行局似乎是防止当地货币市场份额进一步流失的有效方法。在其他地方，特殊情况则占据上风。爱沙尼亚和立陶宛选择货币发行局的原因是因为它们新创造的货币（克鲁恩和利塔斯）缺乏经验和信誉。这两个波罗的海国家最近才回归主权国家大家庭。在加入欧盟和欧洲货币联盟之前，它们希望借市场领导者的声誉来加速市场接受它们的新货币。波斯尼亚-黑塞哥维那选择货币发行局是因为该国需要在一段可怕的冲突时期之后恢复秩序。货币发行局的稳定似乎对战后重建进程至关重要。

此外，迄今为止的经验并不利于货币发行局的声誉。当然，有些安排运行得很好，悄悄地实现了它们的目标：在爱沙尼亚和立陶宛尤其如此，克鲁恩和利塔斯确实已获得普遍接受；在波斯尼亚-黑塞哥维那，作为克罗地亚、塞尔维亚和穆斯林社区之间可能的争论焦点，该国对货币的控制已被成功地消除；虽然没有引起多少注意，文莱和吉布提的长期安排也继续有效地运作。总体而言，研究表明，与浮动汇率或软钉住相比，货币发行局这种方法往往产生更低的通胀。[63]然而货币发行局国家（或地区）也经历了较低的平均增长率（Levy-Yeyati and Sturzenegger 2001）以及较高的增长率波动率（Ghosh，Gulden and Wolf，2000）。此外，在这个集团内部也有一些明显的令人失望之处。这只会加深人们对这种有限跟随形式的怀疑。

在1997年至1998年东亚金融危机期间，中国香港货币发行局几乎崩溃，这对许多人来说具有启发意义。随着邻近地区货币大幅贬值，港元似乎被严重高估。事实证明，即使是香港受人尊重的货币发行局安排，即对固定平价的承诺不可撤销，也不足以避免人们对汇率即将调整的担忧。由恐慌的资本外逃产生的利率上行压力危及香港当地资产价值，并破坏金融市场的稳定。最后在1998年中期，香港当局被迫进行干预。随着香港特区政府大量购买总值达一百五十亿美元的股票而成为香港第一大股东后，香港的股票市场稳定下来。此外，政府还出台了一系列新的监管措施，以降低外汇市场的投机操纵风险，这实际上是一种间接的资本管制。香港的努力被一些人称赞为成功地重新缓解了货币发行局制度所固有的紧张关系。高希、吉德和沃尔夫（Ghosh，Guide and Wolf 2000）赞许道："香港最近的措施旨在提高信誉，同时增强灵活性。通过设法弥合这些明显对立的需求,香港似乎改善了该制度长期可持续性的基础。"但是,怀疑论者不会因质疑这个制度的吸引力而受到指责,即使香港货币发行局制度在经过 20 多年看似完美的运作之后,也可能会受到突然崩溃的质疑。

更引人注目的是阿根廷的悲惨情况。阿根廷货币发行局制度的利弊在其 2002 年最终崩溃之前已生动地展现。[64] 从积极的方面来看,1991 年的可兑换计划显然阻止了阿根廷的恶性通货膨胀,实现了政府的主要目标。在两年内,阿根廷国内价格涨幅从每年超过 5 000% 的高点降至个位数。比索的月利率相应地从 12% 以上下降到 2% 以下。该国经济增长率从 20 世纪初的负增长到 1994 年上升至接近 10% 的水平。此外,在阿根廷的货币发行局安全成立的情况下,布宜诺斯艾利斯更有能力应对 1994 年末墨西哥金融危机引发的毁灭性资本外流——即金融市场的传染效应,很快被称为"龙舌兰效应"。史蒂夫·汉克随后不久评论道:"正如威灵顿公爵经常说的那样:'避免被一场屠杀压垮就是胜利',而阿根廷类似于货币发行局的制度当然避免了阿根廷被龙舌兰效应压垮。"[65] 在 1995 年的短暂衰退之后,阿根廷的经济在 1996—1998 年恢复增长。

但到了 1999 年初,在巴西承受了数月财政压力之后,巴西雷亚尔出现贬值,阿根廷货币发行局的负面影响开始凸显。由于巴西是阿根廷的主要贸易伙伴,因此,雷亚尔贬值意味着阿根廷丧失了出口以及进口竞争产品的竞争力,这使阿根廷再次陷入衰退。然而,布宜诺斯艾利斯既不能调整自己的汇率,也不能放松货币政策来应对。只有积极的财政政策才能被用来防止恶性循环,但这条路被阿根廷高水平的公共债务排除了。阿根廷的大部分债务掌握在外国债权人手中,他们已经对政府的偿债能力心存疑虑,因此,即使有了货币发行局制度,阿根廷也被迫重新玩起了信心游戏,随之而来的代价是国内失业率和利率飙升。对国内事态发展的失望解释了为什么卡洛斯·梅内姆很快转向更激进的美元化措施,他希望通过美元化将利率再次拉低。但当这个计划失败后,政府官员们发现自己几乎没有其他选择了。在经历两年危机后,《经济学人》(*The Economist* 21 July 2001,30)评论道:"阿根廷的选择是要么紧缩,要么破产。"这意味着阿根廷货币发行局制度的结束。

有趣的是,对于许多阿根廷人来说,紧缩政策是他们的首选,即使只是出于象征性的原因。废除可兑换计划被认为是不可想象的,这就等于承认这个国家不可能被其他国家认真对待。引用《经济学人》的话说(*The Economist*, 3 November 2001, 44):"大多数阿根廷人仍然坚持货币发行局制度,仿佛这树立了他们是欧洲一个遥远角落的自我形象。"因此,政策制定者们转而诉诸越来越可疑的花招,在没有正式放弃可兑换计划的情况下放松其约束。在旨在变相贬值的举措中,阿根廷政府在 2001 年初修改了税收和贸易政策以鼓励出口和阻止进口,并通过立法取代货币发行局最初的一兑一钉住美元,改为钉住美元和欧元。[66]随后阿根廷各省和中央政府开始引入大量紧急货币(实际上是价值可疑的低面额债券)来支付它们的债务。[67]阿根廷政府甚至曾短暂考虑过发行一种全新的货币来为公共支出融资。然而到了年底,这种不可思议的局面显然再也无法避免了。在卡洛斯·梅内姆的继任者费尔南多·德拉鲁阿辞职以及短暂的政治混乱之后,货币发行局制度被该国新领导人费尔南多·德拉鲁阿(讽刺的是,德拉鲁阿两年前以巨大优势击败他)终止。一个消息来源指出(Pastor and Wise 200)指出:"阿根廷在十多年的时间里已经'从一个模范儿童变成了一个绝望的人'。"

保加利亚也出现类似情形。在取得货币稳定方面的初步成功之后,保加利亚却在维持增长和就业方面失败了。评论家们总结道,对于试图在维护市场和跟随之间妥协的尝试就到此为止了。

这些令人失望的情况并不意味着货币发行局必然存在缺陷。但这确实表明,这种安排本身并不比美元化更有可能产生神奇的变化。这种怀疑很有道理。一个消息来源(Guide, Kahkonen and Keller 2000, 6)指出:"货币发行局制度既不是权宜之计,也不是万灵药。"以阿根廷为例,人们很容易像克鲁格曼(Krugman 2001)在阿根廷货币发行局终止前所做的一样,把最近的经济弊病归咎于可兑换计划。"为什么阿根廷经济不景气?"克鲁格曼(Krugman 2001)问道,"基本上是因为货币局制度"。但是多恩布施(Dornbusch 2001a, 6)对以上观点的反驳毫无疑问是对的:"用这种方式解读阿根廷的货币发行局制度是一个严重的错误,采用货币发行局并没有改变阿根廷的三个基本事实:一是阿根廷的债务水平很高;二是阿根廷在过去 50 年几乎没有投资;三是阿根廷的劳资关系一直紧张。"[68]更准确的解读应该是，就像所有的妥协政策一样，货币发行局制度并没有提供普遍的解决方案，也不会在所有国家的各种情况下都有效地发挥作用。这种方法最多只会吸引有限的一部分国家。

货币发行局可能吸引哪些国家呢？显然，最明显的候选国与潜在美元化国家在同样的两个地区：一是西半球，它是美元区的天然家园；二是欧元时区的欧盟后院，包括中东欧、巴尔干半岛到地中海地区以及撒哈拉以南非洲的国家。我们知道，这些地区的许多国家承受着捍卫货币主权的高昂成本，然而，进行完全或准美元化的做法仍然存在强大阻力。在这些具有挑战性的情况下，货币发行局的做法提供了一个更可接受的区域化程度。

在西半球，抵制美元化的是潜在的跟随者。许多国家政府只是不愿无条件放弃货币主权。但它们也明白美元受欢迎的现实无法回避。那么，为什么不考虑一种更有限的跟随策略呢？在货币替代已经如此普遍的情况下，采取某种形式的货币发行局制度不是对当前货币制度根本性的背叛。这就是多恩布施的立场，他坚定地宣称（Dornbusch 2000a，153）："使用美元的货币发行局制度适合拉丁美洲。"他认为（Dornbusch 2001a，8）："尤其是墨西哥，它是货币发行局制度的明显候选者。"但西半球也有许多人不同意这一观点，他们强调的不是收益，而是放弃货币政策控制权所涉及的风险。两名墨西哥经济学家警告说，货币发行局制度是"代价高昂且失败的实验，认为美联储会修改其做法以优先解决墨西哥的具体问题是不切实际的"。[69]

当然，货币发行局制度也可能存在更灵活的安排。这一进程可以像危地马拉那样逐步开始，首先宣布美元为某些或所有国内用途的法定货币（巴哈马和哈伊特早就有类似的做法）。从双货币主义出发，最终以更正式的方式将本国货币与美元的联系制度化，同时根据规则的编写方式，为政策制定者留出回旋余地，这将只是一小步。这种方法可能对中美洲、加勒比海和安第斯山脉等较小的经济体特别有吸引力。在这些地区，与美国的贸易关系占主导地位，与华盛顿的赞助-客户关系也不是什么新鲜事。一些观察家（Whalen 2001）认为双货币体系也可能对墨西哥有吸引力。前独裁者波菲里奥·迪亚兹挖苦墨西哥道："离上帝如此之远，离美国如此之近。"这些国家的选择图(见图 1)中的 DL 曲线将低于像巴西那种更大、距离美国更远的经济体。巴西与欧洲的贸易额和与美国的贸易额一样多,在南美也有自己的领导地位。

在欧盟的后院,抵抗货币发行局的不是潜在的跟随者,而是领导者欧盟本身。正如我们所知,它已经竭尽全力阻止潜在的新加入者过早"欧元化"。中东欧和巴尔干地区的申请者已被警告,在国内经济进行必要的结构调整之前(无疑将是相当广泛的),不要过早地进行自我约束。相反,至少就目前而言,它们被敦促接受 ERM 2 更为温和的约束,即与欧元的一种软挂钩。然而,考虑到许多候选国家对"欧元化"的热情,某种形式的货币发行局制度作为一种快速展示其货币信誉、而不违背欧元区现有成员国意愿的方式,似乎更有吸引力。研究表明,货币发行局制度虽然要求严格,但绝不会与最终采用欧元的要求不一致。[70]欧盟委员会和欧洲央行都已表示,货币发行局制度与 ERM 2 兼容(Szapary 2000,6—7;ECB 2002,59—60)。货币发行局或双货币体系可能也会引起地中海沿岸或撒哈拉以南非洲国家的兴趣,这些国家与欧元的联系仍然很强。有限的跟随形式将使它们避免重塑殖民主义的感觉,并最大限度地利用与欧洲已密切联系的优势。

相比之下,在东亚,货币发行局制度和"日元化"一样没有前景,原因大致相同(Nicolas 2000)。由于经济和政治关系的多样性,很少有国家政府认为与一种黄金时期已经过去的货币挂钩有什么显著的收益。唯一的例外可能是柬埔寨和老挝。这两个国家已经对某种形式的货币发行局安排进行了讨论。[71]但其锚货币将不是日元而是美元,美元已经占据了这两国大部分的广义货币供应。

在其他地方,货币发行局制度出现的可能性较低。就算出现,也仅是特殊情况使然。例如在爱沙尼亚和立陶宛,该制度已被证明在支持新独立国家货币信誉方面具有有效性。它们的经验为其他有望加入主权国家大家庭的国家,如巴勒斯坦(如果中东和平到来的话),提供了先例。其他的候选者可能是世界各地分裂和动荡的国家中,那些许多躁动不安、可能分裂的省份,包括印度尼西亚的西伊里安以及摩洛哥的西撒哈拉。而波斯尼亚-黑塞哥维那的经验表明,货币发行局制度在促进战争或内乱之后恢复秩序方面非常有效。

最后，货币发行局可以在更本地化的基础上出现，反映独特的地区联系。例如，在南太平洋，澳大利亚凭借过去或现在的殖民关系，已经在区域货币事务中发挥适度领导作用。澳元是澳大利亚附近三个国家基里巴斯、瑙鲁、图瓦卢以及几个附属岛屿的主要货币（见表 6）。人们经常会提出建议，将其推广到包括东帝汶（McLeod 2000；de Brouwer 2001）、巴布亚新几内亚（Xu 1999；Duncan and Xu 2000）以及大多数其他太平洋岛国（de Brouwer 2000b）在内的邻国。这些微型国家似乎是完全或准美元化的主要候选者，但它们可能不愿完全放弃其货币主权。因此，基于澳元的货币发行局安排似乎是一个有吸引力的折中方案。同样在南亚，印度卢比（与不丹的货币努扎姆一起）已经成为不丹的法定货币，不难想象，这种关系有一天会以货币发行局的形式制度化。美国和欧洲并不是唯一可能吸引跟随者的货币领袖。

结　　论

因此，总的来说，很明显一些国家完全可以选择用某种程度的从属来代替市场保护策略。但预测货币地理格局正朝着由两三个大集团组成的简单结构演变则具有严重的误导性。尽管选择图（见图 1）中的 NC 曲线有上行压力，但没有多少政府会直接选择另一个国家的货币。除了那些希望成为欧盟成员国的国家外，类似厄瓜多尔和萨尔瓦多的情况不会再出现了。其他国家更有可能以货币发行局制度或双货币体系的形式，选择要求较低的纵向区域化。货币世界将包括越来越多的跟随者，但大多数国家将拒绝无条件地向市场领导者交出它们的正式权力。

注　释

1. 参见 Eichengreen 1994；Beddoes 1999；Hausmann 1999a，1999b；LeBaron and. McCulloch 2000；Mundell 2000a，2000d；Mussa，Masson et al.

2000；Rogoff 2002a。

2. 近年来，关于争论美元化利弊的大量文献不断涌现。对于更全面的讨论，参见 Joint Economic Committee 2000a；Berg and Borensztein 2000a，2000b；Bogetic 2000a，2000b。*Journal of Policy Modeling* 23：3（April 2001）以及 *Journal of Money，Credit and Banking* 33：2（May 2001）都出版了关于美元化的特刊。本书第三章引用了美元(欧元)化支持者或反对者的观点。

3. 最近大量学者对巴拿马的情况进行研究，主要包括 Moreno-Villalaz 1999；Bogetic 2000a，2000b；Goldfajn and Olivares 2001。

4. 根据米格尔·基格尔的说法（当时梅内姆的内阁顾问），预计至少会减少 1.5—2 个百分点（援引自 IMF 1999b，14）。

5. 一个百分点的利率，比如说，3%和4%之间的息差，等于 100 个基点。

6. 尽管没有得出结论，Frankel 1999；Berg and Borensztein 2000a，2000b；Powell and Sturzenegger 2002 还是对这一问题进行了分析。

7. 参见 Moreno-Villalaz 1999；Bogetic 2000a，2000b。

8. Berg and Borensztein 2000a，39。亦可参见 Berg and Borensztein 2000b；Rojas-Suarez 2000。

9. 对于解决这一点的正式模型，参见 Chang and Velasco 2003。他们认为，美元化以对冲击的次优反应为代价换取可信度(54)。过去政策滥用的程度越大，宏观经济表现改善的可能性就越大，而不是因为放弃国家货币而受损。

10. Edwards 2001；Edwards and Magendzo 2001；Levy-Yeyati and Sturzenegger 2001；Begg 2002.

11. 戈德法恩和奥利瓦雷斯从一个详细的巴拿马案例研究中得出了同样的结论（Goldfajn and Olivares 2001）。

12. 参见 Bogetic 2000a，2000b；von Furstenberg 2000b；Alexander and von Furstenberg 2000。

13. 关于这些替代计算方法的更多细节，参见 Joint Economic Committee 2000a，13—14。

14. 参见 Berg and Borensztein 2000a，2000b；Velde and Veracierto 2000。

15. 威廉姆森、拉雷恩和维拉斯科提出了在拉丁美洲大致类似的数量级 Williamson 1995；Lanain and Velasco 2001；对柬埔寨(那里也广泛使用美元)的可比估计，参见 de Zamaroczy and Sa 2002。

16. 参见 Katzman 2000，212；Dornbusch 2001a，2。

17. 援引自 Goodhart 1995，455。

18. *New York Times*，16 May 1999。

19. Hausmann et al. 2000，159。亦可参见 Hausmann 1999a。

20. 小安布勒·H.莫斯 1989 年在美国国会作证时的讲话，援引自 Kirshner 1995，162。进一步的讨论和细节，参见 Kirshner 1995，159—166；Hufbauer，Schott and Elliott 1990，249—267。

21. 多年来，大多数失败国家的名单都被限制在诸如阿富汗、柬埔寨、刚果、塞拉利昂、索马里和苏丹等不幸的国家，其中一些国家也经历了货币分裂时期，其中一个例子是柬埔寨，在 1979 年推翻了红色高棉政权*后的许多年里，该国西部边境地区的红色高棉抵抗军发行了自己的高棉里尔，与中央政府的货币进行直接竞争（de Zamaroczy and Sa 2002，4）。另一个例子是苏丹，北部公认的政府和南部的苏丹人民解放运动叛军分别发行了不同的货币（*The Economist*，14 December 2002，68）。在刚果，货币分裂是由政府自身造成，政府曾一度伪造自己的货币，为每个序列号的货币印了两份或更多的副本，其中副本给了政治领导的亲信（*The Economist* 14 September 2002，73）。近年来货币分裂最显著的例子是阿富汗，本章后面会提到。

22. 机密来源。

23. Alberto Acosta，援引自 the *New York Times*，11 January 2000。

24. 援引自 *Financial Times*，11 January 2000。

25. 莱昂·罗尔多斯是国会议员，也是瓜亚基尔大学的校长，援引自 *New York Times* 16，January 2000。

26. *The Economist*，*19* February 2000，39.

27. *The Economist*，29 January 2000，35.

28. 截至 2001 年底，民意调查仍显示，约有一半的人反对美元化，虽然比以前有所下降，但仍然很高。参见 *The Economist*，26 January 2002，35；Lopez 2002。

29. 参见 *The Economist*，28 September 2002，34—35。

30. 机密来源。

31. Castro 1999；Guidotti and Powell 2001.

32. 该报告来自目前经济顾问委员会成员杰弗里·弗兰克尔，并在 1999 年国际货币基金组织论坛上被引用（IMF 1999b，6）。另见 Frankel 1999，20。弗兰克尔列出的阿根廷谈判目标在同一论坛上得到了梅内姆顾问米格尔·基格尔（IMF 1999b，15）的有效赞同，但在波士顿联邦储备银行召开的同一次会议上，被时任阿根廷中央银行行长的佩德罗·波反驳。根据波的说法，"我们既不要求美国监管阿根廷的银行，也不要求美国为我们的金融系统提供最后贷款人服务。我们的要求基本上非常简单，就是就两国的铸币税达成一个财政中立的协议（Pou 1999，249）"。两国政府之间讨论的机密性使得阿根廷的全部目标难以核实。

33. 援引自 Whalen 2001，49。

34. 即使是像迈克尔·加文（Gavin 2000，49）这样的狂热者也承认："如果美国决定不分享铸币税，官方美元化的可能性非常低。"

35. 亦可参见 Jameson 2001。

---

　*　1978 年 12 月 25 日，越南 10 万"志愿军"入侵柬埔寨。1979 年 1 月 7 日越军占领了柬埔寨首都金边。红色高棉政权并未被推翻。——译者注

36. 参见 Salvatore 2001；Berg，Borensztein and Mauro 2002；Hochreiter，Schmidt-Hebbel and Winckler 2002；Frieden 2003。

37. Dean 2001.迪恩的计算值得注意，因为包括对当地流通中的美元钞票的估计以及更易识别的、以美元计价的银行存款。根据他的数据，其他非正式美元化程度较高的拉丁经济体包括阿根廷（直到 2002 年都是基于美元的货币局）和墨西哥（与美国有着密切的贸易关系），这并不奇怪。

38. 援引自 *New York Times*，28 June 2002。

39. *The Economist*，2 September 2000，71.

40. 参见 *New York Times*，31 January 2002。

41. 参见 *The Economist*，6 October 2001，66—67；*Washington Post*，29 January 2002；*New York Times*，2 May 2002。

42. 最后，决定保留而不是取代阿富汗尼。从 2002 年末开始，复兴的中央银行发行新的阿富汗尼来取代之前流通的货币的所有版本（根据交换的版本，一新阿富汗尼兑换一千旧阿富汗尼）。参见 *New York Times*，7 October 2002；*The Economist* 14 December 2002，37。

43. 其他主张立即欧元化的人包括 Angarski and Harsev 1999；Nenovski，Hristov and Petrov 2000；Bratkowski and Rostowski 2001a，2001b；Coricelli 2001；Dean and Kasa 2001。持相反观点的学者 Nuti 2000；Wojcik 2000；Dietz 2001；Gabrisch 2001。布拉特科夫斯基和罗斯托夫斯基（2001a）、科里切利、迪茨和加布里希的论文都可以在网站 Countdown 上找到。Countdown 是一个在线研讨会，用于展示和讨论与欧盟东扩有关的研究。Countdown 由维也纳市和奥地利联邦总理府共同出资，由维也纳国际经济研究所（WIIW）管理。努蒂（Nuti）还有沃西克（Wójcik）的论文最初也参与了 Countdown 项目。

44. 具有讽刺意味的是，该地区唯一的例外并不在当前申请加入的国家之列，甚至还不是正式的主权国家。如第三章（注释 31）所述，科索沃现已完全欧元化。

45. 就像美元化一样，近年来出现了大量研究货币发行局利弊的文献。参见 Williamson 1995；Baliño and Enoch 1997；Kopcke 1999；Ghosh，Guide and Wolf 2000。早期研究参见 Cohen 1998，52—55。

46. 有关最新的声明和引用，请参阅 Hanke 2002。

47. Dornbusch 2001a，2.

48. 多恩布施（Dornbusch 2001a，2）也驳斥了这个问题，他写道："当涉及民族自豪感时，大多数国家都不应该提出这个问题，但这也是经济学家的观点。"正如赫莱纳（Helleiner 1999，152）指出的那样："务实的政治家们早就明白货币发行局在建立或促进对可疑货币的信任方面所能发挥的作用。"

49. 参见 Kopcke 1999，30；Alexander and von Furstenberg 2000，216。

50. 伯格和博伦斯坦（Berg and Borensztein 2000b，18）用另一种方式表达了同样的观点，他们写道："完全美元化就像一个没有退出选项的货币局。"

51. 参见 Helleiner 2003a，ch. 8。

52. 这似乎就是为什么包括国际货币基金组织在内的一些机构更喜欢"货币发行局安排"而不是"货币发行局"一词的原因。关于设计和实现问题的进一步讨论,参见 Balino and Enoch 1997;Enoch and Guide 1997;Santiprabhob 1997;Ghosh,Guide and Wolf 2000。

53. 有关货币发行局如今运作的详情,参见 Balino and Enoch 1997;Santiprabhob 1997;Kopcke 1999;Ghosh,Guide,以及 Wolf 2000。

54. 1991 年制定的可兑换性计划最初设定为 20%,1995 年墨西哥货币危机导致比索面临压力时,上限被提高到三分之一。有关更多细节,参见下文。

55. Williamson 1995,8。不过值得注意的是,与阿根廷央行不同,中国香港外汇基金通常会利用其自由裁量权来加强货币发行局的自动运作,而阿根廷央行倾向利用自己的自由裁量权来缓冲银行流动性,以维持货币发行局的运作,这种做法上的差异可能有助于解释两种安排截然不同的结果。

56. 参见 Hanke and Schuler 2002。

57. 事实上,爱尔兰完全退出以英镑为基础的货币局花了超过三分之一世纪的时间。虽然爱尔兰在 1943 年成立了央行,但它的运作仍然基于储备支持规则,这一规则直到 1961 年才逐渐放宽。直到 1979 年钉住英镑的固定汇率制最终被取消时,才完全退出货币发行局。参见 Balino and Enoch 1997,27。

58. 相比之下,文莱将按照货币发行局安排,将其货币文莱元与新加坡元挂钩。这两个国家之前都参加了英国主导建立的马来西亚货币发行局,该货币发行局还包括马来邦、沙捞越和北婆罗洲。后三个实体现在与主权国家马来西亚合并。马来西亚货币发行局于 1973 年成立,当时新加坡和马来西亚分别采用浮动汇率制度。

59. 1985 年,旧的比索被"austral"所取代,之后新的"austra"又被新的比索取代。

60. 在 2002 年被欧元取代之前,爱沙尼亚克鲁恩直接与德国马克挂钩;立陶宛的利塔斯与美元挂钩,然后在 2002 年转向与欧元挂钩。更多细节参见 Camard 1996;Korhonen and Sutela 2000;Sorg and Vensel 2000;Alonso-Gamo et al. 2002;Knobl Sutt, and Zavoico 2002。

61. 在签订代顿和平协定之前的冲突期间,一些货币在波斯尼亚-黑塞哥维那各地流通,包括塞族控制区的塞尔维亚第纳尔(dinar)和克罗地亚人聚居区的克罗地亚库纳(kuna),以及 1994 年 10 月推出的波斯尼亚和黑塞哥维那第纳尔(dinar)。根据代顿协定,塞尔维亚和克罗地亚的货币退出流通,并将设立一个至少为期六年新的中央银行,作为事实上的货币发行局,新的波斯尼亚马克与德国马克(后来的欧元)硬钉住。

62. 参见 Guide 1999;Zloch-Christy 2000。

63. 参见 Ghosh,Gulden and Wolf 2000;Levy-Yeyati and Sturzenegger 2001。

64. 阿根廷经验的总结和分析,参见 Pastor and Wise 2001;Mussa 2002。

65. Hanke 1996。穆萨(Mussa 2002,21)认为,好运可能也与此有关,因为当时美元大幅贬值对该经济体的国际竞争力起到了很大的帮助。

66. 事实上，新的货币发行局钉住政策从未生效，因为立法规定在欧元国际化水平达到美元同等水平之前它不能实施，而在阿根廷的货币发行局终止之前，欧元从未达到这一点。

67. 这一创新是由占阿根廷人口三分之一的布宜诺斯艾利斯省率先实施的，这与 20 世纪 80 年代恶性通货膨胀期间几个省份有限的试验相呼应。早在 2001 年 8 月，省政府就推出了 patacon（复数：patacones）。虽然正式名称是债务抵消国库券（Treasury Letter in Cancellation of Obligations）（一年内可赎回的低面额债券），但这种票据显然是为了作为一种可用的交换媒介而流通。在经历了四年经济衰退之后，随着税收收入大幅下降，其他大多数省级政府很快也纷纷效仿，发行了自己的紧急货币，这些货币有各种各样的名称，如 quebrachos、bocades 和 huarpes。到那年年底，中央政府也加入进来，印刷了大量所谓的 lecops。在 2002 年的头几个月，有十几种类似的货币与比索和美元一起流通。详情参见 *Financial Times*，11 April 2002，4。

68. 亦可参见 Carrera 2002；Mussa 2002。

69. Ibarra and Moreno-Brid 2001，11，14。亦可参见 Larrain and Velasco 2001，14—15。

70. 参见 Corker et al. 2000；Guide，Kahkonen and Keller 2000。

71. 参见 de Zamaroczy and Sa 2002；IMF 2002a。

第六章

市场联盟策略：团结一致

那么，第三种策略选择是什么？各国会采取哪种形式的货币联盟？如果纵向区域化对许多国家来说要求太高（尽管维护缺乏竞争力货币的成本不断上升），也许某种程度的横向区域化反而会吸引某些国家。本杰明·富兰克林在美国革命前夕有句名言："我们必须团结一致，否则我们注定会被分开。"这一逻辑同样适用于货币地理。当今各国政府可能会发现，提升单一联合货币的市场份额而不是寻求维护各自不同的国家货币，可能更为容易。根据选择图（见图1），MA曲线不仅相对于上升的NC曲线更低，而且相对于DL曲线也更低。世界上几乎每个角落都在提倡建立将缺乏竞争力的各国货币合并起来的货币联盟。与跟随领导者相比，团结一致可能是更受欢迎的策略吗？

与任何形式的美元化相比，团结一致的主要优点在于货币主权是集中起来的，而非单方面从属或屈服于某一货币领导者的主权。通过这种类型的主权交易，区域化的所有收益都可以保留一部分——不仅是节省交易成本（本质上这是一种互惠互利），而且还有所有其他收益，这些收益在跟随战略下往往主要流向领导者。然而，这也是其主要的缺点。因为集权必然意味着在货币生产和管理方面采取某种程度的集体行动。事实上，横向区域化的要求不亚于纵向区域化，甚至可能更高。货币联盟需要与其他具有类似偏好和意愿的国家结成联盟，以便采取合作行动。实际上，主权国家之间愿意合作的并不多。与美元化一样，部分政府可能会被要求较低的联盟形式所吸引，具体取决于谈判环境。那种存在许多全新货币联盟的前景似乎并不乐观。

货 币 联 盟

从最严格的意义上讲,货币联盟意味着和完全美元化一样,完全放弃一个独立的国家货币。只有新的联合货币才是指定国家集团的法定货币,所有决策都由一个拥有超国家权力的中央机构作出。与美元化相比,完全的货币联盟为参与者提供明显的经济和政治优势,但同时存在一些潜在的不利因素给主权谈判造成严重障碍。促进各国间一定程度合作所需的条件非常苛刻,在实践中很少存在。

影响

从分析的角度来看,与默认的市场保护策略相比,货币联盟的影响与美元化类似。一方面,各国可以预期交易成本降低。与美元化相比,货币联盟网络外部性可能更小,因为这种节约的成本只存在于与货币联盟合作伙伴的交易之中,而不是存在于与市场领导者(以及所有使用领导者货币的国家)的交易之中。领导者货币覆盖的交易领域肯定会比任何新的货币联盟都大,至少最初是这样。尽管如此,货币联盟的收益还是相当可观,并将随着所涉国家数目的增加呈指数级增长。

另一方面,货币联盟中的单个国家也将在宏观经济稳定性、铸币税分配、政治象征意义以及外交影响方面遭受损失。对于每一个政府来说,货币联盟必然意味着主权权力和特权被侵蚀。政府不再能单方面利用领土货币的排他性来帮助管理国内宏观经济运行或增加财政收入,也不能依靠独特的国家货币来增强国家认同感或者避免受到外部影响。货币联盟各国从严格的国家货币垄断中获得的利益显然受到了损害。

货币联盟与美元化的主要区别在于以上损失的分配。谁是对应的获利者?显然,美元化的主要获利者是市场的领导者。除了共同降低交易成本外,随着货币权力的转移,美元化的利益直接分配给占主导地位的外国势力。相比之下，在货币联盟中，权力不是放弃而是集中起来，不是委托给市场领导者，而是委托给货币伙伴关系的联合机构。权力由所有相关国家共享，并以某种方式集体管理。因此，某个参与者的损失就是其他参与者的收益。国家一级的权力可能会被稀释，但联盟一级的权力会被重组。独立国家可能不再有单方面行动的自由，但每个政府在整个集团的决策中都保留了发言权。从这个意义上说，它们都是赢家。

因此，货币联盟与美元化相比，参与者的净效应可能更有利。与任何卡特尔一样，货币联盟的目标是改善其成员国的市场地位，创造一种与竞争力较弱的国家货币相比，对市场参与者更有吸引力的单一联合货币。新货币的吸引力越大，独立国家垄断的收益在国家层面被侵蚀得越多（将在联盟层面重新获得），政府就越有可能恢复在去领土化到来之前曾享有的特权（尽管现在是以集体的形式）。通过团结一致，政策制定者将更有能力有效地抵御市场压力，使权力天平从社会主体向国家倾斜。因此，政策制定者将能够更好地指导宏观经济运行，产生铸币税收益、促进集体意识和避免外部依赖。在所有这些方面，与各国政府可能各自取得的成绩相比，联盟的收益是可观的，联盟收益可能会大大超过单个国家总的损失。

障碍

那么为什么我们没有看到更多的货币联盟在全球各地涌现呢？尽管这两种区域化方式的效果相似，但正如许多评论员所说的那样，货币联盟似乎比美元化具有显著优势。对乔治·冯·弗斯滕伯格来说，关键问题在于铸币税。[1]他认为，对于缺乏竞争力的国家货币问题，垂直区域化显然是次优解决方案，因为这意味着所有来自货币生产的收入都将作为意外利润流向美国这样的市场领导者。相比之下，在横向区域化中（即冯·弗斯滕贝格所称的货币联盟的多边共享模式），铸币税留在成员国并以某种商定的方式分配。"多边联盟对小国更友好"，他指出（Furstenberg 2000b，115，117）。"为什么要永远向美元支付版税？"最优解决方法就是"在货币联盟中与志同道合的国家共同拥有以及共同管理一种联合货币"（Furstenberg 2000b，109）。正如他总结的那样（并非没有一丝讽刺的态度）(Furstenberg 2000c，311)："共享控制权和所有权的模式更具可持续性，因为它有利于多个国家的福利，而不仅仅是使货币财富从外围流向中心，或者说流向美国。"

对其他国家来说，货币联盟的优势更具政治性。如前一章所述，货币联盟参与国将较少受到基于市场领导者的银行渗透市场的风险（D'Arista 2000；Vernengo and Rochon 2001）。货币联盟中国家的利率和汇率政策将共同决定，而不是被动地由市场领导者决定（Salvatore 2001），成员国将不易受到来自强大外国势力胁迫的压力（Dellas and Tavlas 2001）。因此，货币联盟参与国能够避免对某种货币的依赖而避免重塑殖民主义。

然而尽管有这些优势，目前全球存在的货币联盟数量仍然少得可怜。除了殖民主义时代遗留下来的两个安排（非洲金融共同体法郎区和东加勒比货币联盟），近年来只有一个新的联盟出现，即欧洲货币联盟。这两个主动美元化案例（厄瓜多尔、萨尔瓦多）以及 20 世纪 90 年代初以来刚成立的五个货币局形成鲜明对比。[2] 显然，这种多边共享模式的道路上存在着障碍，其中最明显的障碍是该模式必须分享。如果一国政府希望采用另一个国家的货币或通过硬钉住汇率来巩固联系，它可以自由地主动这样做，最近的所有案例都表明了这一点。纵向区域化是一种可以单方面设计和实施的策略。但是，根据定义，横向区域化是相互的，是集体行动的一种策略设计。如前所述，联盟需要盟友，而且必须经过谈判。在货币联盟这样的主权谈判中，很难找到愿意的合作伙伴，甚至更难与之谈判。谈判背景很重要。

货币联盟的障碍能被克服吗？换言之，能否确定促进货币联盟国家间必要程度合作的条件？令人遗憾的是，目前只有一个新的货币联盟，即欧洲货币联盟，它能提供的直接线索很少。不过，正如我在其他地方所说的那样（Cohen 2001a），通过分析决定货币联盟长期可持续性的条件，可以间接地学到很多东西。正如第二章所指出的，货币联盟的历史样本（包括所有最终失败的以及仍然存在的）都相当大，大到足以说明为什么联盟策略会如此具有挑战性。维持货币联盟运行的因素也被认为有助于促进货币联盟的建立。

货币联盟国家间的经济联系本身显然不足以维持必要的合作。在评估货币联盟的前景时，经济学家通常依赖最优货币区的标准理论，强调可能影响联盟策略承诺成本的各种因素。但正如人们常说的那样，最优货币区理论的解释力有限。对于最优货币区理论中学者所强调的每一个因素，都存在相互矛盾的历史案例，有的符合该理论预期，有的则不符合（Cohen 2001a）。此外，对于任何一个国家来说，最优货币区理论所列举的影响因素都不一定指向同一个方向（有的因素可能对联盟策略承诺成本存在正的影响，有的影响则为负）这增加了预测的难度；也不是所有影响因素都相互独立，或容易测度或相对比较重要。在实践中，似乎没有一个因素足以解释观察到的结果。正如一位敏锐的观察者所言："已有证据表明最优货币区理论的预测价值相对较小。"[3]

货币联盟制度设计的细节，即商定的管理货币发行和决策管理的法律规定，也没有提供多少帮助。我们知道，这种组织形式在各种情况下有很大不同。原则上，只要这些差异影响到个别国家的合作净成本，就可以认为这些差异是重要的。最近关于交易成本的理论文献强调了制度设计——即构建与预期激励问题相匹配的安排——在促进可信承诺方面的关键作用（Martin and Simmons 1999）。制度设计涉及的退出成本越高，对任何政府叛逃的抑制作用就越大。因此，从历史经验来看，我们可以合理地预期，一个货币联盟的集权程度与其长期可持续性之间存在直接关联。然而，实践中却找不到这种关系。

货币联盟国家间两种形式的政治联系最具决定性。第一，基于国际关系理论中传统现实主义的方法，货币联盟中有没有一个强大的国家致力于利用其影响力，以使货币联盟在所有国家都同意的条件下有效运作。第二，基于世界政治更具制度性的方法，货币联盟中是否存在广泛的相关关系和承诺，足以使牺牲货币主权（无论代价如何）基本上为每个合作伙伴所接受。从历史记录来看，似乎很清楚，这两种联系对于维持独立国家之间必要程度的合作是必要的。如果这两种联系都存在，它们就是货币联盟成功的充分条件。在两者都不存在的情况下，货币联盟往往就会失败。[4]

第一种联系意味着一定程度的从属关系以及货币主权的分享，它要求存在一个地方主导国家——即领导者或霸权——这是国家间权力分配的直接反映。学者们早就认识到一个强大的领导者在维护货币制度稳定方面的关键作用。正如戴维·莱克(Lake 1993)所强调的那样,问题的关键在于公共产品的供给——一种支持短期和长期增长的基本"基础设施"。领导者不仅必须有能力,而且必须愿意使用自己的权力,通过单方支付或约束为其合作伙伴降低成本和提高合作收益。

第二种联系要求建立一套完善的体制联系,更贴切地反映出有关国家间存在的真正的社会团结程度。[5]学者们也早已认识到,通过协商来共享主权,对货币联盟参与国心理上的要求很高。参与国必须在基本层面接受这样一个事实,即个人利益可以通过基欧汉和霍夫曼(Keohane and Hoffmann 1991,13)所称的"网络"组织形式的共同承诺来实现。在这种组织形式中,单个单位不是由自己定义,而是与其他单位相关。没有这种团结意识,货币联盟中的政府将更多地关注合作的成本而非利益。

这些联系的基本逻辑很清楚。主权国家政府需要强有力的激励措施来坚持有些难以达成一致的协商。在实践中,这种激励可能来自一个强大国家提供的鼓励或纪律,也可能来自体制联系网络带来的机会和制约。货币联盟内国家的经济联系可强可弱,同样,组织细节也可能有所不同。但这些因素充其量只是次要的。货币联盟最重要的是国家偏好的趋同。这种趋同要么得到地方霸权的坚定支持,要么得到共同的一体化项目的支持。冯·弗斯滕伯格(Furstenberg 2000b)所提出的"志同道合"的国家用在这里很合适。

反过来,这一逻辑也说明了为什么一个完整的货币联盟一开始实施就如此具有挑战性。在多少地方存在着一个合适的霸权或必要的团体意识? 在争吵不休的国际大家庭中,哪里能找到必要的志同道合之心? 寻找愿意合作伙伴的障碍十分巨大。

欧　洲

以欧洲为例——近几十年成功谈判的一个新货币联盟的所在地。对欧洲货币联盟来说，在 2002 年欧元纸币和硬币出现时，对于欧洲货币联盟来说，事实上它已经找到了愿意合作的伙伴——到 2002 年欧元纸币和硬币出现时，总共有 12 个——正如我们所知，中东欧和巴尔干地区甚至有更多的国家要求加入。乍一看，欧元的成功发行似乎表明实现货币全面合并的障碍没有想象中那么可怕。但经过反思，考虑到欧洲人为实现这一目标所付出的大量时间和努力，我们可以得出相反的结论。我们最好不要把欧洲货币联盟作为货币联盟成功发展的证据，而应该把它看作一个例外。

毫无疑问，欧洲货币联盟是一个例外。在现代历史上，从来没有一个完全独立的国家集团自愿同意用一种新创造的货币取代现有的国家货币。即使保留了政治主权，联盟成员国政府也正式将所有货币主权委托给了欧洲央行这个共同的权力机构。欧洲货币联盟的成员国不是像东加勒比货币联盟或非洲金融共同体法郎区那样的前海外属地，继承起源于殖民地时期的安排；也不是像厄瓜多尔或萨尔瓦多那样的弱小经济体，屈服于美元这种流行货币。相反，欧洲货币联盟的成员国历史悠久，包括世界上一些最大的国家经济体。它们正在进行一项规模空前的巨大试验。正如我在第二章中所指出的，作为联盟策略的一个实验案例，欧洲货币联盟正受到全球的密切关注，这并非没有道理。

但欧洲货币联盟证明了什么？显然，欧洲人已经证明，所涉及的障碍并非不可逾越。尽管很难满足《马斯特里赫特条约》规定的所有苛刻条件，但参与国政府确实发现有可能承诺进行必要程度的合作。到 1999 年欧元出现时，大多数欧盟成员国被认为已经达到条约的趋同标准，或者至少在实现这些标准方面已取得实质性进展。唯一的例外是希腊，两年后才被允许加入。

但同样显而易见的是，欧洲货币联盟的道路并不容易走。尽管环境异常有利，但依旧经过了 40 多年的坚定努力。事实上，欧盟是实施货币联盟策略的一个近乎理想的环境。一方面，成员国之间已经通过密集的机构联系网络紧密相连，这大大减轻了组建联合中央银行和货币的实际任务。随着时间的推移，欧盟的主权谈判只会继续扩大和深化。事实上，在它们共同的一体化项目中隐含着"志同道合"之心的成长。与此同时，欧洲货币联盟还有一个强大的地方霸主德国,对货币一体化有着坚定的政策承诺。如第二章所述,历届联邦共和国政府发现,即使牺牲该国自身货币的独立性,以这种方式确认其在欧洲的身份却很有效。然而,两代人之后,欧洲货币联盟才得以实现。如果在欧洲建立货币联盟花了这么长时间,我们凭什么指望其他地方会更容易呢?

诚然,货币联盟在 1958 年欧盟成立之初并没有列入议程。欧盟最初被称为欧洲经济共同体或共同市场,后来简称欧共体。欧盟最初是一个纯粹的关税同盟,在六个创始伙伴(法国、德国、意大利、比利时、荷兰和卢森堡)之间放开制成品贸易,并统一对外贸易政策。事实上,在其创始文件 1957 年的《罗马条约》中,根本没有提到共同货币。但没过多久,从 1962 年欧共体执行机构欧盟委员会的提议开始,各国就认真考虑以货币联盟补充关税同盟的可能性。多年来,尽管欧盟成员国从 6 个增加到 15 个,但仍一再努力促进有关政府之间的货币合并。其中包括 20 世纪 70 年代初的"洞中蛇"倡议、1979 年构建的欧洲货币体系,以及最终于 1992 年签署的《马斯特里赫特条约》(该条约也将该组织从欧共体重新命名为欧盟)。然而直到 1999 年,共同货币的目标才最终实现。[6]

此外,即使经过 40 年的努力,也不可能说服所有 15 个欧盟成员国加入该项目。如前所述,尽管英国、丹麦和瑞典充分参与了欧洲共同体项目的其他部分,但它们仍倾向留在欧洲大陆以外,短期内几乎不可能改变主意。尽管欧元流通范围不断扩大,但其近邻瑞士和挪威却表现得不那么热情。即使在欧洲大陆本身,民众的支持也一直不温不火。根据 2001 年春季的一项民意调查,只有 53% 的德国人赞成引入欧元,而其他几个欧盟国赞同的比例则更低。[7]直到 2002 年初,欧元纸币和硬币最终在市场上出现之后,公众的反感才开始消退。

欧洲长期抵制货币联盟的原因不难找到。问题从来不是铸币税特权的丧失,人们很少关注这一点。与许多发展中国家不同的是,欧洲各国政府早已不再经常依赖货币创造来为公共赤字融资,大多数国家都已开发出充足的替代方案,在需要时增加支出。但许多欧洲人确实担心,这又将消除国家抵御外部影响的另一层屏障。在这种情况下,这一屏障由欧洲央行这一超国家机构来支配。但许多欧洲人担心不能隔离外部影响。许多人还担心，在发生意外冲击时，各国政府管理本国经济的能力会减弱。由于积极的财政政策受到《马斯特里赫特条约》对预算赤字的严重制约，各国作为宏观经济政策工具的货币供应量和汇率的损失将如何弥补？至少有一些成员国也极不愿意牺牲被许多人认为是民族身份重要象征的东西。正如我在第二章中所说，这不仅仅是一个"错位的骄傲"的问题。寻求连任的政客很难忽视这种强烈的情绪。

例如在德国，很明显，民众对欧元的冷淡主要是心理原因造成的。自1948年德国马克诞生之日起，新德国马克取代了从希特勒纳粹政权继承下来的旧德国马克。德国马克被推崇为二战废墟中诞生的新的、可敬的德国最明显的象征——正如一位观察者所说的那样："德国马克是'好德国'不可或缺的护身符。"(Shlaes 1997，188)[8]用一位德国央行前行长的话说："德国人民与自己的历史有着一段破裂的、被打断的关系。他们不能像其他人一样游行，不能像其他人一样热情地向国旗致敬。他们唯一安全的象征就是德国马克。"另一位德国央行前行长也附和道："德国马克不仅仅是一种货币，它是一种情感的东西，是二战后复兴的象征。对街上的人来说，它是德国力量的象征。"[9]难道这一切真的会被视为自尊心错位？[10]

在英国，人们对欧元的反感一直持续到今天，这反映了许多英国人对货币和国家之间仍然有着深厚的感情。民调显示，仍有多达三分之二的公众反对加入欧洲货币联盟。本书上一章引用了坎特伯雷前大主教对国家认同的担忧。与此类似，一位著名的保守派政治家将对欧洲货币联盟的抵制称为"一个阻止我们国家灭亡的机会，并表明我们相信英国值得保留"。而另一位工党官员则表示："关于欧元的决定，事关英国是否终结其自身历史。"一位现任上议院的前工党外交部长断言："英国人之所以抵制放弃英镑，是因为他们担心这将放弃国家主权的一些基本要素。"[11]

因此，欧洲货币联盟证明了，即使在最有利的情况下货币联盟即使不是不可能，但也很难实现。出于理性和情感两方面原因，联盟策略必然会遭到顽强抵抗。在欧洲，反对声音源于对外部控制、宏观经济稳定和政治象征意义的担忧。在其他地方，潜在的铸币税损失也是一个值得关注的合理问题。只要有适当的领导和政治关联，货币联盟的障碍肯定能克服。但即使能找到愿意合作的国家，这个过程也不可能迅速或轻松地完成。

就选择图(见图 1)而言,举证的责任将始终落在那些希望证明 MA 曲线相对 NC 曲线已足够低的人身上。

不情愿的霸主

在这种情况下,全球许多新货币联盟的前景也十分黯淡。如第二章所述,从东亚到西非,从南美到加拿大,几乎世界上每个区域都在讨论横向区域化的前景。在某些情况下,货币联盟的设想是把一个较小的国家与一个较大的邻国结成双边联盟。例如加拿大、新西兰和白俄罗斯这些国家,每一个国家都在热烈讨论与一个更大的邻国(美国、澳大利亚和俄罗斯)进行货币合并的可能性。在其他情况下,货币联盟的设想建立在区域一体化项目的基础上,在某种程度上能与欧盟的成功模式相媲美。最值得注意的地区包括东南亚、南美、加勒比海、西非和波斯湾的国家集团。

然而,谈起来很容易。真正的问题是,各国必要的政治关联是否存在,或者能否得到促进。在实践中,障碍依然巨大。考虑建立双边联盟的国家还没有找到给予其适当承诺的霸权;同样,在现有的区域项目中,各国缺失必要的共同体意识。纵观当今的货币地理,我们可以肯定,在潜在的合作伙伴中培养必要的"志同道合"之心十分困难。

加拿大-美国

我们可以从三个双边案例开始。首先考虑一下加拿大的情况。近年来,加拿大一直在积极讨论与美国建立货币联盟的可能性。[12] 这两个邻国已经通过 1993 年生效的《北美自由贸易协定》(NAFTA)、其他各种政治和军事安排以及密切相关的文化和社会历史在经济上紧密相连。[13] 虽然不是一个单一的社区,但这两个国家肯定不缺乏强烈的团结感。许多加拿大人问道:"欧洲人可以同意用一种共同货币来补充他们的自由贸易区,在类似的情况下,为什么北美人不能这样做呢?"[14] 甚至有人创造了一个名字来命名未来的联合货币 amero(Grubel 1999)以迎合对欧元的模仿。[15]然而不幸的是,对于它的拥护者来说,在世界上最长的无人看守的边境以南,amero 的想法并没有引起任何兴趣。

在北美货币联盟（NAMU）的倡导者中,最著名的是经济学家托马斯·库尔岑和赫伯特·格鲁贝尔,[16]他们关注货币区域化标准的经济效益和成本,并且特别强调提高效率。有人认为,从贸易和投资两方面来看,加拿大正在成为一个日益开放的经济体。由于加拿大85%的出口商品现在流向美国,占 GDP 40%以上的交易成本将因货币合并而显著降低。其结果可能是加拿大的贸易量和收入进一步大幅增长。同时,货币联盟的潜在成本降低了。据称,加拿大在宏观经济稳定方面几乎也没有什么损失,因为加拿大对警戒线以下的通货膨胀率和就业率的事态发展非常敏感。由于美国经济的绝对主导地位(其规模是加拿大的 20 倍),两国的商业周期长期以来一直高度同步。加拿大政府也不会被迫放弃目前从印钞中赚取的铸币税(每年约为 2—2.5 亿加元[Grubel 1999，16；Robson and Laidler 2002，12]),因为北美货币联盟大概会包括铸币税分享条款。总的来说,加拿大将成为赢家。加拿大人的选择图(见图 1)的 MA 曲线相对较低。

当然,不是每个人都同意。北美货币联盟也有反对者,他们提出两个主要反对意见:第一个本质上是经济问题,与汇率有关。[17]加元——在一加元硬币上雕刻了潜鸟(一种当地的鸟)之后,被俗称为"鲁尼"(loonie)——相对包括美元在内的所有其他货币自由浮动。原则上,浮动汇率的优势在于可以起到减震器的作用,帮助初级商品生产者抵御外部干扰。我们知道,大宗商品价格往往相对不稳定。在发达经济体中,加拿大仍然过度依赖农业和采掘业,这些部门仍占出口总额的三分之一。独立分析证实,汇率弹性在缓解加拿大经济免受不对称冲击方面发挥了显著作用(Arora and Jeanne 2001；Carr and Floyd 2002)。如果与美国建立货币联盟,货币缓冲就会丧失。尽管商业周期保持同步,但两国经济结构仍存在显著差异,随着大宗商品价格波动加大,两国贸易条件趋向于相反向发展,这很难被称为最优货币区。

北美货币联盟的支持者认为以上观点可能有道理。汇率缓冲确实有助于缓冲对加拿大的国内经济,但代价是什么? 事实上,他们认为,以浮动汇率制的形式单独保留加元成本相当大。选择图中的 NC 曲线很高并且持续上升。这种观点认为,短期内加拿大的弹性汇率往往波动不居,并受到大量"噪音"的影响,向国内经济发出令人困惑的信号。从长期来看,浮动汇率据说会延迟商业和政府对全球自然资源价格长期下跌的调整,从而导致经济表现不佳。[18]总体而言,北美货币联盟的支持者得出结论,加拿大人的实际收入相对于他们的美国邻居来说已经遭受了明显损失。这反映在加拿大货币价值的持续下跌过程中,一加元的币值从 20 世纪 70年代中期的接近与美元持平的水平,到 2001 年底,一加元的货币价值不超过 60 美分,这是一个多世纪以来的最低水平。相比之下,北美货币联盟应该会发出更明确的价格信号,鼓励资源更快地从商品生产转向技术和服务等利润更高的部门,从而加快生产率和生活水平的提升。

第二个反对意见是对主权和象征意义的担忧。[19]加拿大人真的准备放弃他们四面楚歌的货币和它所代表的加拿大文化和社会的独特性吗? 正如埃里克·赫莱纳(Helleiner 2003b)所写道的那样:"围绕北美货币联盟的政治斗争不可避免的是一场关于加拿大国家身份的辩论。"更重要的是,就像他们在任何管理 amero 的联合机构中不可避免地成为美国人的初级伙伴那样,加拿大人真的愿意成为美国人的初级伙伴吗? 加拿大人口不到美国的十分之一,很难指望在决策上获得平等的代表权。充其量这个国家可能希望成为扩大的美联储辖下的第十三个区,相应的影响很小。著名的怀疑论者威廉·比特(Buiter 1999b, 298, 302)总结道:"放弃货币主权削弱了民族国家……由于国家货币通常具有强烈的象征意义而变得复杂……反对它的政治论据似乎势不可挡。"

再一次,这是一些回应北美货币联盟支持者的事实,但这些事实具有压倒性么? 批评人士被告诫不要夸大其词。在《北美自由贸易协定》获得批准之前,也有许多人提出同样的理由反对该协定,但最终证明这些论点与事实相去甚远。事实上,放弃国家货币绝不意味着放弃文化自治或政治独立。在除货币以外的所有方面,这个国家在所有方面将一如既往地保持主权。前国会议员格鲁贝尔(Grubel 1999,19—20)总结道:"引入amero 对加拿大现有的国家边界和政府政策推行没有任何影响。除非

amero 导致加拿大货币主权丧失，民族主义者就没有很好的理由反对它。但甚至这种丧失也是在巨大经济收益的基础上产生的。"

尽管辩论双方都没有击倒对手，但很明显，amero 的案例不能被不假思索地摒弃。事实上，北美货币联盟引起加拿大人的极大兴趣，甚至成为该国首都渥太华议会听证会的主题。包括商界这种关键团体在内的民众对于北美货币联盟的支持很大。2001 年底，一项重要的民意调查（Centre for Research and Information on Canada 2002）显示，大约 55% 的加拿大人赞成与美国建立某种货币联盟。一位著名商业经济学家的评论很典型（他曾经是货币合并的反对者，现在转而支持它）"让我们面对现实吧，"她说道，"我们的货币没有上升，而在是下沉。让我们建立一个货币联盟，我相信这是不可避免的。"[20]

不管是否不可避免，加拿大都面临一个严重问题。即使加拿大人普遍同意，一个巨大的障碍仍然存在，即美国方面完全缺乏兴趣。作为两国中规模更大的国家，美国显然有能力扮演支持性霸权的角色。但即便是最热心的北美货币联盟支持者也承认，货币联盟在加拿大边境线以南几乎没有吸引力，很少受到关注。

美国人缺乏兴趣的原因是什么？一个原因可能是怀疑北美货币联盟可能会淡化美元的品牌吸引力，减少美国目前享有的国际货币使用的收益。对陌生 amero 的需求会像对美钞一样大吗？

更重要的是国家货币主权问题。正如第三章所指出的，应对厄瓜多尔或萨尔瓦多式美元化的热情，美国已经够麻烦了。这根本不涉及对美国货币主权的直接侵犯。美国似乎对货币合并的想法更不感兴趣，因为按照定义，合并需要共享货币主权。在 2002 年的一项美国民意调查中，84% 的受访者压倒性地拒绝接受北美新共同货币的概念（Robson and Laidler 2002，25）。加拿大经济学家约翰·麦卡勒姆（McCallum 2000，2）很好地阐述了这一点，他观察到："欧盟模式，即独立国家共享决策权和主权，与美国的思维和美国的历史格格不入。如果美国不考虑改变其货币政策以适应美元化国家，那么很明显，要让这样一个国家（加拿大）在联合政策制定中扮演任何正式角色，还需要几光年的时间，更不用说考虑转向超国家的、欧元式的货币了。"格鲁伯尔遗憾地表示赞同，"最大的障碍，"他承认(Grubel 1999，39)，"将是美国的冷漠。"

简而言之，加拿大缺乏一个愿意合作的伙伴；而没有愿意合作的伙伴，就不可能采取集体行动。

新西兰-澳大利亚

类似的问题也出现在南太平洋地区。人们也一直积极讨论澳大利亚和新西兰之间建立货币联盟的可能性问题。与美国和加拿大一样，这两个位于地球另一边的邻国已经通过一项自由贸易协定——1983 年签署了《紧密经济关系协定》(CER)、其他政治和军事安排以及密切相关的文化和社会历史紧密联系在一起。和北美一样，欧元的先例激起了人们的兴趣。在这里，人们甚至为未来的货币创造了一个名字来取代现在的澳元和新西兰元，称为 ANZAC 元，简称 ZAC。[21] 问题是，到目前为止，这方面的讨论也主要局限于两个邻国中较小的那个——新西兰。

塔斯曼海东端的兴趣显而易见。许多新西兰人敏锐地意识到其国家的狭小和地理上的孤立，认为与澳大利亚这个比它大 7 倍的市场紧密融合对于确保其未来经济安全至关重要。CER 仅被视为一个开始，成立货币联盟是一个自然的必然结果，正如一位消息人士(A. Grimes 2000，14)所说的那样："货币联盟是 CER 进程中合乎逻辑的下一步。"在 2000 年，两位本地著名经济学家阿瑟·格里姆斯和弗兰克·霍姆斯发表了一份关于货币联盟的公开宣言，这对货币联盟的讨论起到了强烈的推动作用。[22]

倡议者承认，新西兰节省的交易成本可能不会特别多，因为新西兰与澳大利亚之间的贸易量约占新西兰贸易总量的五分之一，占 GDP 的 5%以下。新西兰国家中央银行的一项研究表明(Hargreaves and McDermott 1999，23)，节约的交易成本最多只占 GDP 的 0.13%。但是，新西兰人可以从较低且稳定的利率中获得很大收益，通过促进经济增长，这反过来进一步促进贸易和投资。一位知情人士(Coleman 2001，182)表示："新西兰的贸易量翻一番并非不可能。"

此外，倡议者认为，新西兰在宏观经济稳定方面的损失相对较小，因为本质上这两个经济体在结构和周期上相似。由于两国的出口主要是初级商品，两国的贸易条件变动高度相关，商业周期趋于同步，因此，新西兰不太需要灵活的汇率来缓冲来自澳大利亚不利的事态发展。事实上，经验证据表明，与澳大利亚联合使用货币能提供比单独使用新西兰元更有效（A. Grimes 2000，12）。同样地，就像加拿大一样，新西兰政府的收入也不会有什么损失，因为可以预期会有铸币税收入共享的安排。

事实上，众多研究表明，有关新西兰浮动汇率缓冲作用的证据好坏参半。[23]虽然冲击之间的相关性很高，但由于两国的商品出口构成不同，因此，冲击也不完全相关。澳大利亚更依赖矿产资源，而新西兰出口更多的是乳制品和林业产品。模拟实验表明，如果新西兰失去独立制定货币政策的能力，在一个典型的商业周期中，其通货膨胀和产出的波动可能会增加而不是减少（Drew et al. 2001）。一项分析（Crosby and Otto 2002，329）得出结论，结果"并没有呈现出新西兰和澳大利亚商业周期同步的统一图景"。

尽管如此，新西兰人中还是普遍支持 ANZAC。格里姆斯和福尔摩斯（Grimes and Holmes 2000）在对大约 400 家当地企业的调查中发现，近 60%（五分之三）的企业支持与澳大利亚建立货币联盟，只有 14% 的企业反对。民意调查显示，大多数公众也支持联盟策略。[24]就连新西兰首相海伦·克拉克也改变了她长期以来的反对立场。她在 2000 年底说道："如果欧洲最大的几个国家都看到了货币合并的收益，一个拥有 380 万人口国家的货币有什么神圣不可亵渎的？随着我们与澳大利亚的经济融合越来越紧密，这可能是不可避免的事情之一。"[25]

但澳大利亚人会同意吗？新西兰和加拿大面临的问题是，潜在的合作伙伴根本就不感兴趣。与美国一样，澳大利亚显然处于发挥霸权作用的位置。但澳大利亚人几乎没有讨论过这个问题，在很大程度上是因为与他们较小的邻国合并的直接收益是微不足道的。正如前一章所指出，澳大利亚货币在南太平洋地区已经发挥了适中的领导作用，甚至可能获得更多的追随者。澳大利亚人建议，如果新西兰如此渴望建立货币联盟，它应该就像其他邻近的岛国一样（de Brouwer 2000a），简单地采用澳元作为自己的货币。《经济学人》（The Economist，14 October 2000，93）声称："澳大利亚人对取代他们货币的前景嗤之以鼻。"当一名记者问澳大利亚财政部长彼得·科斯特洛对海伦·克拉克的言论有何看法时，他直截了当地称："我们对任何新货币，任何第三种货币都不感兴趣。我们对我们现有的货币安排感到满意并打算保持这些政策……其他国家可以说我们愿意采用你们的货币……我们不打算改变澳元,也不打算使用某种新货币。"[26]

除非新西兰人能找到改变澳大利亚人想法的办法,否则 ANZAC 概念是不切实际的。

白俄罗斯-俄罗斯

第三个例子是原苏联加盟共和国白俄罗斯,它在沙皇时代被称为"白俄罗斯"或"小俄罗斯"。白俄罗斯只有 1 100 万人口,经济严重依赖俄罗斯的石油,而且对自己的国家地位也不确定,因此它并不重视为自己保留任何程度的货币主权。相反,它自己的货币白俄罗斯卢布——在其纸币上印有兔子之后被戏称为"兔子"(zaichyk)——直到 1992—1993 年苏联卢布区解体时才勉强被采用。白俄罗斯与俄罗斯多次签署协议,呼吁两国重新建立货币联盟,其中最近一次是在 2000 年。[27]新的谈判是由该国的专制统治者亚历山大·卢卡申科推动,他最大的梦想就是使白俄罗斯与俄罗斯在政治上重新统一。然而,莫斯科充其量只是一个不情愿的合作伙伴,对承担白俄罗斯虚弱经济的责任持谨慎态度。俄罗斯已经准备好签署一份又一份的文件,以安抚其处于部分战略位置的"近邻"。但俄罗斯人显然不愿意走得更远,不愿意采取任何实际行动。俄罗斯外交部长尖锐地指出:"每一项协议都只是宣言,而不是条约。"[28]在 2000 年,它们之间最新的协议合宜地将货币合并的截止日期订在了更远的未来(2008年),以确保不需要立即实施。白俄罗斯可能渴望货币联盟,但像加拿大和新西兰一样,它缺少一个愿意合作的伙伴。

不充分的社区(Insufficient Community)

如前所述,在其他地方,货币联盟预计将建立在现有区域一体化项目的基础上。但是,当地的团结意识似乎并不足以维持必要的合作程度。

东亚

东亚是货币联盟备受讨论的一个地区。特别是自 1997—1998 年金融危机袭击该地区以来，作为防止未来混乱的保障措施，货币联盟这一设想一直被广泛讨论。对大多数政府来说，这场危机似乎表明捍卫各自国家货币的成本已高得难以承受。选择图（见图1）中 NC 曲线迅速上升，或许单一的区域货币可以更好地服务于东亚各国的利益。

典型的例子是 1999 年初中国香港金融机构负责人的言论，他呼吁建立一个亚洲货币联盟，使该地区不易受到投机性攻击。他指出："考虑使用我们自己的亚洲货币可能性的时候到了。"[29] 马来西亚的马哈蒂尔·穆罕默德提出联合出资目标，[30] 该目标被东盟各国政府首脑正式视为明显的可能。[31] 许多专家也表示赞成，其中最著名的是罗伯特·蒙代尔。[32] 大大多数专家强调潜在的节约的交易成本，以及更大程度地抵御未来危机的前景。共同货币将减少不兼容的汇率变动以及 1997 年泰铢崩溃后出现其他地区负面溢出效应的风险。一位在该地区拥有专业知识的经济学家（Walter 1998）断然预测，截至 2010 年，亚洲货币联盟（AMU）将成立。

但亚洲货币联盟也存在一些问题，尤其是确定哪些国家可能参与其中。另一位热衷货币联盟的消息人士遗憾地指出："亚洲显然不是任何货币区（Beddoes 1999，13）。"东盟自然成为关注焦点。1992 年，东盟 10 个成员国首次达成旨在建立一个自由贸易区的协议。建立亚洲货币联盟，就像使用 ANZAC 或成立北美货币联盟一样，似乎是合乎逻辑的下一步。但即便是东盟最狂热的拥护者也认为不能很快达成货币合并的谈判协议。[33] 当被问及何时会达成一种共同货币时，东盟秘书长通常会环顾四周寻找在场最年轻的人，并回答说："也许是在他（或她）的有生之年。"[34] 注意到欧洲花了多长时间创造欧元，菲律宾财政部长严肃地评论道："也许我们也需要这么长的时间。"[35]

产生这种怀疑的原因显而易见。首先，东盟的合作伙伴在经济结构和发展方面有着明显的多样性，从现代高科技的新加坡、新兴制造业中心马来西亚和泰国等，到仍以农业为主的柬埔寨、老挝和缅甸等农村经济体。东盟国家间的贸易关系在地理上趋于高度多样化，集团内贸易相对较少，无论是经济冲击还是宏观经济运行都没有证据表明存在明显的趋同迹象。实证研究表明,该集团离最优货币区目标仍相去甚远。[36]

更为关键的是,东盟作为一个政治共同体仍处于发展的早期阶段。尽管各成员国政府都表示友好,但它们彼此仍然明显不信任,而是高度重视并尽可能维护国家主权。事实上,这个组织充斥着历史对立、民族和文化冲突以及边界争端。与欧洲人不同的是,东亚人至今还不愿意对"在他们的民族中建立一个更紧密的联盟"这一概念作出口头承诺。[37]大多数国家最近才摆脱殖民地位,它们更多地致力于单个国家的建设,而不是促进区域团结。很少有国家愿意用彼此的关系而非自身来定义自己。

当然,东盟内并非没有促进区域团结的努力。相反,东盟各国政府投入相当大的努力来建立各种跨境联系,不仅包括自由贸易协定,而且还包括整合铁路、公路和电网等关键基础设施要素的协定。在货币问题上,各国央行通过年度行长会议以及在培训和技术问题上加强合作来建立更密切的联系,成员国也多次承诺建立一个相互监督经济政策的体系。[38]然而,在很大程度上,东盟各国政府主要依靠非正式安排和市场力量,而非正式机构来实现其目标。它们坚持认为,东盟是一个由独立国家自愿组成的联盟,而非像欧盟那样的联盟。新加坡金融管理局总经理的告诫很具代表性:"随着市场力量带来经济一体化,最终将出现某种形式的合作。我要提醒大家,不要强制执行这一过程。"[39]

但如果不是东盟,那么哪一个国家可能催化创建亚洲货币联盟?可以想象的是,正如一些分析人士所说,[40]东盟的一个或多个子集团可以起到带头作用——比如,实施一项将马来西亚、新加坡和泰国等更先进的"老虎"经济体结合起来的计划。"三小虎"之间的结构差异小于整个集团内部的差异,有证据表明,它们更接近于最优货币区的标准(Eichengreen and Bayoumi 1999)。但即使是这三个国家,也在政治上存在分歧。无论如何,很难想象它们会进行任何联合项目而使其他东盟伙伴落在后面,特别是在如此重要的货币问题上。

或者,有学者建议,[41]可以在《清迈倡议》确立的"东盟＋3"模式的基础上再接再厉。这样做的优点是,中国和日本将被包括进这个更广泛的集团内,它们可以单独或共同发挥作用。缺点是,北京和东京都没有丝毫兴趣与其他国家分享其货币主权,更不用说与一批亚洲小国了。我们知道,日本更愿意建立一个以日元为基础的排他性集团，而有着自己远大抱负的中国，预计会抵制东京对取得货币领导权的努力。上一章提到的对日本人的警惕，可以追溯到日本在两次世界大战期间试图建立一个更大的"东亚共荣圈"，大多数亚洲人认为这是一种剥削和贬低的关系。

因此，无论国家组合如何，似乎都没有必需的志同道合之心。无论NC曲线的上升有多快，愿意在东亚建立货币联盟的合作伙伴都极为稀缺。

南方共同市场

由 4 个成员国组成的南方共同市场，情况大致相同。[42]那里也一直在讨论建立货币联盟的可能性。这些国家也经历过货币危机，包括 1999 年巴西货币贬值和 2002 年阿根廷货币发行局的崩溃，所有这些都表明选择图 1 中 NC 曲线迅速上升。然而，作为仍处于发展早期阶段的政治共同体，这些国家在经济结构和发展方面也多种多样。在南方共同市场，愿意进行货币合并的合作伙伴十分稀缺。

最近的讨论和拉丁美洲的美元化辩论一样，是由卡洛斯·梅内姆发起。他早在 1997 年 4 月就提出南方共同市场使用共同货币的可能性（Giambiagi 1999，61）。梅内姆的部分动机是想找到一种方法来防止阿根廷比索汇率（与强势美元挂钩）相对于巴西雷亚尔升值。阿根廷需要保持相对于其最大贸易伙伴巴西的价格竞争力。但他被南方共同市场作为一体化项目的真正承诺所推动。直到他的提议遭到巴西政府时任总统费尔南多·卡多佐的冷淡回应后，他才选择将焦点转向美元化。

从官方角度来看，尽管梅内姆改变了关注点，但共同货币现已成为南方共同市场议程的一部分。巴西最初的反应主要是出于对任何分享货币主权的本能厌恶，但作为一个在南美洲有领导抱负的自豪国家，巴西更不喜欢美元化的想法，因为它可能意味着重蹈殖民主义覆辙。卡多佐总统的财政部长宣称："在这个联合地区美元化不是一个有效的选择，它不是万灵药。为南方共同市场建立一种非美元的单一货币是我们的梦想。"[43]到 1999 年底，卡多佐总统已经公开表示接受这个想法，并表示："需要一段时间才能认识到这一想法的重要性。"[44]在 2002 年末的总统选举之后，卡多佐的继任者路易斯·伊纳西奥·卢拉·达席尔瓦也对卡多佐的新热情产生了共鸣(*New York Times*, 3 December 2002)。2000年底,各方商定了"小马斯特里赫特条约"的时间表——一套类似于欧盟《马斯特里赫特条约》规定的宏观经济趋同目标——该时间表旨在为最终的货币联盟确立先决条件。共同货币的长期目标现已在南方共同市场会议上得到认可。

然而,在实践中,没有人预计南方共同市场短期内会出现货币合并。[45]虽然这个想法确实有人支持。一位知情的观察家指出(Wheatley 2001):"创建一种类似欧元的共同货币的想法仍然是一个遥远的梦想。"原因之一是,像东盟一样,南方共同市场仍不是最优货币区。[46]各成员国的价格趋势和经济周期仍有很大差异。南方共同市场甚至还不是一个真正的共同市场,尽管该集团在1988年成立时曾承诺消除所有共同贸易壁垒。事实上,1999年初之后甚至出现一些倒退,当时巴西货币贬值导致阿根廷实行新的进口限制,巴西人也展开针锋相对的报复。南方共同市场内部贸易从1998年占成员国出口的25%峰值降至三年后的18%以下。在2001年底阿根廷放弃货币发行局后,人们希望出现更高程度的宏观经济趋同,但短期内似乎不太可能取得进展。

更关键的是,四个成员国政治上分歧仍然很大,尽管所有的声明表现相反。对于集团的两个主要成员阿根廷和巴西来说尤其如此,它们是争夺南美领导权的传统竞争对手。尽管20世纪80年代末它们实现历史性和解,这使得南方共同市场成为可能,但是,两国仍然对彼此保持警惕,并从根本上抵制任何可能使一方受制于另一方的倡议。[47]双方的政治家都不愿将大量的政策自主权让与联合机构(Kaltenthaler and Mora 2002)。如果这两个不安的邻国之间缺乏高度互信,那么南方共同市场共同货币就不可能取得真正进展。

加勒比地区

在已建立的东加勒比货币联盟基础上,加勒比货币联盟也被纳入讨论范围。东加勒比货币联盟(ECCU)的六个主权成员国(参与了包括东加勒比共同市场和东加勒比国家组织在内的一系列相关协议网络)依次与八个邻国结成伙伴关系，组成一个更广泛的区域集团，称为加勒比共同体和共同市场（CARICOM）。[48] 1992 年，加勒比共同体和共同市场中央银行的行长提出了一项详细计划，即在 2000 年之前建立一个包括加勒比共同体和共同市场所有成员国在内的加勒比货币联盟（CMU）。[49] 该计划很快获得加勒比共同体和共同市场各国政府首脑原则上的认同，这也正式成为该组织的一个关键目标。

然而，实际上，加勒比货币联盟仍是一个遥远的梦想。2000 年的最后期限早已过去，该地区几乎没有任何希望在短期内产生新的联合货币。巴巴多斯总理 1999 年的讲话很经典："我们的理想是实现共同货币，并且知道这是可行的。但欧洲人花了 40 年才做到，我们也需要一些时间。"[50] 各国几乎没有采取任何行动实践 1992 年的计划。许多知情的观察人士认为，对于如此多样化的经济体来说，1992 年计划是不现实的。[51] 虽然这些国家规模较小，对外开放程度较高，但发展水平和出口结构存在较大差异。一些国家，如东加勒比货币联盟国家以及巴哈马和巴巴多斯，主要依赖旅游业和服务业，而其他国家则更多地依赖矿业（圭亚那、苏里南）、石油和石化（特立尼达和多巴哥）或轻工制造业（海地、牙买加）。加勒比货币联盟能够对高通货膨胀率的加勒比共同和共同市场成员国实施严格纪律（其中最严重的是牙买加和苏里南），但是，尽管存在着多种经济和政治关联，这一想法遭到了一些非东加勒比货币联盟国家的抵制，它们担心这会损害其传统的货币主权。大多数非东加勒比货币联盟国家倾向继续生产和管理自己的货币，不管这些货币在货币金字塔中排名有多低。

西非

西非六个国家——冈比亚、加纳、几内亚、利比里亚、尼日利亚和塞拉利昂——也达成了一项启动新货币联盟的详细计划。它们都是西非国家经济共同体（ECOWAS）的成员，如果再加上西非经济货币联盟的八个成员国，[52] 就构成了第二章中所述的非洲金融共同体法郎区的一部分。2000 年 4 月，属于西非国家经济共同体但不属于非洲金融共同体法郎区的六个国家的领导人宣布，他们打算在 2003 年 1 月之前建立"第二个"货币联盟，作为在 2004 年之前将西非国家经济共同体所有国家纳入更广泛合并的第一步。最初,六国同意成立一个趋同委员会,帮助协调货币政策;也同意成立西非货币研究所,协助建立一个中央银行。最终,新的货币当局将与现有西非经济货币联盟的中央银行,即非洲国家中央银行(BCEAO)合并。[53]

西非的计划雄心勃勃,如果它最终与所有属于非洲金融共同体法郎区的国家合并,它将涵盖近一半的撒哈拉以南的非洲国家。支持者强调共同货币带来的效率收益以及涉及的较低成本。用西非国家经济共同体秘书处一位官员的话来说:[54]"鉴于西非多年来货币管理不善的倾向,失去国家货币工具的代价实际上不会太大。"货币联盟作为地区一体化的重要象征,在心理上的重要性也受到了很大的重视。官员们承认,他们的灵感直接来自欧元及其在促进欧洲统一方面的作用。[55]

然而,其他人质疑该项目是否现实。在技术层面上,该项目的挑战相当大。按照欧盟《马斯特里赫特条约》模式,该计划要求每个国家最迟在2003年达到一系列包括大幅降低通货膨胀率和预算赤字在内的宏观经济趋同标准。考虑到该地区过去的政策表现,许多人怀疑这一切能否在两年,甚至十年到二十年内实现。正如一个分析报告(Masson and Pattillo 2001a,7)干巴巴评论的那样:"尚不清楚计划中的政策措施如何与时间表相协调。"同样,为这6个国家创建一个全新的货币管理机构,却在一年后与非洲国家中央银行合并,这真的有意义吗?一旦成立,这家新的中央银行真的准备放弃它的独立性吗?西非货币联盟在执行方面的实际障碍似乎很严重。

西非货币联盟在政治层面的挑战更为艰巨。这六个国家除了是西非国家经济共同体的共同成员外,几乎没有直接联系,甚至在地理上不相邻。它们之间最低程度的团体意识都缺失了。而且,各国双边贸易规模很小,仅为它们平均进出口的10%左右。在某些情况下,各国历史上的对立仍然根深蒂固。此外,这些国家中的大多数最近才摆脱长期内乱,因此执行这种要求很高的新承诺难度非常大。一位外部观察家警告道:[56]"西非国家经济共同体可能无法在区域一体化的其他领域取得足够进展,从而使其无法在履行承诺方面符合货币联盟每个成员国的利益。危险在于,如果缺乏其他政策和制度安排以及参与者之间的团结感,这个货币联盟可能无法持久。"

该项目最大的希望是尼日利亚——目前为止该地区最大的国家——能够扮演霸权角色。它的政治意愿似乎已经显现。实际上，正是由于尼日利亚和加纳的领导，这6个国家才能够率先达成协议。但是，即使尼日利亚愿意领导，其他国家会准备跟随吗？要说服该地区的其他前英国殖民地（每个殖民地都决心维护自己独特的民族）将荣誉拱手让给尼日利亚，可能是相当困难的。毫无疑问，这会让非洲金融共同体法郎区的法语国家更加反感，因为它们有着截然不同的文化和政治取向。

事实上，充分实施西非计划的前景充其量有限。根据最近的研究，尽管有很多讨论，但非洲大陆其他地方似乎也不存在新的货币合并的可能性（Guillaume and Stasavage 2000；Honohan and Lane 2001）。新成立的非洲联盟（在2001年取代了旧的非洲统一组织）有朝一日为整个非洲大陆建立一种共同货币的意图就更不可信了。[57] 在非洲，就像在加勒比一样，各国对货币主权的任何重大妥协仍有很大的阻力。

波斯湾地区

最后是具有战略意义的波斯湾地区。自1981年以来，巴林、科威特、阿曼、卡塔尔、沙特阿拉伯和阿拉伯联合酋长国六个阿拉伯君主国一直被视为一个松散的联盟，即海湾合作委员会（GCC）。海湾合作委员会最初作为一个安全联盟成立，目的是帮助成员国抵御1979年伊朗革命和1980年两伊战争的可怕后果。一位专家指出（Twinham 1992，13）："安全是海湾委员会的一切。"如果说海湾地区曾经、现在仍然不稳定，那就太轻描淡写了。如今，这六个在其他方面从未感受到多少团结感的国家团结在一起，希望能够更好地保护自己免受外来侵略或国内动乱的威胁。[58]

为了对安全问题作出更广义的解释，海湾合作委员会在1982年于经济层面通过了一项统一的经济协议，除了其他内容外，该协议呼吁六个合作伙伴"寻求协调其金融、货币和银行政策，并加强货币机构和中央银行之间的合作，包括努力建立一种共同货币"。[59] 在贸易方面，海湾合作委员会的统一经济协定比较成功，成员国之间取消了所有关税，并全面统一了对外关税税率。但在货币问题上，尽管一再重申将货币联盟作为目标，但在实际操作中,各国却没有将言辞转化为实际行动。海湾合作委员会中联系紧密的成员们采取的比较正式的行动是 1987 年在原则上同意协调各自的汇率。但是,由于各国政府无法就一个共同的锚货币达成一致意见,这项行动很快就被放弃(Peterson 1988,169—170)。几乎没有证据表明它们之间存在任何程度的宏观经济趋同(Zaidi 1990)。

最近,在 2002 年 1 月的一次峰会上,海湾合作委员会领导人再次呼吁采用共同货币,作为深化经济一体化计划的一部分。但预计货币合并的最后期限最晚定在 2010 年——同样,就像白俄罗斯-俄罗斯的协议一样,截至时间在足够遥远的未来,各国合宜地不需要立即采取行动。很少有人预计货币合并在短期内会取得重大进展。

小　联　盟

当然,全面的货币联盟并不是唯一可能的选择。我们知道,要求较低的联盟策略形式也是可能的,即除了完全集中货币主权之外的某种联盟形式。如第二章所示,为了适应各国的利益,横向区域化至少提供了同跟随策略一样多的灵活性。特别是将正式权力授予联合机构的程度上存在很大调整空间。货币权力不必像东加勒比货币联盟和欧洲货币联盟那样集中。这些货币联盟的形式可能更加分散,独立的货币仍在流通,就像如今的非洲金融共同体法郎区和共同货币区,以及 19 世纪的拉丁和斯堪的纳维亚货币联盟一样。与货币发行局制度一样,货币联盟也有显著的可塑性。

更分散联盟的优点是,与更分散的垂直区域化形式一样,它在捍卫缺乏竞争力的国家货币而不断上升的成本与缺乏愿意建立一个完整货币联盟的伙伴之间提供折衷方案。政策尤其是货币增长和利率政策目标可以联合决定,但根据当地情况单独执行。同样,汇率的固定程度也可以通过谈判来确定。各国货币可以在一个硬汇率联盟中紧密联系在一起,也可以允许一定程度的灵活性,类似于欧盟早期的"洞中蛇"安排或后来的 EMS。

这样做的目的是增强参与货币的市场吸引力，同时至少保留货币主权的一些历史优势。一些政府会选择货币联盟策略而非保护或跟随策略吗？

在某些情况下，答案几乎是否定的。像加拿大、新西兰和白俄罗斯这样正在寻求与一个大得多的邻国结盟的小国，可能会从中看到好处。这些国家将在联合决策中获得发言权且不会失去本国货币，但它们将面临与一个完整的货币联盟同样的问题，即缺乏一个愿意合作的伙伴。对美国、澳大利亚和俄罗斯来说，与一个较小的邻国分享哪怕是有限的货币权力，也不会有什么直接的好处。在不断上升的 NC 曲线带来压力较小的情况下，大国将看到分开而非联合的好处。如果他们的小邻国只是跟随他们的脚步，采取某种形式的美元化或货币发行局（就像澳大利亚人向新西兰人建议的那样），他们将更加受益。在这种情况下，区域化更可能是纵向而非横向的。

在其他地方，货币联盟是在全面一体化项目背景下讨论的，因此，出现某种较低程度的货币联盟的可能性更大。有些地方已经打下了基础，例如，南方共同市场签订了《小马斯特里赫特条约》，而西非也建立了趋同理事会和货币研究所。对其他国家而言，任务将是加强有关的机构联系和承诺。在加勒比和非洲等地，政府选择货币联盟的可能性最低，因为它们与货币金字塔三巨头之间的联系也很紧密。如前一章所述，该地区的许多国家可能更倾向某种有限的跟随形式，如采取以美元（在加勒比）或欧元（在非洲）为基础的双货币体系或货币发行局制度。在没有明显的垂直区域化选择的地区，如东盟、南方共同市场或海湾地区，货币联盟的机会更大。在这些群体中，将有很多货币合作的动机。至少，有限合伙关系可能会提高各自货币的市场吸引力。在最大程度上，它最终可能产生志同道合之心，这是实现共同货币这一目标所必要的。

结　　论

因此，这里的结论与第五章的结论大致相同。我们有理由相信一些国家集团将采取行动,在一定程度上集中它们的货币主权。尽管货币合并的吸引力很大,但预言全球将出现许多全新的、欧盟的欧洲货币联盟为模型的货币联盟则为时过早。根据选择图(见图1),NC 曲线可能正在上升,但对于大多数政府而言,MA 曲线相对更高。几乎没有哪个国家拥有足够的集体忠诚感,足以让货币主权必要的牺牲看起来可以接受;即使是那些准备作出承诺的国家,也很难找到愿意的合作伙伴。尽管本杰明·富兰克林的逻辑无可挑剔,但事实证明,团结一致作为一种货币策略,不会比跟随策略更受欢迎。货币的地理将包括越来越多的有限联盟,但很少会有像欧元这样的新联合货币出现。

注 释

本章改编自"Are Monetary Unions Inevitable?"一文,该文将发表于 *International Studies Persepectives*, 4:3 (August 2003),并经布莱克韦尔出版社许可发表于此。

1. 参见 von Furstenberg 2000b, 2000c; Alexander and von Furstenberg 2000。

2. 当然,如前所述,这五个货币联盟中的一个——阿根廷的货币联盟——只存在了 10 年。

3. 参见 Goodhart 1995, 452。亦可参见 McCallum 1999b。

4. 这种对历史记录的解释最早是在 1994 年提出(Cohen 1994),并且已经得到后来大多数讨论的明确认可,参见 Goodhart 1998; Bordo and Jonung 1999。在这种背景下政治的主导地位,虽然没有详细说明,但也被 Hamada and Porteous 1992; Capie 1999; Hamada 1999a 所强调。只有 Andrews and Willett 1997 对我的分析存在异议。他们认为经济和组织因素的结合和我认为决定性的政治因素一样有效。尽管如此,他们也承认半数的调查案例未能证实他们的观点。

5. 其他人也强调了这种联系,强调了社会互动和学习的重要性。例如,凯瑟琳·麦克纳马拉(Kathleen McNamara 1998)强调共同的思想和价值观在使欧洲货币联盟偏好的趋同方面所起的作用。同样,斯科特·库珀(Scott Cooper 1999)在一项比较政治分析中认为,区域内的高度信任促进了区域间的货币合作,这种信任可以理解为我所说的团结或社区意识,以及彼得·艾肯斯(Peter Aykens 2002)所说的情感信任。

6. 关于欧洲走向货币联盟的漫长历程,已有许多历史记载。其中包含最多信息量的文献参见 Kenen 1995; Overturf 1997; Ungerer 1997。

7. *The Economist*, 1 September 2001, 62。

8. Hans Tietmeyer,援引自 Shlaes 1997, 190。

9. Karl Otto Pohl,援引自 *New York Times*, 30 August 2001。

10. 当然,并非所有欧洲人都有同样的感受。例如,据报导,许多意大利人对摆脱一种被广泛视为疲软而非强势象征的货币欣喜若狂;而大多数法国公民似乎更以他们的艺术和文化为荣,而不是以他们的货币为荣。详情请参阅 *New York Times*,27 December 2001 and 29 December 2001。但在欧元纸币和硬币问世 6 个月后,在欧盟委员会的一次民意调查中,一半的德国人表示他们仍然希望恢复使用马克(*New York Times*,2 July 2002)。

11. 分别是约翰·雷德伍德、弗兰克·菲尔德和欧文勋爵(更正式的称为大卫·欧文)。援引自 *The Economist*,"Undoing Britain? A Survey of Britain," 6 November 1999,14,18。

12. 尽管起源较晚,但就像埃里克·赫莱纳(Helleiner 2003b)所证明的那样,加拿大当前的争论实际上可以追溯到 19 世纪加拿大国家货币的诞生之初。

13. 反过来,《北美自由贸易协定》取代了 1989 年签订的《加拿大-美国自由贸易协定》。《北美自由贸易协定》的第三个成员国是墨西哥。

14. 许多墨西哥人提出了同样的问题,但对美国同意使用一种新的美国-墨西哥联合货币几乎不抱希望。对墨西哥来说,唯一现实的选择似乎是美元化,正式采用美元取代比索。

15. 更早的一项提议是将未来的货币称为"北美元"(North American dollar)(von Furstenberg and Fratianni 1996),但没有得到什么支持。

16. 参见 Courchene 1999;Courchene and Harris 2000a,2000b;Grubel 1999,2000。

17. 参见 Laidler 1999;McCallum 1999a,2000;Murray 2000;Robson and Laidler 2002。

18. 所谓的对商业和政府调整的影响,分别被称为懒惰的管理者假说和糟糕的政策制定者假说。参见 Robson and Laidler 2002。

19. 参见 Laidler 1999;Robson 2001;Robson and Laidler 2002。

20. *Globe and Mail*,9 November 2001 中援引多伦多一家著名金融公司 BMO Nesbitt Burns 的首席经济学家谢丽·库柏的话。另外,2001 年中期对 4 000 名加拿大企业高管进行的全国民意调查显示,大约 45% 的人支持北美货币联盟,42% 的人反对(*Rational Post*,16 July 2001)。

21. A. Grimes 2000;Grimes and Holmes 2000. ANZAC 源于第一次世界大战中创建的澳大利亚和新西兰陆军的首字母缩写。

22. Grimes and Holmes 2000. 关于货币联盟的其他陈述,参见 A. Grimes 2000;Coleman 2001。对于反对意见,参见 Brash 2000;Hartley 2001。比约克斯滕(Bjorksten 2001)对新西兰双方的辩论进行了公证地回顾。

23. 参见 Hargreaves and McDermott 1999;McCaw and McDermott 2000;Haug 2001;Crosby and Otto 2002;Scrimgeour 2002。

24. 如 Dominion(Wellington),20 September 2000 所报道的那样。

25. 援引自 *International Herald Tribune*,19 September 2000。

26. 记者招待会,13 September 2000(available at http://www.treasurer. gov.au)。

27. 以前的双边协定是在 1993 年、1996 年、1997 年和 1999 年签署的。进一步讨论见 Abdelal 2001; Tsygankov 2001; International Monetary Fund 2002b。

28. Igor Ivanov,援引自 New York Times,26 December 1998。

29. Joseph Yam,援引自 *Financial Times*,6 January 1999。

30. 参见 The Economist,19 December 1999,47。

31. 东盟政府首脑会议最终公报,Manila, Philippines, 28 November 1999。

32. 如 IMF Survey, 8 October 2001,318—319 所述。

33. 参见 Eichengreen and Bayoumi 1999; Bird and Rajan 2002; Laurence 2002。

34. Rodolfo Severino,援引自 *The Economist*,12 February 2000。

35. Edgardo Espiritu,援引自 *The Economist*,12 February 2000。

36. 参见 Bayoumi and Mauro 1999; Eichengreen and Bayoumi 1999; Nicolas 1999; Glick 2002。

37. 从《罗马条约》到后来的所有协议,包括《马斯特里赫特条约》,欧盟成员国一再强调他们的目标是“在欧洲人民之间建立一个更加紧密的联盟”。

38. 进一步讨论参见 Chang and Rajan 2001; Rajan 2001; Henning 2002。

39. Tharman Shanmugaratnam,援引自 *Financial Times*,5 June 2001。

40. 参见 Yuen 2000。

41. 参见 Letiche 2000; Park and Wang 2000; Chang and Rajan 2001; Rajan 2001; Bowles 2002。

42. 除了正式成员阿根廷、巴西、巴拉圭和乌拉圭之外,南方共同市场还有两个准成员玻利维亚和智利。

43. Pedro Malan,援引自 Reuters, 9 May 2000。巴西中央银行行长阿米尼奥·弗拉加也附和道:“不进行美元化使形成共同货币的可能性继续存在。”(*New York Times*, 10 January 2002)事实上,据说巴西官员已经警告阿根廷,如果布宜诺斯艾利斯采用美元,他们将把南方共同市场视为失败。参见 *The Economist*,5 January 2002,31。

44. 援引自 *Financial Times*, 10 November 1999。

45. 参见 Edwards 1998; Giambiagi 1999; Jones 2000; O'Keefe 2000。

46. 参见 Eichengreen 1998; Carrera and Sturzenegger 2000; Levy-Yeyati and Sturzenegger 2000b。

47. 例如,当卡洛斯·梅内姆建议所有南方共同市场成员国都可以采用阿根廷比索作为单一货币时,巴西人的反应是轻蔑(*New York Times*, 6 July 1999)。相应地,阿根廷人可能会对弗拉蒂安尼和豪斯克雷斯特(Fratianni and Hauskrecht 2002)所提出的普遍采用巴西雷亚尔持同样的怀疑态度。

48. 如表 5 所示,东加勒比货币联盟的 6 个主权国成员是安提瓜和巴布达、多米尼加、格林纳达、圣基茨和尼维斯、圣卢西亚、圣万和格林纳丁斯(以及两个英国属地，安圭拉和蒙特塞拉特）。加勒比共同体的 8 个邻国是巴哈马、巴巴多斯、伯利兹、圭亚那、海地、牙买加、苏里南、特立尼达和多巴哥。加勒比共同体最初是随着 1973 年签署的《查瓜拉马斯条约》成立的。

49. 该计划以西印度群岛委员会的工作为基础。西印度群岛委员会是 1989 年由加勒比共同体国家元首设立的一个专家小组，其任务是为推进加勒比经济一体化进程而提供建议。委员会的最后报告（West Indian Commission 1992）直接呼吁建立一种共同货币。更多讨论，参见 Nicholls et al. 2000；Itam et al. 2000。

50. Owen Arthur，援引自 *Journal of Commerce*，7 December 1999，17。

51. 参见 Worrell 1995；Anthony and Hughes Hallett 2000。

52. 除这 14 个国家外，西非经共体还有一个成员佛得角，它继续维持使用自己的独立货币。毛里塔尼亚是西非经共体的创始成员，但后来退出。

53. 更多讨论，参见 Masson and Pattillo 2001a，2001b。

54. R. D. Asante，西非经济共同体秘书处货币和支付司司长，援引自 Irving 2001，26。

55. 参加 Irving 1999，28。新兴市场作为西非人榜样的作用可以从马斯特里赫特式的对趋同标准的强调中看出，甚至可以从西非货币研究所（West African Monetary Institute）的名称中看出，该机构与欧洲央行的前身欧洲货币研究所（European Monetary Institute）的名称相呼应。间接地，6 个西非国家中的 4 个国家——冈比亚、加纳、尼日利亚和塞拉利昂——的共同历史经验也可能带来一些启发。如第五章所述，这四个前英国殖民地曾共享由英国经营的西非货币局发行的联合货币。更多讨论，参见 Helleiner 2003a，ch. 8。

56. 国际货币基金组织经济学家 Paul Masson，援引自 Irving 2001，26。

57. 瓦格斯建议这种货币自然名称当然是"afro"。

58. 关于海湾合作委员会的更多细节，参见 Twinham 1992；Peterson 1988。海湾合作委员会反过来又启发了两个类似的阿拉伯国家集团：阿拉伯合作委员会，由埃及、伊拉克、约旦和也门组成；阿拉伯马格里布联盟由阿尔及利亚、利比亚、毛里塔尼亚、摩洛哥和突尼斯组成。这两者都成立于 1989 年。然而，这两种联盟都没有经受住时间考验。1990 年伊拉克对科威特的入侵实际上摧毁了阿拉伯库伯委员会，而北非的政治分歧一直使阿拉伯马格里布联盟无法采取任何有效行动。

59. GCC Unified Economic Agreement，8 June 1982，Article 22。在这里，就像在西非一样（参见附注 55，pp.240 and 241），这个协定的某些灵感可能来自英国属地的共同历史经验。在独立前，海湾小国都是基于共同使用印度卢比而实际存在的货币联盟的一部分。更多细节，参见 Helleiner 2003a，208—209。

第七章

新 领 域

因此,与收缩论的预言相反,世界各国货币种类似乎不会急剧减少。对政府四大可用策略的分析表明,货币政策外包将面临很大阻力。无论市场保护策略的成本上升多少,似乎很少有政府准备将所有正式权力下放给其他主体。货币地理不会因规模经济的力量而大大简化。

事实上,一旦我们同时考虑到市场供应方面的其他影响,货币地理的情况似乎很有可能向相反的方向发展。除了政府偏好的迷雾之外,还存在着新的边界,由越来越多来自主权国家以外来源的货币构成。各国政府从来都不是唯一的货币供应商。即使在威斯特伐利亚模式的全盛时期,当国家认可的货币占据完全主导地位时,也可以发现大量的非国家货币在流通。19世纪以前,私人部门被理所当然视为主要货币生产商。如今,随着需求驱动的市场竞争再次成为常态,完全有理由期待私人部门的作用再次得到肯定甚至是加强。在一个越来越倾向货币选择的世界里,在菜单上添加新的、具有潜在吸引力的非国家货币似乎没有什么反常之处。在这方面,货币地理也正在"回到未来"。

尽管非国家货币有许多形状和大小,但主要可以分为两个种类:地方货币(Local Money)和电子货币(Electronic Money)。这两种类型的货币有望在数量上大幅增长,使货币的未来更加复杂。有争议的是,本章认为,私人货币的日益泛滥直接威胁到国家的传统权威。由于市场需求侧选择的扩大,大多数政府已经失去了在货币地理上传统的领土垄断。如今,与大多数备受尊敬的经济学家的观点相反,我认为,国家有可能失去在货币供应方面的主导地位,而这一发展将进一步加剧市场份额的竞争。

地 方 货 币

地方货币是由非国家部门有意创造的一种流动性债权,它能发挥交换媒介、价值储存和记账单位的标准功能。[1]根据定义,地方货币的显著特征是仅用于有限的本地交易网络,通常限于为单一社区或国家层面以下的地区。地方货币——也叫"私人货币"或者"补充货币"——早已大量存在。[2]2000 年初,有多达 2 500 种地方货币在十几个国家运行,而 1993 年全世界估计有 300 种,1980 年代只有不到 100 种。[3]未来几年,预计还会出现更多的地方货币,使特定群体的参与者能够在货币总体治理中占据越来越大的份额。

途径

地方货币体系可以通过以下两种方式创建:一是提供一种专门的交换媒介,一般称为"代金券"(Scrip),通常作为一种以折扣价购买商品和服务的手段;另外一种通常称为以物易物货币(Barter-based Money),它是源于货币发明之前原始双边交易的一种新型多边形式。[4]这两种货币体系创造方法在美国和其他地区越来越流行。

以代金券为基础的制度有着悠久历史,在许多不同时期和地区出现过。在殖民地时期的美国和西部边疆地区,银行还没有建立起来,许多市政府自行决定通过发行纸制或金属代金券来弥补流通中的货币短缺。在与采矿业和伐木业相关的偏远社区,大型采矿业或木材公司经常使用代金券作为向雇员提供信贷的一种方式,并将这种购买直接转移到它们自己的百货公司或商店。20 世纪 30 年代大萧条时期,包括州政府和地方政府、学区、制造商、商人、商会和合作社在内的各种公共和私人机构发行了数百种临时性代金券。常见的类型包括债务凭证(Certificates of Indebtedness)、税单(Tax-anticipation Notes)、工资单(Payroll Warrants)、票据结算凭证(Clearing-house Certificates)、信用凭证(Credit Vouchers)、延期付款凭证(Moratorium Certificates)和商品债券(Merchandise Bonds)。根据一项早期研究(Weishaar and Parrish 1933),20世纪30年代初,至少有100万美国公民参与了当地的代金券网络。大萧条期间,在加拿大、墨西哥、中国以及许多欧洲国家代金券发行也很普遍。[5]

最近,大家对以代金券为基础的体系重新燃起了兴趣,尤其是那些渴望在竞争激烈市场中吸引或留住客户的企业。折扣券(Discount Coupons)一般由单个企业或商业协会发行,可在未来兑换商品。十多年前,马萨诸塞州大巴灵顿的一家熟食店老板弗兰克·托托里略就建立了"熟食美元"(Deli-Dollars)的原型,他当时碰巧需要现金才能搬到一个新地点。但银行拒绝了他的信贷申请,因此,他转而向顾客出售折扣券,顾客在六个月后可以兑换三明治或其他食品。事实证明,"熟食美元"十分受欢迎,一直流通至今,被用于改善餐厅位置和其他扩展计划。这一计划还催生了许多当地模仿者,比如伯克股票计划(Berk Shares program),这是一个由位于大巴灵顿的托托里略周边企业发起的集体计划。当消费者每消费10美元时,当地零售商会赠送他们一份价值1美元的"伯克股票",可在节日赎回期间用于任何参与伯克股票计划的商店(L. Solomon 1996,53—65)。在加拿大,大型零售商加拿大轮胎店也创建了一个类似的体系,以所谓"加拿大轮胎货币"(Canadian Tire Money)形式发行专门的折扣券,并将其幽默地设计成类似政府货币的样子。如今,从超市到五金店,各种各样的零售商都在出售或发放折扣券以吸引消费者回购商品。

代金券体系之所以受欢迎,是因为它们既符合供应商的利益,供应商可以采用这种方案来提高客户忠诚度;也符合用户的利益,用户可以节省购买成本。与国家认可的货币一样,代金券也可以作为一种储值工具在较短或较长的时间内被持有,然后最终被用作交换媒介。代金券与传统货币的唯一区别就是它的流通受限,这当然也是它的目的之一。

相比之下,以物易物为基础的交易系统起源更晚,始于1983年加拿大人迈克尔·林顿在不列颠哥伦比亚省温哥华岛发明的本地交易所交易系统(Local-Exchange Trading System,LETS)。为了应对附近一个空军基地关闭后失业率的上升,林顿成立了一个非营利的会员组织,以促进当地居民之间的多边易货交易。这一做法很快在其他地方流行起来,并成为迄今为止最常见的地方货币体系形式。据一位消息人士透露,目前加拿大有大约 30 个本地交易所交易系统,英国多达 450 个,澳大利亚超过 200 个(Lietaer 2001,161—166)。另一位观察者在 20 世纪 90 年代末在全球范围内统计出了超过 1 000 个本地交易所交易系统(Douthwaite 1999,39)。

尽管每个本地交易所交易系统各有差异,但其共同点在于,成员使用自己设计的货币单位进行贸易,其中许多货币都有异国情调,更不用说古怪的名字,如蝙蝠、喙、筒子、可卡、巫婆和克瑞兹。本地交易所交易系统仅仅是一个信息交换所和信息服务机构。会员注册后,只需支付少量的会费就可以建立一个账户,并描述他们提供或寻求的商品和服务,所有的优惠和要求都会定期以印刷品的形式发布,并分发给参与者。本地交易所交易系统与原始易货交易的关键区别在于,个人并不必为他们想要的物品找到直接匹配物。会员之间可以进行交易而无须需求的双重巧合。物品可以简单地以共同货币单位计价,并以双方都能接受的价格买卖,所有交易都要报告给中央簿记员,由中央簿记员借记买方账户,贷记卖方账户。在未来的交易中,借项和贷项将被解除。通常情况下,没有实物货币真正易手,尽管在一些地方,固定价值的代币(一种代金券形式)可用于小面额兑换。在阿根廷的本地交易所交易系统中,代币使用尤其普遍(Douthwaite 1999,40)。

本地交易所交易系统最大的优点是对可能发生的交易量没有限制。最明显的缺点是,一些参与者可能会通过积累过多的借方账户来滥用该系统,这一风险可能会随着会员人数的增加而增加。本地交易所交易系统通常是由一小群志趣相投、有原则的个人发起的。但随着会员数量的增加,交易量变得更可观,可能会吸引到不那么谨慎的参与者,他们购买的比打算出售的多得多,实际上这可能会导致系统崩溃。本地交易所交易系统中所有这些行为的核心是每个成员相信对方最终将偿还所有债务。巨额的负余额(必须由其他会员消化)可能会侵蚀信心,以至于整个体系可能完全崩溃。第二个缺点是,随着交易量的增加,需要大量的簿记工作。为了尽量缓解这两个缺陷,大多数本地交易所交易系统都保持相对较小的规模,会员人数很少超过 200 人。

以上两个问题可以通过采取纽约伊萨卡社区活动家保罗·格洛弗开创的替代模式来避免。1991 年,格洛弗通过引进一种他称之为"伊萨卡小时"的纸币(又是一种代金券),创造了一种更为灵活的以物易物形式。刻有伊萨卡格言"我们相信伊萨卡"的纸币,尖锐地谴责了美联储纸币上有神论的措辞。这些纸币分五种面额发行,面额从八分之一小时到两小时不等。每个伊萨卡小时的名义价值为 10 美元,大致相当于 1991 年伊萨卡镇所在汤普金斯县一小时的工资。就像在本地交易所交易系统中一样,参与者可以在无须需求双重巧合的情况下进行交易。但与记账分录不同的是,该体系的交易结果只是转移了适量的格洛弗纸币。为了控制伊萨卡时间的人均供应量以维持系统正常运转,通常只在有新人注册成为会员时才发行纸币,或在之后定期发行。为了非营利社区组织的利益和支付系统自身的费用,该系统也会发行小数额的纸币。伊萨卡小时一经发行,无论是否为注册会员,城镇方圆 20 英里范围内的任何人均可使用。[6]

自推出以来的几年里,格洛弗模型吸引了一千多名参与者,累计产生的交易额估计超过 200 万美元(Wallace 2001,54)。它还在美国境内催生了几十个模仿者,其中包括佛蒙特州的格林山小时,[7]以及在加州大学圣巴巴拉分校附近流通的圣巴巴拉小时以及伊斯拉维斯塔社区货币。[8]据称,截至 20 世纪 90 年代中期,美国已经存在多达 85 个小时系统(Frick 1996,34)。类似的项目也出现在其他地方,特别是在加拿大和其他英语国家。远至日本都能发现该系统的当地版本,日本开发出一种医疗货币来奖励自愿帮助老年人或残疾人的个人(Lietaer 2001)。[9]甚至在意大利一个小山顶村庄,一位退休的法律教授最近也创造出一种基于时间的货币。最近在南美洲南端兴起的许多所谓的"易货俱乐部"或"易货交易会"本质上是也是类似的,它们也利用纸币创造更灵活的交换形式。[10]

与本地交易所交易系统项目相比,小时制系统有两个明显的优势。它不需要跟踪单个交易,从而消除了繁琐的簿记工作;同时也避免了存在过多借方账户的风险,因为所有购买都必须用货币全额付清。但是,小时制也有一些缺点:一是一些参与者积累的货币超过其支出能力,从而耗尽系统中的流动性；另一个风险是货币一旦流通就可能成为破坏稳定的投机活动的目标。最后还有一项棘手的工作，那就是小时系统需随着时间推移引导货币供应量增长，以避免货币发行过度或不足。尽管这些挑战没有一个是无法驾驭的，但每一个都不可避免，而且确实是任何货币治理机制所固有的缺陷。

动机

建立地方货币体系的动机显而易见。最根本的是，地方货币旨在促进社区凝聚力以及自力更生。用格洛弗（Glouer 1995）的话来说就是："我们在谋生的同时创造了一个社区。"地方货币体系自觉地被设计成一种经济赋权工具。

埃里克·赫莱纳（Helleiner 2000）在一项有见地的分析中指出了地方货币逻辑中的三条主线。他认为，地方货币的支持者希望追求三个目标：(1)更本地化的经济空间感；(2)积极管理货币以服务于政治和社会目标能力的提高；(3)更具社群主义的身份认同感。所有这三个目标都可以被理解为对全球货币市场日益严重的不合理压力的一种反应，这种压力被认为是导致世界各地社区衰退的直接原因。用一位地方货币支持者的话说："只要涉及国家批准的货币，社区就会崩溃。地方货币在社区建设中可能产生完全相反的效果。"（Lietaer 2001，187）

毫无疑问，现代市场机制倾向促进经济生活规模的扩大。事实上，这正是第四章所描述的新自由主义的意图，即消除分隔各国经济的壁垒。其中一个表现就是货币之间的跨境竞争日益激烈。与这种尽可能将市场整合起来的"全球化"趋势相反，地方货币的提倡者称赞本地化、小规模经济的优点，这些优点更能符合每个社区的需求和偏好。地方货币体系赋予居民从附近供应商购买商品的特权，有助于培养一种分散的经济空间感。实际上，正如赫莱纳（Helleiner 2000，38）指出："地方货币扮演着一种草根保护主义的角色，迫使参与者去寻找当地的商品或服务以利用未偿余额。"再一次引用格洛弗（Glouer 1995）的话："当我们发现给对方提供物品的新方式时，我们就取代了对进口的依赖。"

此外，现代市场机制鼓励经济及管理的非政治化。现代市场机制优先考虑的是经济福利最大化,这是一个纯粹的物质标准。很少考虑到公共政策的其他需要,如充分就业、减轻贫穷或健康的环境。相比之下,地方货币体系可以被设计成支持纯商业以外的价值观,以培育斯瑞夫特和莱森(Thrift and Leyshon 1999)所说的货币的"替代性道德"。地方货币的供应可以通过自由裁量方式进行管理,以帮助促进许多共同的社会原则——例如,创造就业机会,向穷人提供廉价信贷,或支持更环保的生产方法。[11]地方货币通常被称为"社会货币"或"绿色货币",这并非没有道理。地方货币体系还可以为应对外部冲击或危机提供某种缓冲。一位地方货币的支持者(Greco 1995, 36)写道:"就像防波堤保护海港不受公海的影响一样,地方货币能够保护当地经济不受全球市场的影响。"

最后,强调竞争美德的现代市场机制显然不重视任何利他主义精神,反而培养了一种激进的个人主义。的确,依赖亚当·斯密"看不见的手"怎么可能不产生一种自利的身份认同感呢?相比之下,提倡地方货币的人受到一种社群主义世界观的指导,这种世界观认为男女不是孤立的,而是社区的一部分。他们认为,个人只有在集体的社会价值和经历的背景下才能实现自己的全部潜力。为此,地方货币体系可以通过贸易将人们聚集在一起,帮助建立持久的互动和网络而发挥重要作用。无论在原始社会还是现代社会,货币总是被赋予社会意义。[12]地方货币体系可以培养一种更具建设性的伙伴关系和共同身份的心态,以此取代市场上破坏性自相残杀心态。

后果

诚然,以上三个动机都带有一定程度的理想主义色彩,在实践中可能难以维持。然而,问题并不在于地方货币体系在实现所有目标方面一定会成功,而在于它们提供了一个尝试的机会。地方货币意味着特定群体可以获得货币治理的一部分权力,而在现代国家崛起后,央行一直试图垄断货币治理的权力。就经济赋权而言,社区层面的影响可能相当大。

相比之下,对央行而言,由于存在的地方货币数量仍然有限,以及对其流通的自我约束。到目前为止,央行受到的影响微乎其微。在某些情况下，中央银行甚至鼓励发展地方货币体系，作为向个别社区提供社会支持而不损害货币政策的一种手段(Lietaer 2001，226—227)。然而，这些地方货币发展的挑战可能没有理由不随着时间的推移而显著增加。尽管很少有(如果有的话)地方货币可能跨越国界进行贸易，但地方货币的存在意味着，除了当代去疆界化已经引入的竞争之外，对国家认可货币的额外竞争。在货币地理中，地方货币体系在单个国家货币的职能范围内就像一个不断扩张的群岛。在货币地理中，随着地方货币体系的不断膨胀，达尔文式的斗争将变得更加激烈，进一步削弱国家在管理货币事务中的作用。随着时间的推移，与威斯特伐利亚模型的全盛时期相比，央行的传统权力肯定会遭受更大的侵蚀。

电 子 货 币

以上只是央行命中注定要面对的来自私人部门的挑战之一。在另一个新领域，更具威胁性的挑战正以电子货币的形式出现。如今，各种基于数字数据的创新支付媒介和机制正在不断发展的电子商务世界中出现。在全球范围内，企业和机构都在竞相开发有效的互联网和万维网交换手段。它们的目标是创造一种完全可用和电子转移的购买力单位：虚拟货币(Virtual Money)。虚拟货币可以像传统货币一样便利地用来获得真正的商品和服务，电子货币时代即将来临。[13]

实际上，地方货币和电子货币之间的界限并不清晰，因为一些地方货币系统(特别是一些本地交易所交易系统)确实利用了新的信息技术来帮助记账，而且两者都可能是私人企业的产品。这两种货币的关键区别在于它们各自的空间结构。根据定义，地方货币体系通常是要植根于一个社区或国家以下区域，而电子货币的流通区域原则上是无限的，可能涵盖整个网络空间。因此，电子货币一旦站稳跟脚，它们对全球货币竞争的影响将尤为深远。

途径

与地方货币一样，电子货币（E-money）有两种基本形式，即智能卡（Smart Cards）和网络货币（Network Money）。[14]两者都是被编码成一系列的 0 和 1 加密数字信息字符串，可以电子传输和处理。智能卡是被广泛使用的信用卡技术的后代，它有一个嵌入式微处理器（芯片），可以存储货币价值。智能卡（又名电子钱包）的版本包括简单的借记卡，这些借记卡通常只能用于单一用途，需要在线授权才能进行价值转移；也包括可重新加载、能用于多种用途且支持离线功能的更复杂的价值存储设备。网络货币将价值储存在计算机硬盘中，并由多种软件产品组成，这些软件产品允许通过电子网络转移购买力。[15]

这两种形式的电子货币都还处于起步阶段。电子货币最早的版本，可以追溯到十年或更早以前，其目的仅仅是为了促进电子支付结算。这些举措被《经济学人》（*The Economist* 2000）讽刺地称为"电子现金 1.0"（E-cash Version 1.0），其中包括多种基于银行卡的系统，如 Mondex、Visa Cash 和 Visa Buxx，以及基于网络的系统，如 DigiCash（后来的 eCash）、CyberCoin 和 Net-Cash。基于用户全额预付的原则，以上每一种货币都只不过是传统货币的一种方便的代理方式，类似于一种美化的旅行支票。它们很少被大众接受，很多已经成为历史。[16]一个值得注意的例外是 PayPal，它是美国的一种在线服务，可以在电子邮件账户之间加速现金转账。2002 年初，据报道 PayPal 拥有 1 300 多万用户，年收入超过 1 亿美元。[17]2002 年底，拍卖网站 eBay 以 15 亿美元的价格收购了 PayPal。

电子货币最新版本主要基于网络，更具野心，渴望生产出真正的替代传统货币的产品。《经济学人》（*The Economist* 2000）将其命名为"电子现金 2.0"。到目前为止，它们中的大多数都是作为购买指定供应商产品或服务的奖励而被提供，这实际上是升级的电子代金券形式。正如专家经常提醒我们的那样，特定于供应商的媒介显然不能直接替代通用货币（Spencer 2001）。但是，对于它们拟服务的指定网络来说，现代化的电子代金券具有货币的所有通用功能，就像各自社区或地区的地方货币系统一样。

最近在美国出现的电子现金 2.0 的例子包括 Flooz（用喜剧演员乌

比·戈德伯格做代言人)和Beenz,但都没有在2001年的全球经济衰退中幸存下来。[18]更成功的电子现金项目实际上一开始就考虑到其他动机,比如当今航空业的常客里程。[19]与大多数代金券计划一样,常客里程计划最初是为了培养客户忠诚度,但实际上却已经成为一种广泛使用的新货币形式——就如一位消息人士对描述的那样,一种为国际旅行常客所创造的货币(Lietaer 2001,5)。在航空公司奖励计划中,航空里程通常作为记账单位,用于为不同类型的航班定价;此外,一旦获得奖励,航空里程可以作为一种价值存储,最终用作购买机票的交换媒介;里程也越来越多地用于其他用途,例如支付电话费、酒店和其他旅行服务费、租车费,甚至购买书籍和光盘。[20]

电子现金1.0和2.0之间的差异至关重要。早期的实验,如Mondex或DigiCash,仅仅增加货币的流通速度,即利用现有的国家货币存量进行交易。货币的流动性得到加强,但支付仍然需要通过商业银行系统、借记或贷记第三方账户结算,因此,它们没有对中央银行的权威构成根本威胁,中央银行保留了对清算机制的最终控制权。如今的e-Bay也是如此。相比之下,像之后Flooz或Beenz这样的探索,则有可能建立完全独立于现有货币存量的全新清算机制。尽管Flooz和Beenz失败了,但如常客里程等其他形式的电子代金券仍然存在,它们提供了新的消费渠道,完全不使用用国家认可的银行票据或支票账户作为支付手段。随着新信息技术的不断试验,总是有可能出现更多创新版本的电子现金。正如《经济学人》(*The Economist* 2000)所言:"即使电子现金版本2.0失败了,也几乎可以肯定会有3.0版本出现。这不仅仅是因为技术而使得提出新方案变得越来越容易。"

因此,随着时间的推移,可以想象会出现多种版本的电子货币以绕过传统结算系统——用一位专家的话来说,无根货币将在网络空间无限期地循环。[21]当然,这种动机很明显。电子商务的发展突飞猛进,既提供了不断增长的交易量,也为实验提供了广阔的沃土。另一位专家(Lietaer 2001,68)写道:"网络世界是理想的新货币前沿,是一个有足够的机会让关于货币的创造力涌现的理想空间。"对货币创新的刺激不仅在于希望降低交易成本,更关键的是,还在于铸币税的诱人前景中,即从创造货币成本和货币所能购买价值之间的差额中获得利润。套用一句老话：创造货币就可以赚钱。仅凭这一动机就能使所有类型的企业和机构（银行以及非银行）尽其所能，随时随地推广新形式的电子货币。用一位著名货币历史学家的话来说（Weatherford 1997, 245—246）："控制这一过程的公司将有机会通过铸币税来获利，而铸币税是本是政府从铸币中获得的传统利润。电子铸币税（Electronic Seigniorage）将是 21 世纪积累财富和权力的关键。"

积累电子铸币税的关键在于，这些公司像商业银行长期以来通过发放以国家认可的记账单位计价的贷款来创造货币那样，能够找到有吸引力、更重要的是更可信的方式创造新数字计价单位，以此来提供智能卡或网络信用货币。虚拟贷款（Virtual Lending）的机会在于货币发行方的浮动性（流动性），即存在一定数量尚未提取的电子货币负债。只要债权人选择持有一段时间的电子货币余额作为价值储存手段，而不是立即将其变现，就可以通过创造信贷产生收入。[22]除去与提升其新购买力单位相关的任何成本之外，所有这些收入当然都将归发行者自己所有。

关键问题

当然，这个过程不会一蹴而就。恰恰相反，电子货币要经历很长一段时间才会成作为传统货币的真正竞争对手出现。这可能需要几十年的时间。电子货币目前的挑战是建立足够规模的交易网络，以克服现有货币的在位优势。不同于地方货币体系通常伴随某种意义上现成的网络而出现，电子货币必须承担起从头开始建立一支忠诚用户队伍的任务，这绝非易事。

首先，电子货币必须解决一些棘手的技术问题，包括安全性（防盗或防欺诈）、可靠性（故障概率低）、保密性（确保隐私）和可移动性（物理位置的独立性）问题。这些挑战都不容易迅速或轻松解决。[23]

更关键的是信任问题，新型货币如何赢得用户的信任？电子货币所需的是与彼得·艾肯斯（Aykens 2002）所提出的类似于情感信任概念的信心——稳定和绝对的接受性。许多人认为，正如德国经济学家乔治·纳普在近一个世纪前所指出的那样，这一层次的信任只能来自国家主权

(Knapp[1905]1924)。根据纳普的国家货币理论,所有货币都是法律的产物,其有效性取决于正式条例,比如法定货币法和公共可接受性规定。信任是政治管辖权的一种功能。有人问,如果美国的绿色纸片(指美元)没有得到对美国"充分的信心和信用"的支持,它们会在全球如此广泛地被接受吗?

但在历史上繁荣发展的所有私人货币中又有什么呢?事实上,历史记录中充斥着经济学家理查德·汀布莱克(Timberlake 1987)所说的通用货币(与国家认可的法定货币相比)的例子——即在没有通过法律手段强制的情况下仍被普遍接受的支付媒介。这些通用货币包括17世纪和18世纪在法国北美殖民地流通的扑克牌货币以及第二次世界大战后德国流行的香烟和口香糖(Weatherford 1997)。所有这些都表明,国家权力绝不是货币信任的唯一来源。从苏格兰到澳大利亚,许多国家过去的自由银行业务经验也充分证明了私人发行者有能力促进其产品的可接受性(Glasner 1989;Dowd 1992)。同样,早期产生的以代金券为基础的货币体系,以及当今重新出现的地方货币的体系,都有力地证明了国家货币理论的局限性。

现实情况是,货币的使用受到各种各样因素的影响,既有私人的,也有公共的,最终都源于社会。正如社会学家所强调的,货币本质上是一种社会制度,它建立在大量交易者的相互信任之上(Dodd 1994;Zelizer 1994)。社会主体基于对工具未来可用性和购买力显性或隐性的主观理解,信心最终由社会建构,并很可能只反映了交易网络的共同价值观或逐渐积累的市场竞争实践。货币是人们相信无论出于什么原因,都会被别人接受的东西。

当然,考虑到货币使用的惯性,这并不意味着提升人们对新创造的电子货币的信任会很容易。正如前几章所强调的那样,货币史也表明,市场往往会对迅速采用任何新货币产生很大的阻力,不管它看起来多么吸引人。事实上,到目前为止,市场的保守偏见已经被证明是成功引入电子货币的一个严重障碍。

然而,惯性绝不是一个不可逾越的障碍。事实上恰恰相反。随着电子商务量的持续增长,对网络空间各种新支付方式的认可和信任也将不可避免地增加。我们从货币史上学到的另一点是,即使一种新货币的采用可能开始得很慢,但一旦达到一个临界值,这种货币就会被普遍接受。通过有效的营销计划或巧妙的广告技巧,可以增强人们对新电子货币的信心。最重要的是,新货币推销的成功将取决于发行公司在功能设计以鼓励货币使用方面的创造性。这些附加条件可能包括最初获得电子货币时的有利交换比率;未偿付余额的诱人利率;其他交易者和供应商进入交易网络的保障以及当电子货币(而不是更传统的货币)被用于购买或投资时提供的折扣或奖励等。至少,这些为吸引用户的兴趣所做的努力迟早会得到回报。

最关键的是价值问题:如何随着时间推移安全地保证电子货币的购买力? 至少在最初,电子货币可能需要完全承诺可以不受限制地兑换成传统的法定货币,就像早期纸币最初被承诺可以兑换成贵金属一样而被广泛接受一样。但是,就像纸币最终与贵金属脱钩拥有了自己的生命一样,随着使用和熟悉程度的提高,有朝一日电子货币也可能能够摆脱所有这些正式的担保。但从目前的趋势来看,这一天不会很快到来,这似乎是更遥远的未来最合理的情景。从长期来看,正如几年前《经济学人》(*The Economist* 1994, 23)所推测的那样,"可以想象电子现金的发展会达到最后的进化阶段……在那个阶段,法定货币的可兑换性不再是电子货币的一个条件;电子货币与传统货币将因此变得难以区分,因为它将与其他传统的货币完全一样。"一旦到了那个阶段,也许一代或两代人之后,我们会发现各种新货币在市场上竞相被接受。对于银行家沃尔特·赖斯顿(Wriston 1998, 340)而言,未来已经到来:信息本位(The Information Standard)已经取代金汇兑本位。和古代一样,任何人都可以宣布发行自己品牌的私人货币,然后试图让人们相信它有价值。从 Microsoft 到 Mondex,经营这些新私人造币厂的竞争者并不少,而且每天都有更多的竞争者进入。

最终会出现多少电子货币? 几乎可以肯定的是,它不会是货币历史学家杰克·韦瑟福德(Weatherford 1998)预测的"数千种"。他认为:"在未来每个人都将发行货币,包括银行、公司、信用卡公司、金融公司、当地社区、计算机公司甚至个人。我们可能有沃伦·巴菲特或威廉·盖茨发行的货币。"韦瑟福德对电子货币的预测虽然丰富多彩,但他忽略了规模经济在货币使用中的作用。规模经济倾向减少而不是增加流通中的货币种类。交易网络必须庞大,才能使新货币具有吸引力。但除非电子货币的种类相对较少,否则不可能形成大型的交易网络。

由于第一章中提到的所有原因,竞争也不太可能把这个数字拉低到蒙代尔所青睐的数字"3"。在这里,我们最终也会看到少数种类的货币,而不是只有一种通用货币。

对 货 币 政 策 的 影 响

首要问题是电子货币将对货币政策产生什么后果? 值得注意的是,这一重大问题直到最近才受到关注,尽管随意的评论比比皆是。这个问题的初步阵营已提前确定。[24]阵营的一端是国际管理学教授斯蒂芬·科布林(Kobrin 1997)看到了货币管理的新曙光。他认为(Kobrin 1997,71):"私人电子货币将使央行难以控制、衡量甚至定义货币总量。在极端情况下,央行发行的货币可能不再重要。"阵营的另一端是赫莱纳(Helleiner 1998a),他认为这不是新曙光,而是虚假的黎明。他阐述道:"如果不是完全误导的话,对未来货币政策的担忧被夸大了。"相反,新形式的电子货币不太可能对主权国家的权力构成重大威胁。"(Helleiner 1998a,399—400)

两者观点截然不同。最近几年,关于电子货币影响的正式研究显著增加,其中大多数由经济学家进行。然而,意见分歧仍然大致相同。例如,科布林的观点得到了哈佛大学著名经济学家本杰明·弗里德曼(Friedman 1999)的赞同。他认为,随着电子货币的发展,货币政策有可能沦为传达当局偏好的手段。用本杰明·弗里德曼的话说,中央银行只不过是"一支只有通信兵的军队"。[25]同样,赫莱纳的观点也得到了其他著名经济学家的赞同,包括查尔斯·弗里德曼(Friedman 2000)、查尔斯·古德哈特(Goodhart 2000)和迈克尔·伍德福特(Woodford 2000)。[26]用伍德福特的话来说(Woodford 2000):"对中央银行作用的担忧被夸大了。

即使是将来某一天可能出现的这种根本性变化,电子货币也不太可能干扰货币政策的实施。"

谁是对的? 我们知道,货币政策的主要目标是使一个经济体的总支出水平与生产能力大体保持一致;换言之,在恶性通货膨胀"斯库拉"与长期衰退"卡律布迪斯"之间引导国家之船。如果电子货币将对央行的传统权威产生任何影响,那也只能通过影响决策者决策和私人市场支出之间的联系来实现。分析表明,最终结果本质上更接近科布林和本杰明·弗里德曼预测,而不是赫莱纳等人所表达的乐观观点。分析还表明,这个问题的答案将因我们所讨论的国家而异。

货币政策如何运作

首先,考虑一下货币政策如何与传统的领土货币一起运作。再次重复一遍,货币政策的目标是使总支出与生产能力大体保持一致。由于支出水平(名义需求)无法直接控制,关键在于找到某种方式来间接实现同样的目标。各国央行试图通过控制货币总量或名义信贷价格(利率)来实现这一目标。

当然,一个主要问题是,货币存量和利率都无法直接控制。考虑一下货币供应量。第五章指出计算货币总量的多种方法,从核心指标 M0,即包括流通中的纸币、硬币和银行准备金(也称为基础货币或央行货币),再到依次更广泛的指标 M1、M2 等(增加支票账户、"负债性"存款,以及流动性逐渐减少的金融债权)。只有纸币和硬币直接来自国家货币当局。然而,就货币政策而言,这一总量太过狭隘,而且在任何情况下都被大多数经济体的大量存款所覆盖。然而,存款(也被称为"银行货币")是由商业银行而非中央银行通过零售贷款业务创造的。同样,是银行自己决定借款人支付的利率,而不是货币当局。因此,各国央行面临的挑战是开发能够有效引导当前存款创造过程的工具。

通常,这些工具旨在对银行准备金施加影响,前提是准备金的可用性和价格反过来会制约银行贷款,从而影响公众获得信贷的整体渠道。同样,这也正是为什么准备金也被称为"高能货币"的原因。在部分准备金银行体系中,准备金的可用性和价格的变化可能会导致银行货币的数量和价格发生更大的变化。最受欢迎的货币政策工具是控制着准备金总量的公开市场操作，以及控制准备金在银行间或银行与央行间交易价格的贴现率政策。公开市场操作涉及中央银行在市场上买卖广泛交易的金融债权，通常是政府证券。贴现率政策涉及中央银行直接向银行系统提供准备金所收取的利息，央行可以通过贴现窗口放贷，也可以通过再贴现或购买银行持有的资产。这两种工具的有效性直接取决于央行资产负债表（基础货币）的规模。

因此，事实上，货币政策的一系列环节（经济学家称之为货币政策传导机制）相当漫长，需要从：（1）公开市场操作和贴现率传导到；（2）银行准备金，再传导到；（3）存款创造，然后最终传导至；（4）总支出。两个关键的影响如下：第一，由于传导机制中没有任何一个环节是纯粹机械的，因此，央行决策与实际支出行为之间存在很大的调整空间。货币政策绝不仅仅是打开或关闭水龙头的问题。第二，由于没有任何一个环节可以绕过，因此，央行决策的最终影响也有很大的时滞。作为执行公共优先事项的工具，货币政策也很难迅速发挥作用。

尽管如此，只要国家本币是唯一可用的货币，就能确保市场对基础货币的持续需求。央行就有充分的理由相信，其决策可以广泛有效地指导宏观经济运行。央行对银行准备金的影响可能不精确，也不会立竿见影，但在没有任何有吸引力的替代货币的情况下，名义需求别无选择，只能根据可用供给和利率的变化，或多或少地按比例进行调整。诚然，如果央行实施扩张性货币政策，利率与名义需求间的联系将更加松散；也就是说，央行发现很难"将绳子推动"。但这种联系肯定会与收缩性政策行为紧密相连。关键在于央行对支撑银行货币的高能准备金储备假定的垄断。通过使中央银行能够外生管理货币存量和利率，一种领土货币可以最大限度地发挥货币政策（尤其是限制性政策）的实际影响。

去疆界化的影响

现在考虑一下当今国家货币去疆界化给货币政策所带来的影响。很明显，一旦市场主体在货币之间获得选择权，名义需求和国家货币之间的直接联系就被打破了。无论以哪种方式衡量，中央银行可能仍然能够对本国货币的存量或利率水平施加一定程度的影响。但正如第二章所述，如果交易者和投资者能够获得替代货币，减少对央行基础货币的需求，货币供应量和利率就会成为内生的，而非外生。因此，准备金数量或价格的变化对总体支出水平的影响将相对减少。货币政策的实际影响减弱，经济更容易受到频繁的通货膨胀或衰退（或者两者兼而有之的滞胀）的影响。

我们需要强调的是挑战的根源是什么。通过分析，可以区分两个关键问题，我们可以称之为控制和自治的问题。控制是指中央银行管理存款创造过程的技术能力。央行官员能随意增加或减少银行货币吗？相比之下，自治指的是央行管理需求的政策能力。央行官员能随意增加或减少总支出吗？显然，去疆界化对货币政策的挑战在于央行的自治权而非控制权。

去疆界化既不损害货币政策工具（公开市场操作和贴现率）与银行准备金之间的联系，也不损害银行准备金与存款创造之间的联系。因此，央行影响以本国货币单位计价的贷款能力不会受到直接影响。在这方面，央行仍然像以往一样是一个垄断者。相反，由于国内存在其他货币单位的竞争威胁，被侵犯的是与支出的联系，即货币政策的自治权。这就是国家在货币管理上由垄断转向寡头的真正意义所在。替代货币是指影响价格和就业的替代性支出循环，以及不受传统政策工具直接影响的替代性结算体系。正如本杰明·弗里德曼（Friedman 1999，335）指出："货币替代为国家清算机制之间的竞争开辟了道路，即使每个机制都由不同国家的央行以自己的货币加以维持。"来自国外货币的竞争越激烈，国内传统货币政策的有效性就越弱。各国央行现在必须努力保持市场对其认可的货币的忠诚度。

当然挑战很普遍。随着去疆界化进程的加快，无论某种货币多么具有竞争力或缺乏竞争力，没有一家央行能够完全摆脱寡头垄断的竞争。竞争并不像人们所认为的那样仅局限于最流行的全球货币（De Boissieu 1988）之间。只有当货币的跨境竞争仅限于国际用途时，情况才会如此：处于货币金字塔顶峰的美元、欧元和日元，以及瑞士法郎和英镑等少数较小的竞争对手，它们之间争夺私人投资组合或用于贸易结算的份额。但是,我们知道,去疆界化将货币的使用延伸到了国内和国外。因此在某种程度上,包括强势货币、弱势货币、受到正式管制保护的货币以及合法可兑换的货币在内的所有货币都会相互直接竞争。货币寡头垄断确实是全球性的,每个政府都面临去疆界化的挑战。

但这并不意味着每个政府面临的挑战都一样。普遍并不意味着统一。事实上,少数受欢迎的货币生产国(最值得注意的是市场领导者:美国、欧洲和日本)所面临的问题——它们的货币实际上在进行跨国竞争——与那些货币空间已被高度渗透的国家完全不同。对于拉丁美洲、中东或原苏联集团等经济体来说,挑战显然更大。在这些国家,货币替代已经是人们熟悉和接受的生活事实。因此,电子货币对不同国家的影响是不同的。

电子货币与竞争力较弱的货币

电子货币给货币竞争力弱的国家带来什么问题?电子货币的主要影响虽然并非微不足道,但更多的是程度上的变化,而不是性质上的变化。其影响是增加各国流通货币的种类,进一步削弱名义需求与国家货币之间本已脆弱的联系。随着更多替代货币的出现,以本国货币单位计价的银行准备金的可用性和价格的变化对总体支出的影响将更小,政策效果将被削弱。

关键是,对这些国家的央行来说,即使没有电子货币,货币竞争对货币自治权的挑战也已经够大了。与央行可以在自身决策和支出行为间建立合理紧密联系的领土货币的宁静时代相比,去领土化带来一个棘手的难题:当居民可获得的部分货币供应是由该国本币以外的货币组成时,如何引导总体支出?当局仍然可以利用公开市场操作和贴现率政策来引导银行用国家货币放贷。但只要公众也能获得其他货币,从政策执行到银行准备金再到存款创造的传导机制就会产生额外的延误或不可预测的滞后。

因此,央行需要进一步完善政策以确保实现总体目标。关键问题包括:流通中替代货币的供应量有多大?这些替代货币能支撑多少支出?而对于居民来说,在国家货币和其他货币之间来回转换以应对央行的行动,有多便利?(从技术上讲,货币之间替代交叉弹性有多大?)实际上,国家货币的供应现在必须被视为一种剩余(residual)加以管理,以补充流通货币总量中非国家部分的预期增长。一旦适当考虑到替代货币的可得性,就可以确定公开市场操作和贴现率政策的参数,幸运的话,这些参数仍将对宏观经济运行产生预期的影响。

因此,尽管困难重重,但这种困境可能可控,但前提是国家货币供应量所代表的剩余不至于太小。当然,问题就在这里。事实上,越来越多国家的本币在货币总量中所占的份额已经因为去疆界化而迅速减少,第一章引用的数据清楚地表明了这一点。在许多经济体中,国家货币供应量确实正在迅速成为一种剩余,其规模太小,无法对总支出产生太大的直接影响。

在这种情况下,电子货币将在量上增加央行的问题,但在任何意义上,都不会在质上增加央行的问题。去疆界化打破了国家货币和名义需求之间的直接联系,对于这些国家来说,真正中断联系的时代早已随着货币去疆界化而到来。这些国家的货币空间已经被渗透,它们的央行早已被迫为争夺市场份额而斗争;因此,它们的主权早就开始衰落。电子货币的出现只会加速这股潮流的退潮,因为它会让更多的货币参与竞争,其中一些货币可能比政府自有品牌的货币更具吸引力。正如一位评论员所言(Negroponte 1996):"与许多发展中国家的货币相比,我们大多数人更容易相信 GM、IBM 或 AT&T 的货币。毕竟保证的效力取决于保证人。"这些国家央行面临的竞争不是新的,只是更激烈的。

电子货币与市场领导者

那么,那些货币起着对外渗透作用的市场领导者呢?到目前为止,这些经济体享受着某种程度的自由,享受着国外成功竞争带来的所有好处,却没有受到国内货币垄断威胁带来的相应不利影响。对它们来说,国家货币和名义需求之间的联系尚未真正中断。因此,对他们来说,只要一种或多种电子货币开始获得广泛接受,电子货币的出现将真正成为一种逆转——电子货币导致这些国家面临挑战的种类发生明显的变化,而不仅仅是程度发生变化。市场领导者也将首次在自己的地盘上面临真正的货币竞争。

事实上，如果说有什么不同的话，甚至在任何影响蔓延到货币竞争力较低的国家之前，市场领导者可能会首先感受到挑战。原因显而易见，因为市场领导者们与电子商务的新领域联系最紧密。美国、欧洲和日本的在线访问量远远超过其他地方。因此，电子货币最有可能在这些地方得到广泛接受。Flooz、Beenz 和迄今为止的大多数其他实验都起源于世界上最发达的经济体。这绝非偶然，这些经济体在金融和计算机技术上都很成熟。正是这些经济体最有可能接受以电子方式使用和转移的创新支付手段。

一旦这些实验开始取得成果，正如科布林（Kobrin 1997）和本杰明·弗里德曼（Friedman 1999）所断言，一个新的时代将会真正到来。就像那些货币竞争力较弱、货币空间已经被渗透的国家一样，市场领导者国家中货币的种类将会增多，从而打破国家货币与名义需求之间的联系。美联储、欧洲中央银行和日本银行等国家央行，将首次面临一个棘手的困境，即当可用货币存量的很大一部分由国家认可的货币单位（美元、欧元或日元）以外的货币组成时，它们如何有效引导支出。

然而，同样重要的是要指出挑战的根源在哪。例如，科布林（Kobrin 1997）关于电子货币对货币管理潜在深远影响的担忧是正确的。但他的理由是错的，因为他强调货币政策的控制性，而不是其自治性。正如科布林所说，问题关键不在于电子货币的出现使央行难以控制货币总量。如同那些已经历货币去领土化的国家一样，市场领导者的央行管理以本国货币单位计价的贷款的能力不会受到直接影响。银行准备金仍可以调整，用以引导当地银行货币的增长。如本杰明·弗里德曼（Friedman 1999，2000）正确指出的那样，挑战在于中央银行政策的自治性——即管理需求的能力——因为这些国家的货币面临越来越多的有吸引力的替代品。艾伦·格林斯潘和他在欧洲以及日本的同行们现在也将被迫完善政策，就像其他地方不那么幸运的央行行长已经被迫做的那样；也就是说，在适当考虑流通中替代货币的可得性的情况下，将国家货币供应更多地视为剩余。

与其他地方一样，问题在于剩余的相对规模。本地货币在货币总存量中所占的份额会不会因为变得太小以至于无法有效地控制总支出？欧洲央行行长奥特马·伊辛（Issing 2000）最尖锐地提出了这个问题。在一个电子货币的世界里，伊辛（Issing 2000，30）问道："像欧元、美元和英镑这些被人们熟知的记账单位还会有任何意义吗？"

帝国的反击？

上文提到的这些威胁是真的吗？如前所述，赫莱纳（Helleiner 1998a）等人认为挑战可能不太严重，并且提供了三大论据，但我认为没有一条完全有说服力。

首先，他们认为私人发行新电子货币的可能性较小。赫莱纳（Helleiner 1998a）和古德哈特（Goodhart 2000）都认为，私人发行电子货币的情况不太可能发生，因为现有国家货币已经享有在位的固有优势。用古德哈特的话来说（Goodhart 2000，200—201）："传统货币具有先发优势，它已经在那里了……不会发生传统货币在电子货币手中消亡的情况。"但这种怀疑论忽视了克服市场保护偏见的强大力量：不断扩大的电子商务世界创造了巨大的新机遇；最重要的是铸币税的强大诱惑。众所周知，虽然几乎没有理由指望新的"无根"货币一夜之间获得接受，但有充分理由相信，只要有足够的时间，就可以创建必要的交易网络。问题不在于传统货币的消亡，而在于非传统货币竞争对手的出现。甚至古德哈特（Goodhart 2007，200—201）也承认，"随着时间的推移，电子货币的某些品牌（或多个品牌）可能会越来越被广泛接受，并可能在更广泛的用途中取代国家货币。"这些替代品越被广泛接受，市场对基础货币的需求就越萎缩，央行资产负债表缩减的规模就越大，对货币政策实施的影响就越大。

古德哈特还强调，在当今技术条件下，电子货币交易很难完全保密。他（Goodhart 2000，192—193）问道："付款人/收款人如何能够确信另一个交易对手记录交易的方式不会留下后续可追踪的审计线索？"这个问题不无道理。显然，这项技术并不存在，至少目前还不能让电子货币像纸币那样匿名交易。人们承认，提供充分的隐私保障是一项棘手的挑战。但我们也有理由注意到，在大多数经济体中，纸币在整体交易中所占的份额不断下降。支票账户或传统货币的电子支付系统也存在同样的匿名威胁。事实上，电子货币在这方面并没有特别的劣势。

那么，中央银行在提供支付系统方面的固有优势是什么呢？弗里德曼（Friedman 2000）强调了这一点，事实上，这可以追溯到纳普的国家货币理论。弗里德曼认为，中央银行是一个政府机构，由国家全权支持，这一事实使得其自身的结算机制与任何私人货币发行者的相比几乎没有风险。因此，"在可预见的将来，包括各种电子货币在内的其他机制不太可能取代目前的结算机制"（Friedman 2000，212）。[27] 然而，再一次地，这对如何建立对货币的信任采取了过度限制的观点。诚然，国家支持赋予传统货币额外的竞争力，但由于已指出的原因，即使是这种优势也不一定会成为阻挡成功引入新形式货币的不可逾越的障碍。

第二种观点指向另一个事实，各国央行也曾宣称自己对电子货币的挑战漠不关心。例如，赫莱纳（Helleiner 1998a）引用大量官方研究，并得出乐观的结论。典型的例子是 1996 年国际清算银行的一份报告，该报告断言，就货币政策而言："操作技术需要大幅调整的可能性很小。"[28] 因此，如果政策制定者不担心这种前景，赫莱纳问道："为什么其他人应该担心呢？"然而事实上，这只是国际清算银行对第一代电子货币（电子现金 1.0）作出的评论，并且只针对 Mondex 和 Digicash 等早期预付费产品。央行行长们对更新版本的电子货币漠不关心的理由要少得多，新版本的电子货币提供了全新清算机制的可能性，而不仅仅是另一种形式的流动性。正如德国联邦银行在 1999 年承认的那样："不能排除网络货币独立于货币政策的可能性。"（Bundesbank 1999，51）最尖锐的是英格兰银行行长默文·金的焦虑言论。金（King 1999，411）认为："一旦新的电子货币使交易者能够绕过国家批准的货币，央行将失去实施货币政策的能力。比尔·盖茨的接班人可能会让艾伦·格林斯潘的继任者破产。"像这样的评论似乎一点也不集中。

第三种观点更严肃地看待电子货币的可能性，承认货币政策可能存在的风险，但仍表达了对央行维持其对名义需求的传统影响力的信心。如果需要的话，帝国有武器反击。政治学家赫莱纳（Helleiner 1998a）认为，这意味着使用国家的强制权力。他认为，如果央行行长的传统特权看起来岌岌可危,他们就不太可能完全保持被动。更有可能的是,他们将寻求将监管权限扩大至新出现的电子货币上,向电子货币发行人施加与传统商业银行相同的准备金要求,以大致相同的方式通过传统货币政策工具管理电子货币发行者的准备金。正如他所(Helleiner 1998a)指出的:"国家当局可以对价值贮藏媒介实施类似于对其他形式货币的监管结构。"(Helleiner 1998a, 407)在极端情况下,国家当局甚至可能完全取缔新的电子货币。

但央行能做到这一切吗?网络空间的主要特征之一是它与国家疆界分离。可以想象,电子货币的生产商可以通过将业务转移到另一个司法管辖区来逃避管制或禁令,就像银行长期以来通过加勒比或其他地区的离岸中心来逃避税收和各种限制一样。我已经在第四章提及世界各地现存的庞大金融中介网络,这些网络甚至可以用来规避最严厉的官方限制。将央行的监管权限扩大到电子货币的尝试,在实践中可能是徒劳的。

对其他人来说,比如经济学家弗里德曼(Friedman 2000)、古德哈特(Goodhart 2000)和伍德福德(Woodford 2000),国家反击的力量不在于央行的监管机构,而在于其持续影响利率的能力。[29]用弗里德曼的话来说(Friedman 2000, 226):"即使在极不可能的情况下,网络货币的发展允许提供与中央银行服务有效竞争的替代结算服务,中央银行也很可能继续影响政策利率。"中央银行按理说可以通过以电子货币及国家认可的货币进行公开市场或贴现率操作来保持对利率的影响力。但是,对于决策者而言,要求使用他们自己不会创造的货币进行交易会多么容易呢?各国央行别无选择,只能像现在持有外汇储备一样,建立一个电子货币的战争宝库。但这仍与它们随意创造国家货币的传统能力不同。利率可能会受到影响,但却不一定完全受到影响。

简言之,这种威胁确实存在。电子货币的风险并不在于主权国家的权力会消失,至少不在于国家控制本国货币供应的能力。相反,随着货币种类的增加,国家的权力将变得越来越无关紧要,就像伊辛和金担心的那样。货币政策的自治性将逐渐消失。就像其他国家的一样,这是(或者应该是)市场领导者的担忧。尽管有相反的论点,黎明似乎一点也不假。

结　　论

因此,随着未来的发展,全球货币之间的竞争注定会更加激烈,而不是更少。在争夺市场份额的寡头竞争中,各国央行必须面对的不仅是彼此,它们也将越来越多地面对来自私人部门的挑战。而且,这种竞争方式在领土货币时代之前从未出现过。货币地理的新领域正在显现。在国家边界内,国家权力正受到地方货币体系蔓延的侵蚀,每一种货币体系都可能将一部分货币治理权力下放给社区或国家以下区域。从跨国角度看,国家认可的货币面临着多种的电子货币的影响,每种电子货币都能够将权力向外扩散到新兴的网络空间。政府不再希望像过去那样主导货币市场的供给了。公共政策将被迫相应调整。

注　释

1. 关于当地货币的文献相当广泛,尽管大多数贡献都来自那些寻求为他们的事业吸引支持的热心人士。其中信息量最大的来源包括 L. Solomon 1996；Lietaer 2001。其他文献参考 Helleiner 2000,36—37。

2. "补充"一词(Lietaer 2001)是用来表示地方货币的目的不是取代而是补充传统的国家认可货币的职能,还有人将其称为"多货币系统"(Douthwaite 1999)或"多级货币系统"(Robertson 1990)。

3. 2000 年和 1980 年代的估计数据来自 Lietaer 2001,5,159。1993 年的估计数据来自 *The Economist*,24 April 1993,60。

4. 尽管如第一章所述,所有货币都可以理解为多边的易货贸易,但只有某些地方货币明确设计了这一目的。因此,传统做法是将易货标签仅限于这一类货币体系。

5. 了解更多有关代金券的详细信息,参见 Timberlake 1987,1992；Lietaer 2001,148—158。

6. 有关伊萨卡小时的更多详细信息,参见 L. Solomon 1996,43—52；Frick 1996。保罗·格洛弗建立了一个网站:http://www.publiccom.com/web/ithaca-hour,只要付一小笔费用,他就可以向任何有兴趣仿效他模型的人发送一个家乡货币启动工具包(Hometown Money Starter Kit)。

7. 参见 *The Economist*，28 June 1997，29。

8. 参见 *Santa Barbara News Press*，9 February 1999，Bl，以及大学学报，*Daily Nexus*，23 October 2000。

9. 如 *New York Times*，30 January 2001 所报道的那样。

10. 参见 *Los Angeles Times*，6 May 2002。在智利瓦尔帕莱索，当地易货俱乐部的纸币被称为 *talento*；它边境对面的阿根廷小镇里约热内卢易货俱乐部的纸币被称为 *credito*。遗憾的是，2002 年初阿根廷货币局崩溃后，该国的经济危机在某些情况下导致过度发行和伪造易货货币，使其购买力贬值。

11. 利塔尔将地方货币称为"有助于工作的货币"(Lietater 2001，25)。

12. 在南太平洋、撒哈拉以南非洲和其他地方仍存在的原住民社会中，人类学家早就注意到，原住民货币往往在维持基本社会结构和关系方面发挥着关键作用。相关讨论，参见 Akin and Robbins 1999。同样，社会学家强调，即使在现代环境中，货币仍然根植于不同的文化和社会结构中，参见 Dodd 1994；Zelizer 1994。

13. 关于电子货币的有用介绍 Furche and Wrightson 1996；Lynch and Lundquist 1996；E. Solomon 1997；Lietaer 2001，ch. 3；Spencer 2001。

14. 欧洲中央银行(The European Central Bank 2000)倾向使用"基于硬件的产品"和"基于软件的产品"这样的术语。

15. E. Solomon 1997 更喜欢"网络货币"这个词。

16. 国际清算银行(The Bank for International Settlements 2000)提供了预付费电子货币产品的详细调查。更多细节，参见 Singleton 1995；Furch and Wrightson 1996，ch. 5；Stewart 1997；ECB 2000b。

17. *New York Times*，6 February 2002。亦可参见 *The Economist*，5 May 2001，65—66. PayPal 的网址为 *http://www.paypal.com*。

18. *New York Times*，27 August 2001。

19. 其他例子包括美国的 Cybergold 和 Greenpoints 以及英国的 iPoints 和 Tesco Clubcard。

20. 到 2002 年，这种购买估计占全球里程赎回的 3% 左右。参见 *The Economist*，4 May 2002，62。

21. E. Solomon 1997，75。用欧洲中央行 (The European Central Bank 2000b，55)相当枯燥的语言来说："有一种风险是，电子货币可能会导致出现多个账户单位。"

22. 所涉及的金额绝不是微不足道。例如，据估计，2001 年底，常旅客计划中未使用的余额(航空公司可以将其出售给非航空公司，以换取商品和服务)在全球范围内总计接近 8 万亿英里(*The Economist*，4 May 2002，62)。里程的交易价格通常在每英里 1 美分到 3 美分之间，里程总价值在 800 亿美元到 2 400 亿美元之间，有可能用于增加航空公司的收入(当然，假设有足够的卖方网络准备接受里程付款)。

23. 更多关于这些挑战的信息，参见 Spencer 2001；Tumin 2002。

24. 一个罕见的早期例外，参见 Berentsen 1998。

25. B. Friedman 1999，321。此后，其他持类似观点的人包括：Costa and De Grau we 2001；Cronin and Dowd 2001。

26. 弗里德曼、古德哈特和伍德福德的论文显然是对本杰明·弗里德曼 1999 年文章的直接回应。反过来，B.弗里德曼（Friedman 2000）的文章，是对他们三个的反驳。目前尚不清楚四人中是否有人知道科布林和赫莱纳早期的贡献。他们撰文时，弗里德曼是加拿大央行副行长，而古德哈特和伍德福德分别是伦敦经济学院和普林斯顿大学的学者。

27. 类似观点参见 Agiietta 2002；Ingham 2002。用阿格利塔的话说（Aglietta 2002，66）："这种科幻小说中对未来的设想不可能实现。"

28. Bank for International Settlements 1996，7。其他引用，参见 Helleiner 1998a，29。

29. 亦可参见 Henckel，Ize，and Kovanen et al. 1999。

第八章
治理新货币地理格局

新的货币地理格局将如何治理？它能被治理吗？在由市场竞争压力重新创造的复杂的货币组合中，更多而非更少的主体正在行使权力——不仅是传统威斯特伐利亚模式中的国家，还有越来越多包括用户和供给者（地方货币和电子货币）在内的非国家主体正在行使权力。简言之，权力变得越来越分散，而非更集中。这种转变的好处是单个国家的货币管理将较少受到垄断特权剥削性滥用的影响。缺点是，权力主体太多可能导致不稳定甚至冲突，侵蚀货币在所有传统职能上的效用。货币管理的挑战将是找到有效地应对这一新形势危害的方法，以最大限度减少货币竞争风险的同时保留其公认的收益。

这让我们回到公共政策上来。正如我在《货币地理》（*The Geography of Money* 1998，ch.8）一书中所说，国家在货币治理中的作用仍然不可否认。尽管考虑新的非国家治理机构的形式很诱人，但我们必须实事求是。国家主权仍然是世界政治的中心组织原则；社会仍然希望是国家首先找到解决问题的办法。因此，对于已建立的政府和我们而言，必须寻求对潜在危险的建设性回应。需要从两个层面应对这一挑战。在国内层面，经济事务的管理现在越来越成问题；而在国际层面，捍卫货币主权的难度越来越大。在国内层面，当务之急是找到一些新方法，以妥善管理宏观经济运行。在国际层面上，则是需要成功遏制货币竞争释放的离心力。在这两个层面上，核心问题相同，即国家偏好如何与市场力量的影响相协调？在每一层面上，如果政府准备好抓住机遇，就有可能建立有效的治理机制。

220

国 内 层 面

在国内层面,权力在当今货币地理格局上的扩散,代表着货币管理方式的根本性转变。公共部门不再享有对社会部门的特权。在越来越多的国家,治理现在不得不由公共部门和私人部门共同承担,这大大削弱了国家通过货币政策管理经济运行的能力。市场主体作为货币的使用者和生产者都获得了更大的影响力。因此,如果政府要继续为国家广泛的繁荣负责,就必须找到稳定经济活动和促进经济增长的新方法。实际上,这将需要财政政策作为宏观经济管理的核心工具。

被篡夺的货币政策

回想一下前面几章的讨论。与前威斯特伐利亚时代多个货币领域重叠的世界相比,专属国家货币赋予各国政府一个强大工具来影响产出和价格。名义需求在某种程度上可能会直接对货币总量和利率的变化作出反应。然而,随着国内外竞争性货币的出现,货币政策的效果受到严重损害,因为特定社会主体有更多选择,货币供应量日益内生化。市场主体可以选择使用替代货币,有些甚至可以创造替代货币。因此,社会主体的支出决策不再需要根据国家批准的货币的可得性进行调整。事实上恰恰相反。现在,国家批准的货币的可得性可能必须更多地根据支出决策进行调整,使私人部门在一定程度上能够影响公共政策。这在以往是前所未有的。从政治角度看,这相当于篡夺了传统货币政策的统治权。国家的部分管理权力实际上转移到我们称之为"市场"的社会机构。

这是好事还是坏事?正如第四章中对资本管制的讨论一样,这个问题涉及根深蒂固的政治价值观。一方面是自由主义者们,他们一直不信任政府的权威,忽视国家在提供公共产品和市场有效运作所需的标准和规则方面的建设性作用。对于自由主义者来说,市场的分散决策总是比政府官员潜在的武断行为更可取。另一方面是像我这样的人,担心当我们过度依赖市场的民意调查来制定公共政策时所产生的公平和责任问题。

自由主义的观点显然有一些价值。我们知道,各国为寻求建立自己的垄断权经常滥用权力而损害本国公民的利益。宏观经济管理手段经常被误用,甚至适得其反;更糟糕的是,许多政府已经习惯过度依赖铸币税来为公共支出提供资金,从而导致过度通货膨胀。相比之下,货币的选择权为焦躁不安的公众提供了一个避难所——如本书之前所述,这一种预防"通货膨胀税"这一致命疾病的疫苗。但我们也知道,如果恢复和维持一种健康货币的代价是需要陷入无休止的信心游戏,那么治愈的结果很可能比疾病本身更糟糕。政府越是被迫安抚有影响力的市场主体的偏好,"金色紧身衣"的约束就会越紧,可能越不利于公共福利。随着时间的推移,"根管经济学"的成本可能是丧失经济增长。

归根结底,这在很大程度上取决于每个国家的政治制度——最重要的是,政府本身在多大程度上能够对民主选民负责。自由主义的观点最适合那些仍然缺乏代表性政治机构的国家。对于失败或专制国家的不幸民众来说,市场可能确实是表达对官方政策看法的唯一途径——即用货币投票。尽管选举权可能有些扭曲,偏袒那些最富有或与政府关系最好的人,但总比没有选举权好。但在代议制民主国家的背景下,依赖未经选举和不负责任的市场主体似乎没有那么合理。因为在代议制民主国家中,标准的政治程序享有更大的合法性。如果政策制定者(至少在原则上)在得到被统治者同意的情况下治理国家,那么国家管理宏观经济运行能力的减弱必须被视为一个真正的问题。正如乔治·索罗斯(Soros 2002)所写:"如果国际金融市场优先于民主进程,那么这个体系就有问题。"

我们能做些什么来修复这个体系,以便修复那些丧失的执政权威呢?货币专家提出三种可能,但都不是很有前景的解决方案。

在新自由主义"华盛顿共识"的批评者中,最流行的一种可能性是通过资本管制来缓解压力。[1]这种国家干预方案的逻辑源于"不洁的三位一体"。如果资本流动与国家货币自治权不兼容,为什么还要继续容忍资本流动?相反,为什么不利用国家的合法强制力来维持一种货币的市场份额呢？有人认为，只要政府管制货币的权利在国际法中得到承认，国家就可以通过限制选择，限制资本的流入或流出来战胜市场。

但代价是什么？如第四章所述，毫无疑问，如果设计和实施得当，资本管制可以在一段时间内取得成功。但也毫无疑问，随着时间的推移，它的有效性肯定会受到侵蚀，除非反复延长管制，从而冒着越来越大的效率损失的风险。在货币替代已经普遍存在的经济体中，效率将特别难以维持。简言之，资本管制绝不是万能的灵丹妙药。有多少政府愿意为这种不受欢迎货币的防御，而支付越来越高的原材料价格呢？

第二种解决方案回到了主流经济学家中流行的对货币制度的两极看法，寻求浮动汇率来缓解压力。[2]在这里，解决方案逻辑也来自"不洁的三位一体"。如果在一个资本流动的世界里，货币自主性与任何硬钉住或软钉住汇率制度都不兼容，或许可以通过采用灵活的汇率来恢复政策效力。近年来，许多政府都试图走这条路。到20世纪90年代末，几乎一半的货币基金组织成员国正式宣布某种形式的货币浮动，而90年代初只有四分之一，1980年则不到十分之一（Fischer，2001）。它们的目的是通过取消官方汇率目标来为自己创造更大的回旋余地。

然而，正如许多观察人士现在开始承认的那样，浮动汇率制也不是万灵药。[3]尽管有"不洁的三位一体"的逻辑，但在金融市场仍然相对薄弱的经济体中，即使货币微小进出也可能导致汇率大幅波动；而这种波动，反过来又会对货币政策施加约束。很少有政府愿意长期忍受这种持续或任意的汇率波动，因为这会对投资产生抑制作用。[4]在实践中，尽管许多政府正式承诺浮动，但它们仍积极干预以缓和汇率的变动。用卡尔沃和莱因哈特（Calvo and Reinhart 2002）的话来说："这表现出它们对浮动的恐惧。"到目前为止，实证研究已经充分证明了各国官方宣称的制度与实际操作之间的差距越来越大，[5]甚至促使国际货币基金组织对货币安排的分类方式进行正式修订。[6]各国通过购买或出售本国货币，直接在外汇市场上进行干预以限制汇率波动的情况并不少见。在更多情况下，各国通过货币供应或利率的变化间接干预汇率变动，实际上是为了外部稳定而牺牲国内政策目标。政策制定者发现自己仍然在拼命地玩信心游戏。用一位敏锐的观察者（Fratzscher 2002，25）的话来说："在一个日益依存的世界中,我们正从一个'不可能的三位一体'(Impossible Trinity)走向'不可能的两位一体'(Impossible Duality)。"即使在灵活的汇率安排下,各国实施独立自主的货币政策也变得越来越困难。

最后一种可能的方案是,各国政府可能会以中央银行独立的方式寻求体制改革,以此来缓解压力。这种方法长期以来受到众多经济学家的青睐。[7]中央银行的独立性意味着,在法律规定的范围内,中央银行可以完全自主地运作。尽管最终要对当选的政策制定者负责,但央行官员在日常工作中不受政治干预,在正常情况下,他们没有义务帮助承担公共部门支出。对货币的控制正式"非政治化",意味着承诺遵守严格的纪律。这里的逻辑源于说服(而不是强迫)可以作为维持市场份额的策略发挥作用。如果货币的声誉可以通过对"健全"管理的可靠承诺来巩固,那么还有什么比把货币权力下放给一群无利害关系的专业人士来确保信任更好的方法呢? 人们认为,政客们将持续受到操纵货币供应以获得短期利益的诱惑。相比之下,央行官员们只要不受直接的政治影响,就可以期待他们将眼光放长远,并保持更大的政策一致性。正如一位消息人士(McNamara 2002,48,52)总结的那样:"授权具有重要的合法性和象征性意义,它被视为增强承诺的关键途径。"

近年来,特别是自 20 世纪 80 年代以来,许多政府也尝试这一方案。曾经世界上独立的中央银行的数量一只手数得出来,现在却有几十家。[8]如今在西欧、北美和日本的所有发达经济体以及拉丁美洲、东亚和中东欧的许多新兴市场经济体,货币政策都由独立机构管理。在这方面,其目的也是通过缓解人们对政策制定者的潜在怀疑来创造更多的政策调整空间。

但央行的独立性并不比其他两种解决方案有效,即使它确实成功地将货币政策与政治的喧嚣隔离开来。毕竟,问题不在于谁负责,而在于负责什么。即使在新的独立管理下,国家货币现在也成为众多货币中的一种;随着新的竞争货币不断涌现,竞争加剧,央行实现其最终目标——控制总支出——的能力只会越来越弱。对货币的控制"非政治化"可以减缓市场份额的流失,但不能恢复国家的垄断特权。如前一章所述,如果没有这种垄断特权,央行的权力无论行使得多么稳健,最后都有可能变得越来越无关紧要。货币竞争就像让泰坦尼克号沉没的冰山。仅仅靠重新布置上层甲板上的椅子是救不了这艘船的。

复苏的财政政策

然而,各国政府并不是失去了所有东西。无论是通过资本管制、浮动汇率制还是中央银行的独立性,都可能无法再阻止货币政策有效性被篡夺,但这并不意味着各国别无选择而只能屈从于市场支配。它们仍然可以保留一定程度的管理权威,但前提是各国政府准备重新利用其他宏观经济政策工具——财政政策,即政府自己的收支计划。适当执行的预算政策是促进国家繁荣的有效手段。

目前,我们知道,激进的财政政策不受大多数主流经济学家的青睐,这主要是因为公共预算决策常常受制于选举或党派政治的命运。很少有专家怀疑,如果财政政策能够像货币政策一样被灵活管理,各国政府将更有能力帮助稳定经济活动以及促进经济增长。逆周期财政政策潜在有效性的证据非常充分,尤其是如果政策举措直接针对个人可支配收入的话。[9]由于许多家庭没有办法在工资上涨或下跌时平滑消费,因此,设计合理的现金转移或税率变动(如预扣税率或销售税)可以对名义需求产生直接而有力的影响。与标准货币政策相比,广义收入措施在分配方面的影响要公平得多,而标准货币政策的影响则往往高度集中在耐用品制造业和房地产等对利率敏感的部门。

其至部分学者认为,只要所有预算举措都必须通过立法机构的审查,就能实现必要的政策灵活性。《经济学人》(*The Economist* 2002)写道,问题在于因为政客们"没完没了的争吵,导致政府无法设计出正确的措施或无法在正确的时间予以实施。"2001年9月11日臭名昭著的恐怖袭击之后,美国政府提供了一个恰当的例子。尽管在美国经济已经陷入衰退之际发生了严重的"可怕的冲击",但国会花了整整六个月的时间才就一项适度刺激法案的条款达成一致。讽刺的是,那时的美国生产和就业已经开始自行回升。

但是,如果财政政策在某种程度上像今天这么多国家的货币政策一样非政治化呢? 与中央银行的独立性类似,财政政策的非政治化意味着将一定范围的财政权力下放给一个自主的公共机构,由这个机构对总产出和价格的持续波动作出积极反应。像一个独立的中央银行一样,该机构将由不受直接政治影响的专业人士组成。同独立的中央银行一样,实施独立财政政策的机构将在法律规定的范围内运作,并最终对民选官员完全负责。在这样一种体制改革下,基于长远利益和政策一致性而作出的特定预算决定将恢复国家对宏观经济运行的影响力。

尽管较为敏感以及涉及各方利益,财政政策的部分非政治化绝不是不切实际。最近有几个方提出了这方面的建议,其中美联储理事会副主席艾伦·布林德的观点最引人关注。[10]当然,可以理解的是,由于预算中大部分支出关乎政府基本职能的核心,因此,在支出资金的拨付和分配上几乎没有权力下放的余地。此外,大多数公共支出项目都存在一定"粘性",很难在短时间内启动或停止。然而,在财政收入侧,即税收和转移支付方面还存在较大的权力下放空间,可以在政治上以可接受的方式将税收权赋予一个自治的财政机构。如果有适当的保障措施,这个想法并非异想天开。

这样做的目的是在需要的时候便于改变税率和边际转移支付,就像中央银行改变利率和银行准备金一样。在建立该机构时,政治当局将设定基本的目标和参数;此外,政府官员将持续进行积极监督,以确保该机构采取负责任的行为。但在法定范围内,该机构将有权根据不断变化的经济状况对政府收入进行及时调整。作为年度预算进程的一部分,政府可事先商定可能的调整范围,让该机构全权决定具体变化的幅度和时间。或者,该机构可以获得自行作出此类决定的更大自由,但可能会受到某种形式的立法批准或否决。例如,机构的所有决定都可在规定时间内由立法机关进行一次赞成或反对投票。或者,机构的决定可在规定时间内自动生效,除非立法者投票推翻。许多方法可用于调和民主问责制和财政政策非政治化的决策。

当然人们可以提出反对意见,就像反对央行的独立性一样。具有代表性的是政治学家雪莉·伯曼和凯瑟琳·麦克纳马拉的言论。他们是中央银行独立性的两位批评者,对将如此大的权力集中在少数未经选举的个人手中表示了可以理解的忧虑。他们认为,政策的非政治化是有代价的。各国放弃对其经济命运的控制权,民主管制有时会产生错误和尴尬,但总的来说,它们也会带来适度的成功以及最重要的合法性。[11]但正如布林德(Blinder 1997)所反驳的那样,代议制政府将某些政策领域决策权力分配给指定专业人员的想法并不罕见。在公共政策方面,政治斗争的大致优点和技术专长可能的滥用之间总是存在一种权衡。不同的国家在政治决策和技术专长之间划出不同的界限,没有人怀疑美国和其他国家所建立的许多独立机构的合法性,这些机构将特定领域的决策与美国证券交易委员会或美国食品药品监督管理局的政治影响力隔离开来。正如布林德(Blinder 1997,125)所写:"这样的机制虽然不完美,但有效。"只要严格限定其授权,且运作受到严密监督,一个自治的财政机构没有理由不起作用。

无论如何,我们应该考虑另一种选择。如果不以某种形式复苏财政政策,各国政府可能根本没有办法管理宏观经济运行。货币竞争的加速已经迅速剥夺了许多国家的货币政策工具。然而,代议制政府仍然对国家广泛的繁荣负责。因此,各国政府剩下的唯一选择越来越明显,要么通过更灵活的财政机制进行某种管理,要么根本不进行管理。一个自主的财政机构至少会让政府官员发挥一些剩余作用。我们真的能指望国家温顺地把所有权力让给市场吗?

国 际 层 面

在国际层面,挑战更加艰巨,有更多主体参与到争夺统治权力的斗争中。在世界范围内,政府面临的竞争不仅来自市场,而且来自彼此,每个国家以自己的方式应对货币去疆界化对货币主权的威胁。选择图(见图1)中总结的决策过程是一个完全分散的过程。如果没有某种有效的协调机制,就无法保证各国政府所选择的策略(无论从一国角度来看多么合理)能在全球范围内相互兼容。争论的焦点是典型的集体行动困境。如何管理多个国家的偏好以使货币不稳定或冲突的风险最小?

原则上,三种广泛的解决方案可能被认为可行。这取决于世界中央银行、处于货币金字塔顶峰的市场领导者或国际货币基金组织等中介机构中究竟谁充当协调者。实际上,只有第二种和第三种选择的某种组合,似乎才能在当前的货币环境中带来真正的希望。

世界中央银行

为什么不干脆建立一个世界中央银行,授权它为全人类发行和管理货币呢? 这无疑是解决集体行动困境最直接的途径。届时将只有一种通用货币,取代如今的各种货币,在世界各地发挥交换媒介、价值储存和价值尺度的职能。与今天货币金字塔内货币生产商都在激烈竞争以提高市场份额的达尔文式斗争不同,届时只有一个拥有超国家权力的中央机构来确保货币稳定。例如,如同美联储目前在全国范围内协调 50 个州的货币需求一样,世界中央银行将在全球范围内协调货币需求。作为对货币地理挑战的回应,这种方法的优点是简洁,甚至优雅。令人遗憾的是,它也有缺陷,而且不切实际。

长期以来,世界中央银行的想法一直吸引着货币专家,最早可以追溯到 19 世纪领土货币出现之初。自由派经济学家约翰·斯图尔特·密尔(Mill 1871,514—515)的观点很典型。他宣称,坚持使用独立国家货币是一种"野蛮行为","随着政治进步"各种货币终有一天会被世界通用货币所取代。1867 年,与巴黎世界博览会同时举行的国际货币大会上,与会代表们就是否应该用单一的世界货币体系取代所有国家货币体系的提议进行了长时间辩论。尽管它最终被视为乌托邦式提议而遭拒绝,但这一梦想仍然延续。[12]而在最近几年,随着货币的日益去疆界化,这一提议再次出现在公众讨论中。早在 1970 年,前美联储主席威廉·麦克切斯尼·马丁就认为:"当今世界中一个强大的世界中央银行正变得越来越重要。"他的观点也日益得到其他人的认同,比如著名经济学家理查德·库珀(Cooper 1974、1995、1999a)和保罗·斯特雷滕(Streeten 1991)。斯特雷滕(Streeten 1991)写道:"如果我们希望朝着一个多元、民主的世界秩序前进,那么世界货币必须成为其中的一个重要组成部分。"[13]在过去的几年里,该想法得到《经济学人》(*The Economist* 1998)这一有影响力的杂志的支持,并在国际货币基金组织(IMF 2000a)和美国经济协会(Rogoff 2001)举办的会议上进行严肃讨论。

这个想法的逻辑很简单,源于规模经济和网络外部性的逻辑。正如第一章中提及,自然垄断的论点导致许多专业的学者支持收缩论,预测如今的"垃圾货币"将会消亡。如果货币生产的效率与交易网络的规模成反比,那么对全世界而言,还有什么比单一货币生产商更有效率呢?全球央行将代表着一种极端形式的主权交易,即最终将货币政策外包出去。

但这种想法的缺点同样明显。首先一个显而易见的事实是,世界作为一个整体绝不是一个最优货币区。预期节约的交易成本,必须平衡宏观经济层面的潜在损失。这些损失是由于抑制当地货币或汇率政策造成的,这些政策原本有可能缓和不对称冲击的影响。全球的商业周期很难同步。更糟糕的是,很少有经济体拥有迅速作出调整所必须的高度市场灵活性。因此,目前表现为利率或汇率变化的不稳定性,可能会使总产出和就业发生显著变化,而不仅仅是抵消效率增益。

其次,更为关键的是垄断的弊端。垄断是一种权力集中,很容易被滥用。全球中央银行也代表着超国家治理的最终目标。各国应将其在货币事务上的所有正式权力向上转移——自愿放弃所有对国家货币主权剩余利益的主张,无论它们如何受到货币竞争的侵蚀。但是,正如肯尼斯·罗格夫(Rogoff 2001)所指出,如果没有一个平行的世界政府,就很难建立一个充分的监督和问责制度,以确保责任最大化。我们已在第五章中看到,大多数国家政府对跟随策略的成本有多么抵触。如果对要求最低的从属形式也无法产生太多的热情,我们真的能相信各国决策者会支持如此激进的中央集权吗? 实际上,在全球一级集中货币主权将需要一定程度的互信,即国家间的和谐,而这当前或可预见的未来都不太可能。当前,这个想法与1867年一样是乌托邦式的。[14]正如另一位美联储前主席保罗·沃尔克所宣称的那样(Volcker and Gyohten 1992):"主权政府将如此多的权力转移给超国家的世界中央银行的想法,根本无法为规划提供现实基础,无论这个想法在理论上多么吸引人。"

这个想法能不能变得不那么乌托邦? 可以想象,如果允许现有国家货币在新的世界通用货币诞生之后继续存在,政府的抵抗程度可能会降低。世界货币可能是一种有用的协调工具，但它不一定是唯一的选择。通用货币可以被创造出来用于国际交易，并且可以像古老时代的观念货币一样，作为一种全球通用的记账单位。同时，国家货币仍然可以在国内流通，从而继续为各国政府提供宝贵的利益（包括在需要时最重要的铸币税收入，以及仍然有用的国家身份象征）。在这方面，就像在各种形式的货币区域化中一样，较低程度的中央集权可能是一种鼓励更大程度接受的手段。

长期以来，罗伯特·蒙代尔一直提倡这种方法，将其作为国家偏好和市场力量相互竞争之间的一种妥协——"一个世界，一个货币区"，正如他（in IMF 2000a）所描述的那样，而不是"一个世界，一种货币"。[15]蒙代尔将效率考量放在首位，他支持将尽可能多的货币整合。毕竟，正如第一章所指出的，他曾开玩笑地说："货币的最佳数量，就像神的最佳数量一样，是一个小于 3 的奇数。"对于最优货币区理论的先驱来说，与交易成本的预期节约相比，宏观经济层面的潜在损失是次要的。但蒙代尔对所涉及的政治问题也很敏感，这些政治问题使得各国政府极不愿意正式放弃其剩余的传统货币主权。因此，他的解决方案是创造一个世界货币，而不是单一的世界货币。用他的话说：

> "正如拥有一种人人都能交谈的世界语言是好事一样，拥有一种用于国际交易的世界货币也是有益的。但我决不会建议废除所有的民族语言，转而使用世界语或英语。我也不会建议废除所有的民族货币，转而使用美元或世界货币。
>
> 我理想的均衡解决方案是创造一种每个国家都自己生产的世界货币单位（但不是单一的世界货币）。"[16]

显然，这种做法的关键在于如何建立世界货币与各国货币之间的联系。在蒙代尔的设想中，这种联系将十分紧密。[17]通过某种货币发行局安排，各国的货币将与他称之为"intor"的世界货币牢牢挂钩。只有在国家层面上保持相当高的从属程度，才能确保全球货币关系的稳定。

但这个想法跟创造一种通用货币相比，真的不那么乌托邦吗？我在第五章中曾指出，货币发行局只能吸引有限的部分国家，这主要是因为其中涉及依赖性因素。这些国家大多是处于货币金字塔底部的较小或贫穷的经济体,它们别无选择。可想而知,一些中等国家也可能愿意走这条路,只要跟随意味着服从于国际机构而不是外国政府。如果与一家世界央行、而非某一市场领导者联系,跟随策略中重塑殖民主义的内涵就会减少。但是,一国在货币金字塔中地位越高,放弃传统上与一国货币相关的自由裁量权的意愿就越低,尤其是那些处于货币金字塔顶端的国家,它们从今天的货币竞争中获得了更大比例的自由裁量权。蒙代尔的设想可能会吸引一些国家,但对那些最重要的国家却没有吸引力。

相反,各国货币与世界货币建立的关系可能会更具流动性,由各国政府自行决定。但目前还不清楚世界货币的整个运用会带来什么好处。一种既不取代也不约束国家货币的世界货币似乎在协调方面没有什么作用。事实上,具有讽刺意味的是,它的主要后果可能只是在货币达尔文式的斗争中增加了一个竞争者,加剧了去领土化所产生的集体行动困境。

市场领导者

这就只剩下两种选择来扮演协调人的角色,即市场领导者或中介机构。事实上,这两者都可以发挥重要作用。尽管这两种选择都不是没有实际困难,但两者的结合为一定程度上协调国家偏好提供了一个真正的机会。

首先,从市场领导者美国、欧洲和日本开始分析。在货币金字塔的顶端,三大巨头如果以卡特尔方式联合行动,就能作为世界中央银行的准替代方案而提供一种有效的协调机制。国家货币之间的寡头垄断竞争不一定是混乱的,只要竞争中最大的参与者提供决定性的领导。重复一下,寡头垄断的关键特征是由主体依赖性和决策高度相关性所产生的不确定性。但如果公认的领导者就政策的基本要素发出强烈而一致的信号,大部分不确定性都得以消除。三大巨头越是齐心协力,为人们的期望提供一个明确的焦点,帮助协调各国政府的决策,整个体系发生严重不稳定或冲突的风险就越低。如果美元、欧元和日元之间的关系能够成功稳定下来,那么这种影响可能会推及所有以某种方式与它们挂钩的其他货币上。货币金字塔顶端货币间的协调,将向下辐射以涵盖货币金字塔的低端的货币。

这个想法的逻辑也很简单。正如货币学家早就认识到的那样,国际合作一般都是基于直接效率的一般原则。[18]关键是,在货币关系中,任何一个政府的行动都可能产生各种"溢出"效应(外部影响和反馈),会显著影响自身以及其他国家实现优先目标的能力。这种外部性意味着,单方面选择的政策即使从单个国家的角度看是最优的,但在更广泛的区域或全球背景下,几乎肯定是次优的。任何相关经济体集团之间合作的基本原理是将某些外部性内部化,从而提高经济福利。通过让每个政府部分控制其他政府的行动,协调的决策缓解了政策工具的短缺,这种短缺本会阻碍单个政府实现自己既定的目标。从而,外部性将是正外部性,而非负外部性。

如今,三大巨头之间的合作只是将这一逻辑向前推了一步。因为很明显,所涉及的货币使用范围越广泛,正外部性就会越大。[19]学者们早就认识到,主要货币的汇率具有某种公共产品性质。美元-欧元或美元-日元交叉汇率的持续失调或波动,不仅对市场领导者本身而言代价高昂,对许多其他经济体亦如此。相反,许多其他国家,而不仅是市场领导者,将受益于三大巨头之间稳定的关系。近年货币跨境竞争的日益加剧,进一步加强顶端货币的广泛影响力。

加强三大巨头合作的最快途径是通过某种形式的汇率目标制,这是华盛顿著名智库国际经济研究所经济学家最推崇的做法。[20]汇率目标制无疑为各国国内政策管理提供了一个明确的焦点。反过来,三大巨头之间稳定和一致的关系也将提供协调其他国家行为所需的明确信号。或者,三大巨头之间的合作可以直接针对领导者的国内政策,这是罗纳德·麦金农(Mckinnon 1984,1997)所一直提倡的。美国、欧洲和日本的货币增长和财政政策将有共同的通胀目标,再次确保向其他国家发出明确的信号。无论哪种方式,人们希望的结果都是减少货币冲击或错配。过去,联合汇率目标制支持者主要关注的是合作对三大巨头自身收益的影响,但随着主导货币的使用继续在全球范围内使用,人们也日益重视更广泛的系统性收益。[21]

当然,这种方法并非没有缺点。与世界中央银行的构想一样,有两个突出的问题。幸运的是,两者都非致命缺陷。

　　首先是市场领导者的问题。三大巨头能否被说服？货币合作的实际障碍众所周知，也并非无关紧要（Cohen 1993）。最突出的是所谓时间不一致困境，即协议一旦谈判达成，之后可能会因为环境的变化而被违反。这种合作的基本假设是，三大巨头都准备将个体利益置于集体利益之下。实际上，市场领导的特权必然伴随着承担治理责任的负担。但是，如果没有某种形式的可强制执行的合规机制，这种解决方案真的不会与世界央行一样乌托邦么？实践中，很难劝阻这三个国家在它们愿意时采取单方面行动。因为它们是市场的领导者，三大巨头在基于国内考量制定策略方面仍享有比其他政府更多的自由。此外，正因为它们与外界保持着良好的隔离，政策自主性仍然被它们视为一种更接近于必需品而非奢侈品的东西。没有一个巨头表现出丝毫改变优先事项的倾向，长期以来这些优先事项被允许与国家目标严格一致。马克斯·科登悲伤地总结道："这不太可能。"[22]

　　事实上，如果说有什么不同的话，三大巨头之间的汇率波动性可能会更大，而非更小。美国和日本作为规模较大、相对封闭的经济体，从来没有把稳定汇率作为政策目标来重视；而现在欧洲货币联盟可能会采取同样的态度。它不仅规模更大，而且比美国和日本都要开放得多。欧洲人可能会对全球层面的汇率管理关注较少，而非更多。一位消息人士指出，一个更可能的结果是，三大巨头之间继续维持一种良性的相互忽视，而随着时间的推移，可能会导致更大的汇率波动。[23]

　　但这并不意味着它们在任何情况下都不合作。正如彼得·凯南（Kenen 1988）指出，区分两种不同的协调很重要，这两种协调对国家优先事项提出不同的要求。定期相互调整政策以将外部性内部化——凯南称之为合作的政策优化方法——确实需要更多的自我约束，而不是看起来与当代政治现实相符的约束。但凯南所称的"维护政权的合作"（Regime-Preserving Cooperation）就不那么正确了。维护政权的合作即必要时采取集体行动，保护现有安排或机制免受经济或政治冲击的威胁。1997—1998 年袭击东亚的那场危机，从本质上看是系统性的，其影响可能足以改变人们对利益的看法，至少在一段时间内足以克服人们对政策合作的抵制。[24]三大巨头在危机管理方面的合作完全不难想象，它们的合作对货币关系稳定的价值也不应被低估,即使它不能从一开始就为有助于防止危机爆发的预期提供清晰一致的焦点。即使只是零星、被动的协调,也比完全没有要好。

第二是关于假定的跟随者的问题。其他国家能被说服跟随吗? 即使三大巨头真的接受了联合治理的重担,问题仍然是其他国家的政府是否愿意或在多大程度上愿意跟随它们?

三大巨头之间合作的逻辑假设是大多数排名较低的货币都将以某种方式与三大巨头的货币挂钩。但正如我们从第五章中所知,这种可能性是有限的。尽管捍卫缺乏竞争力的国家货币的成本不断上升,但市场跟随策略对各国政府的吸引力仍然有限。实际上,只有少数主权国家愿意在货币学家所预测的多个货币集团中充当附属国。[25]毫无疑问,更多的政府将坚持市场保护策略,或者可能会被某种形式的货币联盟替代方案所吸引。因此,尽管市场领导者们尽了最大努力,却很难指望它们为整个世界提供一个有效的协调机制。即使是来自货币金字塔顶端的最强烈信号,也不会对坚持走自己道路的国家产生什么影响。

但是,至少对于那些没有选择走自己道路的国家来说,有一些协调总比没有好。市场跟随策略可能并不具有普遍吸引力,但从第五章我们得知,确实有一些国家会被某种形式的纵向区域化所吸引——尤其是位于中东欧和巴尔干地区的国家对欧元化的热情很高;也可能是在西半球的部分地区,如前所述,在那里,美元俱乐部的成员可能会扩大到包括该地区一些较小的经济体。对于这些国家来说,获得货币金字塔顶端国家的领导,无疑会降低货币不稳定或冲突的风险。从这个角度来看,三大巨头之间的合作确实可以做出重大贡献,即使其他许多国家依旧倾向其他策略。

国际货币基金组织

对于其他国家来说,只有存在最后一种可能,即通过一个指定的全球机构进行调解。在这种情况下,该机构无疑是国际货币基金组织。国际货币基金组织可以就各国政府制定和实施各自的货币策略向它们提供建议。对市场跟随策略持抵制态度的国家将根据选择图(见图1)的要求自由作出决策。对它们来说,决策将一如既往地分散进行。如果国际货币基金组织正式承担起协调不同偏好的责任,那么尽管寡头垄断竞争持续存在,但由此产生的决策却不一定混乱。市场领导者发出的信号不能消除寡头垄断特有的不确定性,但国际货币基金组织的提示就可以。

鉴于最近的讨论,重新考虑国际货币基金组织在这些方面的作用肯定是及时的。特别是自亚洲金融危机以来,国际货币基金组织的传统做法受到严格审视,其中最引人注目的是由保守派经济学家艾伦·梅尔泽领导的国会委员会提交的一份评估报告(International Financial Institution Advisory Commission 2000)。对许多人来说,基金组织承担了太多的责任,应该大幅缩减其雄心壮志(Feldstein 1998;Kapur 1998)。对其他人来说,问题不在于国际货币基金组织业务范围过于广泛,而在于如何制定和实施这些业务(Fischer 1998;Hale 1998b)。然而,尽管存在各种争论,但很少有人怀疑,国际货币基金组织对国际货币治理仍有重要贡献。

在当今不断变化的货币地理环境下,管理权力比以往任何时候都更分散。对于国际货币基金组织来说,似乎没有什么比在相互竞争的货币(甚至包括市场领导者的货币)之间担任协调人更好的工作了。国际货币基金组织的调解对许多政府来说无疑很有价值,因为这些政府虽然对跟随策略心存戒心,但不确定自己的利益最终之所在。国际货币基金组织还可以在帮助促进三巨头之间的合作方面发挥有益的作用,这反过来将有利于那些愿意将货币主权置于主导货币之下的政府。总体而言,国际货币基金组织积极影响可能相当大。

国际货币基金组织新增加一个调解职能并不需要重新定义其基本宗旨,正如其宪章所述,其基本宗旨(除其他之外)是"促进国际货币合作并维持成员国之间有序的汇率安排"。[26]然而,这将要求对其优先事项进行实质性的重新调整。当前国际货币基金组织的优先事项没有充分考虑不断变化的货币环境所带来的挑战。它一直把重点放在汇率上,反映了大多数经济学家所青睐的宏观经济学视角。国际货币基金组织章程指出:"为了履行其职能,基金组织应对其成员国的汇率政策实施严格监督。"[27]但正如我在第二章中所说,这只触及当今政策问题的表面。随着货币的日益非领土化,所涉及的问题远不止汇率制度的选择那么简单。各国政府必须就其货币主权的未来作出根本性决定。各国政府是否应该继续生产自己的货币并为市场份额而斗争？还是应该同意将货币政策全部或部分外包？如果国际货币基金组织要在今天的达尔文式斗争中履行其职责,以上问题就是它应该转向的重点。国际货币基金组织的监督将不仅局限于各国汇率制度的选择,而且还应包括货币制度的选择。

具体而言,这意味着在选择图(见图1)的限制范围内,国际货币基金组织要就可供政府选择的所有备选方案向它们提供详细建议。各国不应将不顾成本、旨在捍卫无竞争力国家货币的市场保护策略作为唯一选择。各国政府还应准确了解所有其他选择,包括某种程度的纵向或横向区域化。作为一个无利害关系的中介机构,国际货币基金组织将处于一个理想的位置,能够对每一种策略选择的潜在收益和成本进行冷静的评估。鉴于其在全球范围内获得信息的独特渠道,国际货币基金组织也将处于一个有利位置,能很好地预测各种反响或反馈,从而将个别国家决策可能产生的外部性内部化。必要时,它还可以帮助志同道合的国家团结起来,以克服第六章讨论的联盟策略中的一些障碍。

以这种方式利用国际货币基金组织作为调解者的实际好处是,即使在最坏情况下,它对国家主权的威胁也很小。与世界中央银行不同的是,目前国际货币基金组织只有有限的超国家权力(主要是管理信贷获取及其贷款附带的政策条件)。诚然,对于迫切需要资金援助的政府来说,这些权力可能会显得很大。但是,无论政府多么绝望,最终都不可能被迫违背自己的意愿行事。国际货币基金组织既没有法律地位、也没有政治筹码向主权国家发号施令。它的合法性不是来自屈服,而是来自政府对正式权力的集中———一种基于集体管理的相互妥协的主权交易,这使得国际货币基金组织成为了一种特别适合调解各国偏好的工具。

类似地,与三巨头不同的是,国际货币基金组织并不代表重塑殖民主义,这与谢丽尔·帕耶(Payer 1974)等激进分析人士的观点一致。他们认为,国际货币基金组织只不过是促进其最强大成员国利益的粗糙工具。这种阴谋论的指控往好了说是夸张,往坏了说是讽刺。

当然,不可否认的是,大国在国际货币基金组织的决策机构中发挥着不成比例的影响。正如第三指出,美国尤其如此。实际上,这种不平衡是有意为之,反映了1944年布雷顿森林会议谈判中美国和英国这两大谈判方的偏好。国际货币基金组织的设计中包含了相对主导地位,投票权的分配严重偏重于最富裕国家。但这并不意味着由来自世界各地训练有素的专业人员组成的国际货币基金组织秘书处,就充当了一种新型帝国主义的幌子。在很大程度上,国际货币基金组织能够作为一个诚实的中间人,在其成员国相互矛盾的需求中,维持一个有效的角色。

如果说国际货币基金组织偏袒大国的激进指责有道理的话,那么这种偏袒可能在一个更微妙的层面通过渗透在该组织政策中的思想和价值来发挥作用。路易斯·保利(Louis Pauly,1997,1999)认为,国际货币基金组织是行为规范的推动者,反映了其更强大的参与国政府之间的共识,这一点无疑是正确的——最近几十年来,国际货币基金组织秘书处对"华盛顿共识"的无条件支持正好说明了这一点。"华盛顿共识"体现了历任美国政府所青睐的新自由主义经济思想。对世界银行前首席经济学家约瑟夫·斯蒂格利茨等国际货币基金组织的批评者来说,国际货币基金组织员工知识的偏见是一种根本缺陷,因为它导致了扭曲的判断和僵化的封闭思维。斯蒂格利茨(Stiglitz 2002)指出,这些决策是"基于意识形态和糟糕经济状况的奇怪结合……不考虑其他意见。"但对于巴里·艾肯格林(Eichengreen 2002a)或肯尼斯·罗格夫等国际货币基金组织内部人士来说,这种指责似乎既错误又不公平。[28]这两位经济学家引用的经验证据表明,国际货币基金组织秘书处的头脑一点也不闭塞。艾肯格林(Eichengreen 2002a)总结道:"国际货币基金组织不能免于自我批评,而且已经从失败中吸取了教训。"当然,基金组织中的官员也是人,不能指望他们像上帝一样客观。但在这些自然限制范围内,他们确实认真对待自己作为中立政策仲裁者的责任。作为一个机构,国际货币基金组织的诚信无懈可击。

国际货币基金组织作为调解者的优势同时也是其主要劣势之所在。正是因为它不能像世界中央银行那样向各国政府发号施令,所以不能保证它的建议会得到采纳。调解者,顾名思义,缺乏法官或仲裁员的强制权威;它对行为的影响必须主要依靠说服。但这并不意味着,按照这些思路培养国际货币基金组织调解者角色的任何努力,会像在三巨头之间培养合作的努力一样毫无意义。国际货币基金组织作为调解者的优势不应被夸大,但其价值也不应被低估。国际货币基金组织的作用至关重要,即使它的贡献,如市场领导者的贡献那样,必然会受到国家主权的制约。国际货币基金组织的调解和三大巨头的领导结合在一起,或许就设法提供了遏制货币竞争所引致的离心力所需的权威。

结　　论

因此,最终有效地治理新的货币地理似乎很困难,但并非不可能。总的来说,在货币事务中权力日益的分散似乎没有障碍。然而,应对全球日益复杂的货币环境的方法确实存在(如果政府准备利用它们的话)。在国内层面,如果各国重新将财政政策作为管理宏观经济运行的核心工具,货币政策有效性的侵蚀可以在很大程度上得以抵消。在国际层面,通过市场领导者之间的合作和国际货币基金组织的调解,可以大大降低货币不稳定或冲突的风险。货币的未来已经悄然来临,但它并非不可掌控。

注　释

1. 引文见第四章。

2. 参加 Sachs and Larrain 1999;Mussa,Masson et al. 2000;Larrain and Velasco 2001;Goldstein 2002。

3. 参见 R. Cooper 1999a;Hausmann et al. 2000;Calvo and Reinhart 2001;Fratzscher 2002。

4. 关于货币波动对投资的负面影响的一些证据,参见 Huizinga 1994;Corbo and Rojas 1997。

5. 参见 Benassy-Quere and Coeure 2000,2002a;Levy-Yeyati and Sturzenegger 2000a,2001;Hausmann,Panizza and Stein 2001;Hernandez and Montiel 2001;Reinhart and Rogoff 2002。爱德华兹 2002 对观察到的干预给予了更积极的评价,称其为"最佳浮动",而不是对浮动的恐惧。

6. 参见 Johnston et al. 1999;Bubula and Otker-Robe 2002。

7. 对于更多讨论和引用，参见 Cukierman 1992，1998；Eijffinger and De Haan 1996。

8. 参见 Eijffinger and De Haan 1996；Maxfield 1997。直到 20 世纪 80 年代末，具有任何重要性的独立中央银行仅有美联储、德国联邦银行和瑞士国家银行。最近的趋势始于 1989 年的智利和新西兰，并在 20 世纪 90 年代迅速蔓延到其他地方。在欧盟，1992 年的马斯特里赫特条约要求所有成员国政府在欧元诞生之前，必须给予其中央银行独立性。这些央行现在都是欧洲央行领导的欧洲央行体系的一部分。

9. 参见 Mankiw 2000；Seidman 2001。

10. Blinder 1997. 亦可参见 *The Economist*，1999，2002；Seidman 2001。

11. Berman and McNamara 1999，5，8. 亦可参见 Stiglitz 1998。

12. 更多细节，参见 Reti 1998。甚至在巴黎会议之前，就有许多提案在流传。蒙代尔(Mundell 1968)引用了意大利人加斯帕拉·斯卡鲁菲的观点。加斯帕拉·斯卡鲁菲早在 1582 年就发表了一篇辩论性文章，呼吁在整个欧洲建立一种统一的货币，称之为 alitonInfo(一个希腊单词，意思是"真正的光")。1867 年的会议召开半个世纪后，在 1915 年的第二次泛美科学会议上，著名的"货币医生"埃德温·凯默尔(Kenmerer 1916)提出了一个与西半球基本相似的想法，呼吁为美洲所有国家建立一个叫做"*oro*"(来自"黄金"的拉丁词根。)的共同货币单位。

13. 类似的论点，亦可参见 Frankman 2002。

14. 事实上，对一些人来说，这种想法简直就是反乌托邦——最明显就是美国的基督教右翼大军。在他们之中，魔鬼的工作在世界政府的任何迹象中都能被发现。基督教右翼对这一观点的强烈厌恶在一系列受欢迎的千禧年小说中得到了很好的表达。这系列小说被称为"留守"系列，讲述了圣经《启示录》中世界末日的故事。在这系列小说的早期，一个反基督者成为联合国秘书长，他上任的第一件事就是建立一种世界货币——实现了地上的君王"将把他们的力量和力量赐给野兽"的预言(Revelation 17：13)。到 2002 年中，该系列的九期共售出 4 000 多万册(*The Economist*，24 August 2002，27)

15. 参见 Mundell 1968。

16. Mundell, in Friedman and Mundell 2001，29. 亦可参见 Mundell 2000a。在 2002 年 4 月的一次会议上，当被问及他如何将这一点与自己心目中神和货币种类的最佳数目相协调时，蒙代尔笑着回答说，他心目中的不是一个神，而是一个神和许多圣人。

17. "intor"这个名字结合了"international"和"gold"的拉丁词根，可以被理解为对约翰·梅纳德·凯恩斯的一种致敬。凯恩斯创造了"bancor"一词来表示全球货币，他希望在 1944 年布雷顿森林谈判中，"bancor"能被创造出来。曾任卢森堡首相的皮埃尔·沃纳和公认的欧元创始人之一蒙代尔一样，也最终希望能看到一种全球货币的诞生，但他更喜欢"mondo"这个名字，"mondo"来自拉丁语，意为"世界"。

18. 有用的调查，参见 Kenen 1989；Cohen 1993；Willett 1999。根据基奥哈

恩 1984 的研究，合作在这里被定义为国家政策行为的相互调整，通过国家间隐性或显性的谈判过程来实现。实际上，从简单的协商或信息交流到在制定和执行政策方面的部分甚至全面合作，合作的强度可能大不相同。"协调"或"集体决策"等相关术语在意义上可以视为同义词。

19. 参见 Coeure and Pisani-Ferry 2000，24。

20. 参见 Williamson 1985；Williamson and Miller 1987；Williamson and Henning 1994；Bergsten and Henning 1996。蒙代尔（Mundell 2000a，2001；also in IMF 2000a)更进一步地呼吁三大巨头之间实行绝对固定汇率，虽然这本身不是最终目的，而是建立世界单一货币这一终极目标的前奏。查尔斯·戈德芬格（Goldfinger 2002，113）建议将这种世界货币称为"geo"。大马健一（Kenichi Ohmae 2001)也倡导同样的做法，他主张将统一的跨大西洋货币称为"doro"或"eular"，同时将联合的亚洲货币称为"asea"，所有这些货币最终都将被合并为一种全球货币，称为"esperanza"。

21. 参见 Reinhart and Reinhart 2002。

22. Corden 2002，255. 亦可参见 Salvatore 2000。

23. Benassy-Quere，Mojon，and Pisani-Ferry 1997. 亦可参见 Kenen 1995。但对于程式化模型，则代表着另一个结论，参见 Benassy-Quere and Mojon 2001。

24. 针对具体提案，参见 Coeure and Pisani-Ferry 2000。

25. 引文见第二章和第五章。

26. Articles of Agreement of the International Monetary Fund，Article I.

27. Articles of Agreement of the International Monetary Fund，Article IV，Section 3（b）；emphasis added.

28. 罗格夫曾供职于哈佛大学，是国际货币基金组织研究部主任；伯克利大学教授艾肯格林经常担任国际货币基金组织顾问。

参 考 文 献

Abdelal, Rawi. 2001. *National Purpose in the World Economy* (Ithaca: Cornell University Press).

Adams, Charles, Donald J. Mathieson, Garry Schinasi, and Bankim Chadha. 1998. *International Capital Markets: Developments, Prospects, and Key Policy Issues* (Washington, D.C.: International Monetary Fund).

Adams, Charles, Donald J. Mathieson, and Garry Schinasi. 1999. *International Capital Markets: Developments, Prospects, and Key Policy Issues* (Washington, D.C.: International Monetary Fund).

Aggarwal, Raj, and Mbodja Mougoue. 1996. "Cointegration among Asian Currencies: Evidence of the Increasing Influence of the Japanese Yen." *Japan and the World Economy* 8: 291–308.

Aglietta, Michel. 2002. "Whence and Whither Money?" In *The Future of Money* (Paris: Organization for Economic Cooperation and Development), ch. 2.

Akin, David, and Joel Robbins, eds. 1999. *Money and Modernity: State and Local Currencies in Melanesia* (Pittsburgh: University of Pittsburgh Press).

Alesina, Alberto. 2001. "Interview." *IMF Survey*, 2 July, 223–25.

Alesina, Alberto, and Robert J. Barro, eds. 2001a. *Currency Unions* (Stanford: Hoover Institution Press).

———. 2001b. "Dollarization." *American Economic Review* 91, no. 2 (May): 381–85.

———. 2002. "Currency Unions." *Quarterly Journal of Economics* 117, no. 2 (May): 409–36.

Alesina, Alberto, Robert J. Barro, and Silvana Tenreyro. 2002. "Optimal Currency Areas." Working Paper 9072 (Cambridge, Mass.: National Bureau of Economic Research).

Alesina, Alberto, Vittorio Grilli, and Gian Maria Milesi-Ferretti. 1994. "The Political Economy of Capital Controls." In Leonardo Leiderman and Assaf Razin, eds., *Capital Mobility: The Impact on Consumption, Investment and Growth* (New York: Cambridge University Press), ch. 11.

Alexander, Volbert, and George M. von Furstenberg. 2000. "Monetary Unions—A Superior Alternative to Full Dollarization in the Long Run." *North American Journal of Economics and Finance* 11, no. 2 (December): 205–25.

Aliber, Robert Z. 2002. *The New International Money Game*. 6th ed. (Chicago: University of Chicago Press).

Alogoskoufis, George, and Richard Portes. 1997. "The Euro, the Dollar, and the International Monetary System." In Paul R. Masson, Thomas H. Krueger, and Bart G. Turtelboom, eds., *EMU and the International Monetary System* (Washington, D.C.: International Monetary Fund), ch. 3.

Alonso-Gamo, Patricia, Stefania Fabrizio, Vitali Kramarenko, and Qing Wang. 2002. "Lithuania: History and Future of the Currency Board Arrangement." Working Paper WP/02/127 (Washington, D.C.: International Monetary Fund).

Altbach, Eric. 1997. "The Asian Monetary Fund Proposal: A Case Study of Japanese Regional Leadership." *JEI Report* 47A (Washington, D.C.: Japan Economic Institute).

Ambrosi, Gerhard Michael. 2000. "The Prospects for Global Monetary Bilingualism." In Robert A. Mundell and Armand Cleese, eds., *The Euro as a Stabilizer in the International Economic System* (Boston: Kluwer Academic), ch. 13.

Anderson, Benedict. 1991. *Imagined Communities: Reflections on the Origins and Spread of Nationalism.* Rev. ed. (London: Verso).

Andrews, David M., and Thomas D. Willett. 1997. "Financial Interdependence and the State: International Monetary Relations at Century's End." *International Organization* 51, no. 3 (Summer): 479–511.

Angarski, Krassimir, and Emil Harsev. 1999. "The Project 'Euro 2000' " (*http://www.capital.bg/old/weekly/99–10/03–10–3.htm*).

Anthony, Myrvin L., and Andrew Hughes Hallett. 2000. "Is the Case for Economic and Monetary Union in the Caribbean Realistic?" *World Economy* 23, no. 1 (January): 119–44.

Ariyoshi, Akira, Karl Habermeier, Bernard Laurens, Inci Ötker-Robe, Jorge Iván Canales-Kriljenko, and Andrei Kirilenko. 2000. *Capital Controls: Country Experiences with Their Use and Liberalization* (Washington, D.C.: International Monetary Fund).

Arora, Vivek, and Olivier Jeanne. 2001. "Economic Integration and the Exchange Rate Regime: Some Lessons from Canada." Policy Discussion Paper PDP/01/1 (Washington, D.C.: International Monetary Fund).

Athukorala, Prema-chandra. 2001. *Crisis and Recovery in Malaysia: The Role of Capital Controls* (Northampton, Mass.: Edward Elgar).

Auerbach, Nancy Neiman. 2001. *States, Banks, and Markets: Mexico's Path to Financial Liberalization in Comparative Perspective* (Boulder: Westview Press).

Aykens, Peter A. 2002. "(Mis)Trusting Authorities: Distributed Authority Networks and a Social Theory of Currency Crises." Brown University. Typescript.

Baliño, Tomás J. T, and Charles Enoch. 1997. *Currency Board Arrangements: Issues and Experiences* (Washington, D.C.: International Monetary Fund).

Baliño, Tomás J. T., Adam Bennett, and Eduardo Borensztein. 1999. *Monetary Policy in Dollarized Economies* (Washington, D.C.: International Monetary Fund).

Bank for International Settlements. 1996. *Implications for Central Banks of the Development of Electronic Money* (Basle).

———. 2000. *Survey of Electronic Money Developments* (Basle).

———. 2002. *Triennial Central Bank Survey: Foreign Exchange and Derivatives Market Activity in 2001* (Basle).

Bank of Japan. 1994. "The Circulation of Bank of Japan Notes." *Quarterly Bulletin* (November): 90–118.

Barro, Robert J. 1995. "Inflation and Economic Growth." *Bank of England Quarterly Bulletin* 35, no. 2 (May): 166–76.

———. 1999. "Let the Dollar Reign from Seattle to Santiago." *Wall Street Journal*, 8 March, A18.

———. 2000. "The Dollar Club: Why Countries are So Keen to Join." *Business Week*, 11 December, 34.

Bayoumi, Tamim, and Paolo Mauro. 1999. "The Suitability of ASEAN for a Regional Currency Arrangement." Working Paper WP/99/162 (Washington, D.C.: International Monetary Fund).

Beddoes, Zanny Minton. 1999. "From EMU to AMU? The Case for Regional Currencies." *Foreign Affairs* 78, no. 4 (July/August): 8–13.

Begg, David. 2002. "Growth, Integration, and Macroeconomic Policy Design: Some Lessons for Latin America." *North American Journal of Economics and Finance* 13, no. 3 (December): 279–95.

Bénassy-Quéré, Agnès. 1996a. *Exchange Rate Regimes and Policies in Asia*. Document de Travail 96–07 (Paris: CEPII).

———. 1996b. *Potentialities and Opportunities of the Euro as an International Currency*. Document de Travail 96–09 (Paris: CEPII).

———. 1999a. "Exchange Rate Regimes and Policies: An Empirical Analysis." In Stefan Collignon, Jean Pisani-Ferry, and Yung Chul Park, eds., *Exchange Rate Policies in Emerging Asian Countries* (London: Routledge), ch. 3.

———. 1999b. "Optimal Pegs for East Asian Currencies." *Journal of the Japanese and International Economies* 13: 44–60.

Bénassy-Quéré, Agnès, and Benoît Coeuré. 2000. *Big and Small Currencies: The Regional Connection*. Document de Travail 2000–10 (Paris: CEPII).

———. 2002a. "On the Identification of De Facto Currency Pegs" (Paris: CEPII, unpublished).

———. 2002b. "The Survival of Intermediate Exchange Rate Regimes" (Paris: CEPII, unpublished).

Bénassy-Quéré, Agnès, and Amina Lahrèche-Révil. 1998. *Pegging the CEEC's Currencies to the Euro*. Document de Travail 98–04 (Paris: CEPII).

———. 1999. "L'euro comme monnaie de référence à l'Est et au Sud de l'Union européene." *Revue Économique* 50, no. 6: 1185–201.

———. 2000. "The Euro as a Monetary Anchor in the CEECs." *Open Economies Review* 11, no. 4: 303–21.

Bénassy-Quéré, Agnès, and Benoît Mojon. 2001. "EMU and Transatlantic Exchange Rate Stability." In Thomas Moser and Bernd Schips, eds., *EMU, Financial Markets and the World Economy* (Boston: Kluwer Academic), ch. 4.

Bénassy-Quéré, Agnès, Benoît Mojon, and Jean Pisani-Ferry. 1997. "The Euro and Exchange Rate Stability." In Paul R. Masson, Thomas H. Krueger, and Bart G. Turtelboom, eds., *EMU and the International Monetary System* (Washington, D.C.: International Monetary Fund), ch. 7.

Bénassy-Quéré, Agnès, Benoît Mojon, and Armand-Denis Schor. 1998. *The International Role of the Euro*. Document de Travail 98–03 (Paris: CEPII).

Berentsen, Aleksander. 1998. "Monetary Policy Implications of Digital Money." *Kyklos* 51, no. 1: 89–117.

Berg, Andrew, and Eduardo Borensztein. 2000a. "The Dollarization Debate." *Finance and Development* (March): 38–41.

———. 2000b. "The Pros and Cons of Full Dollarization." Working Paper WP/00/50 (Washington, D.C.: International Monetary Fund).

Berg, Andrew, Eduardo Borensztein, and Paolo Mauro. 2002. "An Evaluation of Monetary Regime Options for Latin America." *North American Journal of Economics and Finance* 13, no. 3 (December): 213–35.

Bergsten, C. Fred. 1997. "The Impact of the Euro on Exchange Rates and International Policy Cooperation." In Paul R. Masson, Thomas H. Krueger, and Bart G. Turtelboom, eds., *EMU and the International Monetary System* (Washington, D.C.: International Monetary Fund), ch. 2.

———. 1998. "Missed Opportunity." *International Economy* 12, no. 6 (November/December): 26–27.

———. 1999. "Dollarization in Emerging-Market Economies and its Policy Implications for the United States." *Official Dollarization in Emerging-Market Countries*. Hearings before the Subcommittee on Economic Policy and Subcommittee on International Trade and Finance, Committee on Banking, Housing, and Urban Affairs. U.S. Senate, 22 April, 58–61.

Bergsten, C. Fred, and C. Randall Henning. 1996. *Global Economic Leadership and the Group of Seven* (Washington, D.C.: Institute for International Economics).

Bergsten, C. Fred, Takatoshi Ito, and Marcus Noland. 2001. *No More Bashing: Building a New Japan-United States Economic Relationship* (Washington, D.C.: Institute for International Economics).

Berman, Sheri, and Kathleen McNamara. 1999. "Bank on Democracy." *Foreign Affairs* 78, no. 2 (March/April): 2–8.

Berrigan, John, and Hervé Carré. 1997. "Exchange Arrangements Between the EU and Countries in Eastern Europe, the Mediterranean, and the CFA Zone." In Paul R. Masson, Thomas H. Krueger, and Bart G. Turtelboom, eds., *EMU and the International Monetary System* (Washington, D.C.: International Monetary Fund), ch. 5.

Bhagwati, Jagdish. 1998. "The Capital Myth." *Foreign Affairs* 77, no. 3 (May/June): 7–12.

———. 2000. *The Wind of the Hundred Days* (Cambridge, Mass.: MIT Press).

Bird, Graham. 2002. "Where Do We Stand on Choosing Exchange Rate Regimes in Developing and Emerging Economies?" *World Economics* 3, no. 1 (January–March): 145–67.

Bird, Graham, and Ramkishen S. Rajan. 2002. *The Evolving Asian Financial Architecture*. Essay in International Economics 226 (Princeton: International Finance Section).

Bixler, Raymond W. 1957. *The Foreign Policy of the United States in Liberia* (New York: Pageant Press).

Bjorksten, Nils. 2001. "The Current State of New Zealand Monetary Union Research." *Reserve Bank of New Zealand Bulletin* 64, no. 4 (December): 44–55.

Blinder, Alan S. 1996. "The Role of the Dollar as an International Currency." *Eastern Economic Journal* 22, no. 2 (Spring): 127–36.

———. 1997. "Is Government Too Political?" *Foreign Affairs* 76, no. 6 (November/December): 115–26.

Bogetić, Zeljko. 2000a. "Full Dollarization: Fad or Future?" *Challenge* 43, no. 2 (March–April): 17–48.

———. 2000b. "Official Dollarization: Current Experiences and Issues." *Cato Journal* 20, no. 2 Fall: 179–213.

———. 2002. "Montenegro's Currency and Foreign Trade Reforms: A Brief Review." *Montenegrin Economic Papers* 1, no. 1 (January): 77–83.

Bordo, Michael D., and Lars Jonung. 1999. "The Future of EMU: What Does the History of Monetary Unions Tell Us?" Working Paper 7365 (Cambridge, Mass.: National Bureau of Economic Research).

Boughton, James M. 1993. "The Economics of the CFA Franc Zone." In Paul R. Masson and Mark P. Taylor, eds., *Issues in the Operation of Currency Unions* (Cambridge: Cambridge University Press), ch. 4.

Bowles, Paul. 2002. "Asia's Post-Crisis Regionalism: Bringing the State Back In, Keeping the (United) States Out." *Review of International Political Economy* 9, no. 2 (May): 230–56.

Brash, Don. 2000. "United We Stand? The Pros and Cons of Currency Union." *Policy* 16, no. 3 (Spring): 15–18.

Bratkowski, Andrzej, and Jacek Rostowski. 2001a. "The EU Attitude to Unilateral Euroization: Misunderstandings, Real Concerns and Ill-Designed Admission Criteria" (*www.eu-enlargement.org*).

———. 2001b. "Unilateral Adoption of the Euro by EU Applicant Countries: The Macroeconomic Aspect." In Lucjan J. Orlowski, ed., *Transition and Growth in Post-Communist Countries: The Ten-Year Experience* (Northampton, Mass.: Edward Elgar), ch. 8.

Brittan, Samuel. 1998. "The Capital Myth." *Financial Times*, 1 October.

Bruno, Michael, and William R. Easterly. 1996. "Inflation and Growth: In Search of a Stable Relationship." *Federal Reserve Bank of St. Louis Review* 78 (May–June): 139–46.

Bubula, Andrea, and İnci Ötker-Robe. 2002. "The Evolution of Exchange Rate Regimes Since 1990: Evidence from De Facto Policies." Working Paper WP/02/155 (Washington, D.C.: International Monetary Fund).

Buira, Ariel. 1999. *An Alternative Approach to Financial Crises.* Essay in International Finance 212 (Princeton: International Finance Section).

Buiter, Willem H. 1999a. "Alice in Euroland." *Journal of Common Market Studies* 37, no. 2 (June): 181–209.

———. 1999b. "The EMU and the NAMU: What is the Case for North American Monetary Union?" *Canadian Public Policy/Analyse de Politiques* 25, no. 3 (September): 285–305.

———. 2000. "Is Iceland an Optimal Currency Area?" In Már Gudmundsson, Tryggvi Thor Herbertsson, and Gylfi Zoega, eds., *Macroeconomic Policy: Iceland in an Era of Global Integration* (Reykjavík: University of Iceland Press), 33–55.

Bundesbank. 1995. "The Circulation of Deutsche Mark Abroad." *Monthly Report* 47, no. 7 (July): 65–71.

———. 1999. "Recent Developments in Electronic Money." *Monthly Report* 51, no. 6 (June): 41–57.

Calvo, Guillermo A. 1999. "On Dollarization." University of Maryland. Typescript.

———. 2000. "Testimony on Dollarization." *Monetary Stability in Latin America: Is Dollarization the Answer?* Hearings before the Subcommittee on Domestic and International Monetary Policy. Committee on Banking and Financial Services. U.S. House of Representatives, 22 June, 61–65.

Calvo, Guillermo A., and Carmen M. Reinhart. 2001. "Fixing for Your Life." In Susan M. Collins and Dani Rodrik, eds., *Brookings Trade Forum 2000* (Washington, D.C.: Brookings Institution), 1–57.

———. 2002. "Fear of Floating." *Quarterly Journal of Economics* 117, no. 2 (May): 379–408.

Calvo, Guillermo A., and Carlos A. Vegh. 1993. "Currency Substitution in High Inflation Countries." *Finance and Development* 30, no. 1 (March): 34–37.

Camard, Wayne. 1996. "Discretion with Rules? Lessons from the Currency Board Arrangement in Lithuania." Paper on Policy Analysis and Assessment PPAA/96/1 (Washington, D.C.: International Monetary Fund).

Camdessus, Michel. 2000. "Council on Foreign Relations Address." *IMF Survey*, 7 February, 33–36.

Capie, Forrest. 1999. "Monetary Unions in Historical Perspective: What Future for the Euro in the International Financial System." In Michele Fratianni, Dominick Salvatore, and Paolo Savona, eds., *Ideas for the Future of the International Monetary System* (Boston: Kluwer Academic), 77–95.

Carr, Jack L., and John E. Floyd. 2002. "Real and Monetary Shocks to the Canadian Dollar: Do Canada and the United States Form an Optimal Currency Area?" *North American Journal of Economics and Finance* 13, no. 1 (May): 21–39.

Carrera, Jorge. 2002. "Hard Peg and Monetary Unions: Main Lessons from the Argentine Experience." Paper prepared for a conference on The Euro and Dollarization. Fordham University, New York, 5–6 April.

Carrera, Jorge, and Federico Sturzenegger, eds. 2000. *Coordinación de Políticas Macroeconómicas en el Mercosur* (Buenos Aires: Fundacion Gobierno y Sociedad and Fondo de Cultura Económica).

Cassidy, John. 1998. "The New World Disorder." *New Yorker*, 26 October, 198–207.

Castellano, Marc. 1999. "Internationalization of the Yen: A Ministry of Finance Pipe Dream?" *JEI Report* 23A, 1–10.

———. 2000. "East Asia Monetary Union: More Than Just Talk?" *JEI Report* 12A, 1–9.

Castro, Jorge. 1999. "Basis of the Dollarization Strategy and a Treaty of Monetary Association." Working Paper Submitted by the Secretary of State for Strategic Planning (Buenos Aires: Secretariat of Strategic Planning).

Centre for Research and Information on Canada. 2002. *Portraits of Canada 2001* (Montreal).

Chang, Li Lin, and Ramkishen S. Rajan. 2001. "The Economic and Politics of Monetary Regionalism in Asia." *ASEAN Economic Bulletin* 18, no. 1 (April): 103–18.

Chang, Roberto, and Andrés Velasco. 2003. "Dollarization: Analytical Issues." In Eduardo Levy-Yeyati and Federico Sturzenegger, eds. *Dollarization: Debates and Policy Alternatives* (Cambridge, Mass.: MIT Press), ch. 2.

Chauffour, Jean-Pierre, and Loukas Stemitsiotis. 1998. *The Impact of the Euro on Mediterranean Partner Countries.* Euro Paper 24 (Brussels: European Commission).

Clément, Jean A. P., with Johannes Mueller, Stéphane Cossé, and Jean Le Dem. 1996. *Aftermath of the CFA Franc Devaluation*. Occasional Paper 138 (Washington, D.C.: International Monetary Fund).

Cline, William R. 1999. "International Capital Flows: Discussion." In Jane Sneddon Little and Giovanni P. Olivei, eds., *Rethinking the International Monetary System* (Boston: Federal Reserve Bank of Boston), 158–62.

Coeuré, Benoît, and Jean Pisani-Ferry. 2000. "The Euro, Yen, and Dollar: Making the Case against Benign Neglect." In Peter B. Kenen and Alexander K. Swoboda, eds., *Reforming the International Monetary and Financial System* (Washington, D.C.: International Monetary Fund), ch. 3.

Cohen, Benjamin J. 1965. "Capital Controls and the U.S. Balance of Payments." *American Economic Review* 55, no. 1 (March): 172–76.

———. 1971. *The Future of Sterling as an International Currency* (London: Macmillan).

———. 1977. *Organizing the World's Money: The Political Economy of International Monetary Relations* (New York: Basic Books).

———. 1986. *In Whose Interest? International Banking and American Foreign Policy* (New Haven: Yale University Press).

———. 1993. "The Triad and the Unholy Trinity: Lessons for the Pacific Region." In Richard Higgott, Richard Leaver, and John Ravenhill, eds., *Pacific Economic Relations in the 1990s: Cooperation or Conflict?* (Boulder: Lynne Rienner), 133–58.

———. 1994. "Beyond EMU: The Problem of Sustainability." In Barry Eichengreen and Jeffry A. Frieden, eds., *Political Economy of European Monetary Unification*. 1st ed. (Boulder: Westview Press), ch. 8.

———. 1996. "Phoenix Risen: The Resurrection of Global Finance." *World Politics* 48, no. 2 (January): 268–96.

———. 1998. *The Geography of Money* (Ithaca: Cornell University Press).

———. 1999. *Technology, Globalization, and the Future of Money*. Working Paper T99–1 (Atlanta: European Union Center of the University System of Georgia; available online at: www.inta.gatech.edu/eucenter/wpapers99/pdf/cohen.pdf).

———. 2000a. *Dollarization: Pros and Cons* (Munich: Center for Applied Policy Research; available online at: www.cap.uni-muenchen.de/transatlantic/papers/americas.html).

———. 2000b. *Life at the Top: International Currencies in the Twenty-First Century*. Essay in International Economics 221 (Princeton: International Economics Section).

———. 2000c. "Marketing Money: Currency Policy in a Globalized World." In Aseem Prakash and Jeffrey A. Hart, eds., *Coping with Globalization* (New York: Routledge).

———. 2000d. "Money in a Globalized World." In Ngaire Woods, ed., *The Political Economy of Globalization* (London: Macmillan).

———. 2000e. *Political Dimensions of Dollarization* (Dallas; Federal Reserve Bank of Dallas; available online at: *www.dallasfed.org/html/dallas/pdfs/cohen/pdf*).

Cohen, Benjamin J. 2000f. "Taming the Phoenix? Monetary Governance After the Crisis." In Greg Noble and John Ravenhill, eds., *The Asian Financial Crisis and the Structure of Global Finance* (New York: Cambridge University Press).

———. 2001a. "Beyond EMU: The Problem of Sustainability." In Barry Eichengreen and Jeffry A. Frieden, eds., *Political Economy of European Monetary Unification*, 2d ed. (Boulder: Westview Press), ch. 8.

———. 2001b. "Electronic Money: New Day or False Dawn?" *Review of International Political Economy* 8, no. 2 (Summer): 197–225.

———. 2001c. "Monetary Governance and Capital Mobility in Historical Perspective." Paper prepared for a Workshop on Governance of International Financial Markets and Free Movement of Capital—Strategies and Prospects (Pforzheim: Protestant Academy Loccum, January).

———. 2002a. "Capital Controls: Why Do Governments Hesitate?" In Leslie Elliott Armijo, ed., *Debating the Global Financial Architecture* (Albany: State University of New York Press), ch. 3.

———. 2002b. "U.S. Policy on Dollarization: A Political Analysis." *Geopolitics* 7, no. 1 (Summer): 63–84.

———. 2003a. "Capital Controls: The Neglected Option." In Geoffrey R. D. Underhill and Xiaoke Zhang, eds., *International Financial Governance Under Stress: Global Structures versus National Imperatives* (New York: Cambridge University Press, forthcoming).

———. 2003b. "Monetary Governance in a World of Regional Currencies." In David A. Lake and Miles Kahler, eds., *Governance in a Global Economy* (Princeton: Princeton University Press, forthcoming).

———. 2003c. "Monetary Union: The Political Dimension." In Dominick Salvatore, James W. Dean, and Thomas D. Willett, eds., *The Dollarization Debate* (New York: Oxford University Press, forthcoming).

———. 2003d. "Are Monetary Unions Inevitable?" *International Studies Perspectives* 4, no. 3 (August): 275–92.

Coleman, Andrew. 2001. "Three Perspectives on an Australasian Monetary Union." Paper prepared for a conference, Future Directions for Monetary Policies in East Asia. Reserve Bank of Australia. Canberra, 24 July.

Collyns, Charles. 1983. *Alternatives to the Central Bank in the Developing World* (Washington, D.C.: International Monetary Fund).

Cooper, Richard N. 1974. "A Monetary System for the Future." *Foreign Affairs* 63, no. 1 (Fall): 166–84.

———. 1995. "One Money for How Many?" In Peter B. Kenen, ed., *Understanding Interdependence: The Macroeconomics of the Open Economy* (Princeton: Princeton University Press), 84–88.

———. 1998. "Should Capital-Account Convertibility be a World Objective?" In Stanley Fischer, Richard N. Cooper, Rudiger Dornbusch, Peter M. Garber, Carlos Massad, Jacques J. Polak, Dani Rodrik, and Savak S. Tarapore, *Should the IMF Pursue Capital-Account Convertibility?* Essay in International Finance 207 (Princeton: International Finance Section), 11–19.

———. 1999a. "Exchange Rate Choices." In Jane Sneddon Little and Giovanni P. Olivei, eds., *Rethinking the International Monetary System* (Boston: Federal Reserve Bank of Boston), 99–123.

————. 1999b. "Should Capital Controls be Banished?" *Brookings Papers on Economic Activity* 1: 89–141.

————. 2000. "Key Currencies after the Euro." In Robert A. Mundell and Armand Cleese, eds., *The Euro as a Stabilizer in the International Economic System* (Boston: Kluwer Academic), ch. 11.

Cooper, Scott B. 1999. "Regional Monetary Cooperation Beyond Western Europe." Ph.D. diss., Duke University.

Corbo, Vittorio, and Patricio Rojas. 1997. "Exchange Rate Volatility, Investment and Growth: Some New Evidence." In William C. Gruben, David M. Gould, and Carlos E. Zarazaga, eds., *Exchange Rates, Capital Flows, and Monetary Policy in a Changing World Economy* (Boston: Kluwer Academic), 55–77.

Corden, W. Max. 2002. *Too Sensational: On the Choice of Exchange Rate Regimes* (Cambridge, Mass.: MIT Press).

Coricelli, Fabrizio. 2001. "Exchange Rate Arrangements in the Transition to EMU: Some Arguments in Favor of an Early Adoption of the Euro" (www.euenlargement.org).

Corker, Robert, Craig Beaumont, Rachel van Elkan, and Dora Iakova. 2000. "Exchange Rate Regimes in Selected Advanced Transition Economies—Coping with Transition, Capital Inflows, and EU Accession." Policy Discussion Paper PDP/00/3 (Washington, D.C.: International Monetary Fund).

Costa, Cláudia, and Paul De Grauwe. 2001. "Monetary Policy in a Cashless Society." Paper prepared for a SUERF meeting. Brussels, Belgium, 25–27 October.

Council of Economic Advisers. 1999. *Annual Report* (Washington, D.C.: Government Printing Office).

Council on Foreign Exchange and Other Transactions. 1999. "Internationalization of the Yen for the 21st Century." Tokyo, 20 April; available at: *www.mof.go.jp/english/if/e1b064a.htm*.

Courchene, Thomas J. 1999. "Towards a North American Common Currency: An Optimal Currency Area Analysis." In Thomas J. Courchene, ed., *Room to Manoeuvre? Globalization and Policy Convergence* (Kingston, On.: Queens University), 271–334.

Courchene, Thomas J., and Richard G. Harris. 2000a. "From Fixing to Monetary Union: Options for North American Currency Integration." *C.D. Howe Institute Commentary* 127 (June): 1–28.

————. 2000b. "North American Monetary Union: Analytical Principles and Operational Guidelines." *North American Journal of Economics and Finance* 11, no. 1 (August): 3–18.

Craig, Ben. 1996. "Competing Currencies: Back to the Future?" *Federal Reserve Bank of Cleveland Economic Commentary*, 15 October.

Cronin, David, and Kevin Dowd. 2001. "Does Monetary Policy Have a Future?" *Cato Journal* 21, no. 2 (Fall): 227–44.

Crosby, Mark, and Glenn Otto. 2002. "An Australia-New Zealand Currency Union." In Gordon de Brouwer, ed., *Financial Markets and Policies in East Asia* (London: Routledge), ch. 14.

Cukierman, Alex. 1992. *Central Bank Strategy, Credibility, and Independence: Theory and Evidence* (Cambridge, Mass.: MIT Press).

Cukierman, Alex. 1998. "The Economics of Central Banking." In H.C. Wolf, ed., *Contemporary Policy Issues: Macroeconomics and Finance*, vol. 5 (London: Macmillan).

Danthine, Jean-Pierre, Francesco Giavazzi, and Ernst-Ludwig von Thadden. 2001. "European Financial Markets After EMU: A First Assessment." In Charles Wyplosz, ed., *The Impact of EMU on Europe and the Developing Countries* (Oxford: Oxford University Press), ch. 9.

D'Arista, Jane. 2000. "Dollarization: Critical U.S. Views." Paper prepared for a conference, To Dollarize or Not to Dollarize: Currency Choices for the Western Hemisphere. Ottawa, Canada, 4–5 October.

Dean, James W. 2001. "De Facto Dollarization in Latin America." Paper prepared for a Conference, To Dollarize or Not to Dollarize: Currency Choices for the Western Hemisphere. Ottawa, Canada, 4–5 October.

Dean, James W., and Kenneth Kasa. 2001. "Capital Flows in Euroland and Implications for Unilateral Adoption of the Euro in Eastern Europe." Paper prepared at the Seventh Dubrovnik Economic Conference. Dubrovnik, 28–29 June.

De Boissieu, Christian. 1988. "Concurrence entre monnaies et polycentrisme monétaire." In D. E. Fair and Christian De Boissieu, eds., *International Monetary and Financial Integration—The European Dimension* (Boston: Kluwer Academic), ch. 13.

de Brouwer, Gordon. 2000a. "ANZAC Dollar." *Agenda* 7, no. 3: 273–76.

———. 2000b. "Should Pacific Island Nations Adopt the Australian Dollar?" *Pacific Economic Bulletin* 15, no. 2: 161–69.

———. 2001. "Currency and Monetary Arrangements for East Timor." In Hal Hill and João M. Saldanha, eds., *East Timor: Development Challenges for the World's Newest Nation* (Canberra: Asia Pacific Press).

De Gregorio, José, Sebastian Edwards, and Rodrigo O. Valdés. 2000. "Controls on Capital Inflows: Do They Work?" *Journal of Development Economics* 63: 59–83.

De Grauwe, Paul. 2000. *Economics of Monetary Union*, 4th ed. (Oxford: Oxford University Press).

de Zamaróczy, Mario, and Sopanha Sa. 2002. "Macroeconomic Adjustment in a Highly Dollarized Economy: The Case of Cambodia." Working Paper WP/02/92 (Washington, D.C.: International Monetary Fund).

Dellas, Harris, and George S. Tavlas. 2001. "Lessons of the Euro for Dollarization: Analytic and Political Economy Perspectives." *Journal of Policy Modeling* 23, no. 3 (April): 333–45.

Detken, Carsten, and Philipp Hartmann. 2000. "The Euro and International Capital Markets." *International Finance* 3, no. 1 (April): 53–94.

———. 2002. "Features of the Euro's Role in International Financial Markets." *Economic Policy* 35 (October): 553–69.

Díaz-Alejandro, Carlos F. 1988. *Trade, Development and the World Economy: Selected Essays* (Oxford: Basil Blackwell).

Dietz, Raimund. 2001. "Unilateral Euroisation: A Misguided Idea" (www.eu-enlargement.org).

Dodd, Nigel. 1994. *The Sociology of Money* (New York: Continuum).

Dooley, Michael P. 1996. "A Survey of Literature on Controls over International Capital Transactions." *International Monetary Fund Staff Papers* 43, no. 4 (December): 639–87.

Dornbusch, Rudiger. 2000a. "Emerging Market Crises: Origins and Remedies." In Peter B. Kenen and Alexander K. Swoboda, eds., *Reforming the International Monetary and Financial System* (Washington, D.C.: International Monetary Fund), 148–54.

———. 2000b. *Keys to Prosperity: Free Markets, Sound Money, and a Bit of Luck* (Cambridge, Mass.: MIT Press).

———. 2001a. "Fewer Monies, Better Monies." Working Paper W8324 (Cambridge, Mass.: National Bureau of Economic Research).

———. 2001b. "Malaysia: Was It Different?" Working Paper W8325 (Cambridge, Mass.: National Bureau of Economic Research).

Dornbusch, Rudiger, Federico A. Sturzenegger, and Holger Wolf. 1990. "Extreme Inflation: Dynamics and Stabilization." *Brookings Papers on Economic Activity* 2: 2–84.

Douthwaite, Richard. 1999. *The Ecology of Money* (Totnes, U.K.: Green Books).

Dowd, Kevin, ed. 1992. *The Experience of Free Banking* (London: Routledge).

———. 2001. "The Emergence of Fiat Money: A Reconsideration." *Cato Journal* 20, no. 3 (Winter): 467–76.

Dowd, Kevin, and David Greenaway. 1993. "Currency Competition, Network Externalities and Switching Costs: Towards an Alternative View of Optimum Currency Areas." *Economic Journal* 103 (September): 1180–89.

Doyle, Brian M. 2000. " 'Here, Dollars, Dollars . . .' Estimating Currency Demand and Worldwide Currency Substitution." International Finance Discussion Paper 657 (Washington, D.C.: Federal Reserve Board of Governors).

Drew, Aaron, Viv Hall, John McDermott, and Robert St. Clair. 2001. "Would Adopting the Australian Dollar Provide Superior Monetary Policy in New Zealand?" Discussion Paper DP2001/03 (Wellington, N.Z.: Reserve Bank of New Zealand).

Duncan, R. C., and Xinpeng Xu. 2000. "Should Papua New Guinea Adopt a Stronger Exchange Rate Regime?" *Pacific Economic Bulletin* 15, no. 2, 36–45.

Dunn, Robert, Jr. 2002. "The Misguided Attractions of Foreign Exchange Controls." *Challenge* 45, no. 5 (September/October): 98–111.

Ebenstein, Alan. 2001. *Friedrich Hayek: A Biography* (New York: Palgrave).

The Economist. 1994. "Electronic Money: So Much for the Cashless Society." 26 November, 21–23.

———. 1998. "One World, One Money." 26 September, 80.

———. 1999. "Fiscal Flexibility." 27 November, 80.

———. 2000. "E-Cash 2.0." 19 February, 67–69.

———. 2002. "Remember Fiscal Policy?" 19 January, 64.

Edison, Hali J., and Carmen Reinhart. 2001. "Stopping Hot Money." *Journal of Development Economics* 66: 533–53.

Edison, Hali J., Michael Klein, Luca Ricci, and Torsten Sløk. 2002. "Capital Account Liberalization and Economic Performance: Survey and Synthesis." Working Paper WP/02/120 (Washington, D.C.: International Monetary Fund).

Edwards, Sebastian. 1998. "How About a Single Currency for Mercosur?" *Wall Street Journal*, 28 August, A11.

———. 1999a. "How Effective are Capital Controls?" *Journal of Economic Perspectives* 13, no. 4 (Fall): 65–84.

———. 1999b. "International Capital Flows and Emerging Markets: Amending the Rules of the Game?" In Jane Sneddon Little and Giovanni P. Olivei, eds., *Rethinking the International Monetary System* (Boston: Federal Reserve Bank of Boston), 137–57.

———. 2000. "Capital Flows, Real Exchange Rates, and Capital Controls: Some Latin American Experiences." In Sebastian Edwards, ed., *Capital Flows and the Emerging Markets: Theory, Evidence, and Controversies* (Chicago: University of Chicago Press), ch. 7.

———. 2001. "Dollarization: Myths and Realities." *Journal of Policy Modeling* 23, no. 3 (April): 249–65.

———. 2002. "The Great Exchange Rate Debate After Argentina." Working Paper 9257 (Cambridge, Mass.: National Bureau of Economic Research).

Edwards, Sebastian, and I. Igal Magendzo. 2001. "Dollarization, Inflation and Growth." Working Paper 8671 (Cambridge, Mass.: National Bureau of Economic Research).

Eichengreen, Barry. 1994. *International Monetary Arrangements for the 21st Century* (Washington, D.C.: Brookings Institution).

———. 1996. *A More Perfect Union? The Logic of Economic Integration.* Essay in International Finance 198 (Princeton: International Finance Section).

———. 1998. "Does Mercosur Need a Single Currency?" Working Paper 6821 (Cambridge, Mass.: National Bureau of Economic Research).

———. 1999. *Toward a New International Financial Architecture: A Practical Post-Asia Agenda* (Washington, D.C.: Institute for International Economics).

———. 2001. "What Problems Can Dollarization Solve?" *Journal of Policy Modeling* 23, no. 3 (April): 267–77.

———. 2002a. "The Globalization Wars." *Foreign Affairs* 81, no. 4 (July/ August): 157–64.

———. 2002b. "When to Dollarize." *Journal of Money, Credit, and Banking* 34, no. 1 (February): 1–24.

———. 2003. *Capital Flows and Crises* (Cambridge, Mass.: MIT Press).

Eichengreen, Barry, and Tamim Bayoumi. 1999. "Is Asia an Optimum Currency Area? Can It Become One? Regional, Global, and Historical Perspectives on Asian Monetary Relations." In Stefan Collignon, Jean Pisani-Ferry, and Yung Chul Park, eds., *Exchange Rate Policies in Emerging Asian Countries* (London: Routledge), ch. 21.

Eichengreen, Barry, and Nathan Sussman. 2000. "The International Monetary System in the (Very) Long Run." *World Economic Outlook Supporting Studies* (Washington, D.C.: International Monetary Fund), ch. 2.

Eichengreen, Barry, Michael Mussa, and a Staff Team. 1998. *Capital Account Liberalization: Theoretical and Practical Aspects* (Washington, D.C.: International Monetary Fund).

Eijffinger, Sylvester C. W. and Jakob De Haan. 1996. *The Political Economy of Central Bank Independence*. Special Paper in International Economics 19 (Princeton: International Finance Section).

Ellis, Stephen. 1999. *The Mask of Anarchy: The Destruction of Liberia and the Religious Dimension of an African Civil War* (New York: New York University Press).

Enoch, Charles, and Anne-Marie Gulde. 1997. "Making a Currency Board Operational." Paper on Policy Analysis and Assessment PPAA/97/10 (Washington, D.C.: International Monetary Fund).

European Central Bank. 1999. "The International Role of the Euro." *ECB Monthly Bulletin* (August): 31–53.

———. 2000a. "The Eurosystem and the EU Enlargement Process." *ECB Monthly Bulletin* (February): 39–51.

———. 2000b. "Issues Arising from the Emergence of Electronic Money." *ECB Monthly Bulletin* (November): 49–60.

———. 2001. *Review of the International Role of the Euro* (Frankfurt).

———. 2002. "The Eurosystem's Dialogue with EU Accession Countries." *ECB Monthly Bulletin* (July): 51–63.

Evenett, Simon J. 2000. "Capital Controls: Theory, Evidence and Policy Advice." *International Finance* 3, no. 3 (November): 471–86.

Fatás, Antonio, and Andrew K. Rose. 2001. "Do Monetary Handcuffs Restrain Leviathan? Fiscal Policy in Extreme Exchange Rate Regimes." *International Monetary Fund Staff Papers* 47 (special issue): 40–61.

Feige, Edgar L. 1996. "Overseas Holdings of U.S. Currency and the Underground Economy." In Susan Pozo, ed., *Exploring the Underground Economy* (Kalamazoo: W. E. Upjohn Institute for Employment Research), 5–62.

———. 1997. "Revised Estimates of the Underground Economy: Implications of U.S. Currency Held Abroad." In Owen Lippert and Michael Walker, eds., *The Underground Economy: Global Evidence of its Size and Impact* (Vancouver: Simon Fraser Institute), 151–208.

Feige, Edgar, and James W. Dean. 2002. "Dollarization and Euroization in Transition Countries: Currency Substitution, Asset Substitution, Network Externalities and Irreversibility." Paper prepared for a conference, The Euro and Dollarization. Fordham University, New York, 5–6 April.

Feldstein, Martin. 1998. "Refocusing the IMF." *Foreign Affairs* 77, no. 2 (March/April): 20–33.

Fernández-Arias, Eduardo, and Ricardo Hausmann. 2000. "International Initiatives to Stabilize Financial Integration." In Eduardo Fernández-Arias and Ricardo Hausmann, eds., *Wanted: World Financial Stability* (Washington, D.C.: Inter-American Development Bank), 165–91.

Fischer, Stanley. 1982. "Seigniorage and the Case for a National Money." *Journal of Political Economy* 90, no. 2 (April): 295–313.

———. 1993. "The Role of Macroeconomic Factors in Growth." *Journal of Monetary Economics* 32 (December): 485–512.

———. 1998. "In Defense of the IMF." *Foreign Affairs* 77, no. 4 (July/August): 103–6.

Fischer, Stanley. 2001. "Exchange Rate Regimes: Is the Bipolar View Correct?" *Journal of Economic Perspectives* 15, no. 2 (Spring): 3–24.

Fontaine, Juan Andrés. 2000. "Official versus Spontaneous Dollarization." *Cato Journal* 20, no. 1 (Spring/Summer): 35–42.

Forbes, Steve. 1999. "Dollar Diplomacy." *Forbes*, 22 March, 31–32.

Frankel, Jeffrey A. 1999. *No Single Currency Regime is Right for All Countries or at All Times.* Essay in International Finance 215 (Princeton: International Finance Section).

———. 2000. "Impact of the Euro on Members and Non-Members." In Robert A. Mundell and Armand Cleese, eds., *The Euro as a Stabilizer in the International Economic System* (Boston: Kluwer Academic), ch. 7.

Frankel, Jeffrey A., and Andrew K. Rose. 2002. "Estimating of the Effect of Currency Unions on Trade and Output." *Quarterly Journal of Economics* 117, no. 2 (May): 437–67.

Frankel, Jeffrey A., and Shang-Jin Wei. 1998. " Regionalization of World Trade and Currencies: Economics and Politics." In Jeffrey A. Frankel, ed., *The Regionalization of the World Economy* (Chicago: University of Chicago Press), ch. 7.

Frankman, Myron. 2002. "Beyond the Tobin Tax: Global Democracy and a Global Currency." *ANNALS* 581 (May): 62–73.

Fratianni, Michele, and Andreas Hauskrecht. 2002. "A Centralized Monetary Union for Mercosur: Lessons from EMU." Paper prepared for a conference, The Euro and Dollarization. Fordham University, New York, 5–6 April.

Fratzscher, Marcel. 2001. "Financial Market Integration in Europe: On the Effects of EMU on Stock Markets." Working Paper 48 (Frankfurt: European Central Bank).

———. 2002. "The Euro Bloc, the Dollar Bloc and the Yen Bloc: How Much Monetary Policy Independence Can Exchange Rate Flexibility Buy in an Interdependent World?" Working Paper 154 (Frankfurt: European Central Bank).

Freedman, Charles. 2000. "Monetary Policy Implementation: Past, Present and Future—Will Electronic Money Lead to the Eventual Demise of Central Banking?" *International Finance* 3, no. 2 (July): 211–27.

Frenkel, Michael, and Jens Søndergaard. 2001. "How Does EMU Affect the Dollar and the Yen as International Reserve and Investment Currencies?" In Thomas Moser and Bernd Schips, eds., *EMU, Financial Markets and the World Economy* (Boston: Kluwer Academic), ch. 2.

Frick, Robert L. 1996. "Alternative Monetary Systems: The Ithaca HOUR." *Durell Journal of Money and Banking* 8, no. 2 (Spring): 29–35.

Frieden, Jeffry A. 1991. "Invested Interests: The Politics of National Economic Policies in a World of Global Finance." *International Organization* 45, no. 4 (Autumn): 425–51.

———. 1993. "The Dynamics of International Monetary Systems: International and Domestic Factors in the Rise, Reign, and Demise of the Classical Gold Standard." In Jack Snyder and Robert Jervis, eds., *Coping with Complexity in the International System* (Boulder: Westview Press), 137–62.

———. 1994. "Exchange Rate Politics: Contemporary lessons from American History." *Review of International Political Economy* 1, no. 1 (Spring): 81–103.

————. 2003. "The Political Economy of Dollarization: Domestic and International Factors." In Eduardo Levy-Yeyati and Federico Sturzenegger, eds. *Dollarization: Debates and Policy Alternatives* (Cambridge, Mass.: MIT Press), ch. 8.

Friedman, Benjamin M. 1999. "The Future of Monetary Policy: The Central Bank as an Army with Only a Signal Corps?" *International Finance* 2, no. 3 (November): 321–38.

————. 2000. "Decoupling at the Margin: The Threat to Monetary Policy from the Electronic Revolution in Banking." *International Finance* 3, no. 2 (July): 261–72.

Friedman, Milton, and Robert A. Mundell. 2001. "One World, One Money? A Debate." *Policy Options/Options Politiques* (May): 10–30.

Friedman, Thomas. 1999. *The Lexus and the Olive Tree: Understanding Globalization* (New York: Farrar, Straus and Giroux).

Furche, Andreas, and Graham Wrightson. 1996. *Computer Money: A Systematic Overview of Electronic Payment Systems* (Heidelberg: Verlag für digitale Technologie GmbH).

Gabrisch, Hubert. 2001. "The Shock of Unilateral Euroisation on EU Candidate Countries" (www.eu-enlargement.org).

Galati, Gabriele. 2001. "Why Has Global FX Turnover Declined? Explaining the 2001 Triennial Survey." *BIS Quarterly Review* (December): 39–47.

Garrett, Geoffrey. 2001. "The Politics of Maastricht." In Barry Eichengreen and Jeffry A. Frieden, eds., *Political Economy of European Monetary Unification*, 2d. ed. (Boulder: Westview Press), ch. 5.

Gavin, Michael. 2000. "Official Dollarization in Latin America." *Monetary Stability in Latin America: Is Dollarization the Answer?*, Hearings before the Subcommittee on Domestic and International Monetary Policy, Committee on Banking and Financial Services. U.S. House of Representatives, 22 June, 45–50.

Gelfond, Robert. 2001. "Toward Free-Market Money." *Cato Journal* 21, no. 2 (Fall): 245–54.

Ghosh, Atish R., and Steven Phillips. 1998. "Warning: Inflation May Be Harmful to Your Growth." *IMF Staff Papers* 45, no. 4 (December): 672–710.

Ghosh, Atish R., Anne-Marie Gulde, and Holger C. Wolf. 2000. "Currency Boards: More Than a Quick Fix?" *Economic Policy* 31 (October): 271–335.

Giambiagi, Fabio. 1999. "Mercosur: Why Does Monetary Union Make Sense in the Long-term?" *Integration and Trade* 3, no. 9 (December): 59–81.

Glasner, David. 1989. *Free Banking and Monetary Reform* (Cambridge: Cambridge University Press).

Glick, Reuven. 2002. "Fixed or Floating: Is It Still Possible to Manage in the Middle?" In Gordon de Brouwer, ed., *Financial Markets and Policies in East Asia* (London: Routledge), ch. 9.

Glick, Reuven, and Andrew K. Rose. 2002. "Does a Currency Union Affect Trade? The Time Series Evidence." *European Economic Review* 41, 1125–51.

Glover, Paul. 1995. "Communities Making Their Own Money." *Earth Island Journal* (Winter): 37.

Goff, Patricia. 2000. "Invisible Borders: Economic Liberalization and National Identity." *International Studies Quarterly* 44, no. 4 (December): 533–62.

Goldfajn, Ilan, and Gino Olivares. 2001. "Full Dollarization: The Case of Panama." *Economía* 1, no. 2 (Spring): 101–55.

Goldfinger, Charles. 2002. "Intangible Economy and Electronic Money." In *The Future of Money* (Paris: Organization for Economic Cooperation and Development), ch. 4.

Goldstein, Morris. 1998. *The Asian Financial Crisis: Causes, Cures, and Systemic Implications* (Washington, D.C.: Institute for International Economics).

————. 2002. *Managed Floating Plus* (Washington, D.C.: Institute for International Economics).

Goodhart, Charles A. E. 1995. "The Political Economy of Monetary Union." In Peter B. Kenen, ed., *Understanding Interdependence: The Macroeconomics of the Open Economy* (Princeton: Princeton University Press), ch. 12.

————. 1998. "The Two Concepts of Money: Implications for the Analysis of Optimal Currency Areas." *European Journal of Political Economy* 14: 407–32.

————. 2000. "Can Central Banking Survive the IT Revolution?" *International Finance* 3, no. 2 (July): 189–209.

Goodhart, Charles A. E., Ryon Love, Richard Payne, and Dagfinn Rime. 2002. "Analysis of Spreads in the Dollar/Euro and Deutschemark/Dollar Foreign Exchange Markets." *Economic Policy* 35 (October): 535–52.

Grabel, Ilene. 1996a. "Financial Markets, the State, and Economic Development: Controversies within Theory and Policy." International Papers in Political Economy 3, no. 1 (London: University of East London).

————. 1996b. "Marketing the Third World: The Contradictions of Portfolio Investment in the Global Economy." *World Development* 24, 1761–76.

Greco, Thomas H., Jr. 1995. "The Essential Nature of Money." *Earth Island Journal* (Winter): 35–36.

Green, Michael Jonathan. 2001. *Japan's Reluctant Realism: Foreign Policy Challenges in an Era of Uncertain Power* (New York: Palgrave).

Greenspan, Alan. 1998. "The Globalization of Finance." *Cato Journal* 17, no. 3 (Winter): 243–50.

————. 1999. "Remarks." *Official Dollarization in Emerging-Market Countries*. Hearings before the Subcommittee on Economic Policy and Subcommittee on International Trade and Finance, Committee on Banking, Housing, and Urban Affairs. U.S. Senate, 22 April, 7–23.

Grimes, Arthur. 2000. "An Anzac Dollar: Does It Make Sense?" *Policy* 16, no. 3 (Spring): 10–14.

Grimes, Arthur, and Frank Holmes. 2000. *An ANZAC Dollar? Currency Union and Business Development* (Wellington, N.Z.: Victoria University, Institute of Policy Studies).

Grimes, William W. 2000. "Japan and Globalization: From Opportunity to Restraint." In Samuel S. Kim, ed., *East Asia and Globalization* (New York: Rowman and Littlefield), ch. 3.

————. 2001a. "Internationalization of the Yen and the New Politics of Monetary Insulation." Boston University. Typescript.

————. 2001b. *Unmaking the Japanese Miracle: Macroeconomic Politics, 1985–2000* (Ithaca: Cornell University Press).

Grubel, Herbert G. 1999. *The Case for the Amero: The Economics and Politics of a North American Monetary Union* (Vancouver: Simon Fraser Institute).

————. 2000. "The Merit of a Canada-U.S. Monetary Union." *North American Journal of Economics and Finance* 11, no. 1 (August): 19–40.

Guidotti, Pablo E., and Andrew Powell. 2001. "The Dollarization Debate in Argentina and Latin America." Universidad Torcuato Di Tella. Typescript.

Guidotti, Pablo E., and Carlos A. Rodriguez. 1992. "Dollarization in Latin America: Gresham's Law in Reverse?" *International Monetary Fund Staff Papers* 39, no. 3 (September): 518–44.

Guillaume, Dominique M., and David Stasavage. 2000. "Improving Policy Credibility: Is There a Case for African Monetary Unions?" *World Development* 28, no. 8, 1391–1407.

Gulde, Anne-Marie. 1999. "The Role of the Currency Board in Bulgaria's Stabilization." Policy Discussion Paper PDP/99/3 (Washington, D.C.: International Monetary Fund).

Gulde, Anne-Marie, Juha Kähkönen, and Peter Keller. 2000. "Pros and Cons of Currency Board Arrangements in the Lead-up to EU Accession and Participation in the Euro Zone." Policy Discussion Paper PDP/00/1 (Washington, D.C.: International Monetary Fund).

Haggard, Stephan. 2000. *The Political Economy of the Asian Financial Crisis* (Washington, D.C.: Institute for International Economics).

Haggard, Stephan, and Sylvia Maxfield. 1996. "The Political Economy of Financial Internationalization in the Developing World." In Robert O. Keohane and Helen V. Milner, eds., *Internationalization and Domestic Politics* (New York: Cambridge University Press), ch. 9.

Haggard, Stephan, Chung H. Lee, and Sylvia Maxfield, eds. 1993. *The Politics of Finance in Developing Countries* (Ithaca: Cornell University Press).

Hale, David D. 1995. "Is it a Yen or a Dollar Crisis in the Currency Market?" *Washington Quarterly* 18, no. 4 (Autumn): 145–71.

————. 1998a. "The Hot Money Debate." *The International Economy* 12, no. 6 (November/December): 8–12, 66–69.

————. 1998b. "The IMF, Now More Than Ever." *Foreign Affairs* 77, no. 6 (November/December): 7–13.

Hamada, Koichi. 1999a. "The Choice of International Monetary Regimes in a Context of Repeated Games." In Michele Fratianni, Dominick Salvatore, and Paolo Savona, eds., *Ideas for the Future of the International Monetary System* (Boston: Kluwer Academic), 47–75.

————. 1999b. "From the AMF to the Miyazawa Initiative: Observations on Japan's Currency Diplomacy." *Journal of East Asian Affairs* 13, no. 1 (Spring/Summer): 33–50.

Hamada, Koichi, and David Porteous. 1992. "L'Intégration Monétaire dans Une Perspective Historique." *Revue d'Économie Financière* 22 (Autumn): 77–92.

Hampson, Rick. 2001. "Whatever They Think of America, People and Nations the World Over Prefer the Greenback." *USA Today*, 26 December.

Hanke, Steve H. 1996. "Don't Cry For Me." *The International Economy* (March/April): 46–51, 71.

Hanke, Steve H. 2002. "Currency Boards." *Annals of the American Academy of Political and Social Science* 579 (January): 87–105.

Hanke, Steve H., and Kurt Schuler. 2002. "What Went Wrong in Argentina?" *Central Banking* 12, no. 3 (February): 43–48.

Hargreaves, David, and John McDermott. 1999. "Issues Relating to Optimal Currency Areas: Theory and Implications for New Zealand." Reserve Bank of New Zealand *Bulletin* 62, no. 3 (September): 16–29.

Harris, Richard G. 2001. "Mundell and Friedman: Four Key Disagreements." *Policy Options/Options Politiques* (May): 34–36.

Hartley, Peter. 2001. *Monetary Arrangements for New Zealand* (Wellington, N.Z.: New Zealand Business Roundtable).

Hartmann, Philipp. 1998. *Currency Competition and Foreign Exchange Markets: The Dollar, the Yen and the Euro* (Cambridge: Cambridge University Press).

Hau, Harald, William Killeen, and Michael Moore. 2002a. "The Euro as an International Currency: Explaining Puzzling First Evidence from the Foreign Exchange Markets." *Journal of International Money and Finance* 21, no. 3 (June): 351–83.

———. 2002b. "How Has the Euro Changed the Foreign Exchange Market?" *Economic Policy* 34 (April): 149–91.

Haug, Alfred A. 2001. "Co-Movement Towards a Currency or Monetary Union? An Empirical Study for New Zealand." *Australian Economic Papers* 40, no. 3 (September): 307–17.

Hausmann, Ricardo. 1999a. "Should There Be Five Currencies or One Hundred and Five?" *Foreign Policy* 116 (Fall): 65–79.

———. 1999b. "Why the Interest in Reform?" In Jane Sneddon Little and Giovanni P. Olivei, eds., *Rethinking the International Monetary System* (Boston: Federal Reserve Bank of Boston), 94–96.

Hausmann, Ricardo, Ugo Panizza, and Ernesto Stein. 2001. "Why Do Countries Float the Way They Float?" *Journal of Development Economics* 66 (December): 387–414.

Hausmann, Ricardo, Michael Gavin, Carmen Pagés-Serra, and Ernesto Stein. 2000. "Financial Turmoil and the Choice of Exchange Rate Regime." In Eduardo Fernández-Arias and Ricardo Hausmann, eds., *Wanted: World Financial Stability* (Washington, D.C.: Inter-American Development Bank), 131–64.

Hayek, Friedrich A. 1976. *Choice in Currency: A Way to Stop Inflation.* Occasional Paper 48 (London: Institute of Economic Affairs).

———. 1990. *Denationalisation of Money—The Argument Refined.* 3d ed. (London: Institute of Economic Affairs).

Hefeker, Carsten. 1997. *Interest Groups and Monetary Integration: The Political Economy of Exchange Regime Choice* (Boulder: Westview Press).

Helleiner, Eric. 1994. *States and the Remergence of Global Finance: From Bretton Woods to the 1990s* (Ithaca: Cornell University Press).

———. 1998a. "Electronic Money: A Challenge to the Sovereign State?" *Journal of International Affairs* 51, no. 2 (Spring): 387–409.

———. 1998b. "National Currencies and National Identities." *American Behavioral Scientist* 41, no. 10 (August): 1409–36.

————. 1999. "Denationalising Money? Economic Liberalism and the 'National Question' in Currency Affairs." In Emily Gilbert and Eric Helleiner, eds., *Nation-States and Money: The Past, Present and Future of National Currencies* (London: Routledge), ch. 8.

————. 2000. "Think Globally, Transact Locally: Green Political Economy and the Local Currency Movement." *Global Society* 14, no. 1, 35–51.

————. 2002a. "Economic Nationalism as a Challenge to Economic Liberalism? Lessons from the 19th Century." *International Studies Quarterly* 46, no. 3 (September): 307–29.

————. 2002b. "Why Are Territorial Currencies Becoming Unpopular?" In David M. Andrews, C. Randall Henning, and Louis W. Pauly, eds., *Governing the World's Money* (Ithaca: Cornell University Press), ch. 8.

————. 2003a. *The Making of National Money: Territorial Currencies in Historical Perspective* (Ithaca: Cornell University Press).

————. 2003b. "Toward a North American Common Currency?" In W. Clement and L. Vosko, eds., *Changing Canada: Political Economy as Transformation* (Montreal: McGill-Queen's University Press, forthcoming).

Helweg, M. Diana. 2000. "Japan: A Rising Sun?" *Foreign Affairs* 79, no. 4 (July/August): 26–39.

Henckel, Timo, Alain Ize, and Arto Kovanen. 1999. "Central Banking Without Central Bank Money." Working Paper WP/99/92 (Washington, D.C.: International Monetary Fund).

Henning, C. Randall. 1999. *The Exchange Stabilization Fund: Slush Money or War Chest?* (Washington, D.C.: Institute for International Economics).

————. 2000. "U.S.-EU Relations after the Inception of the Monetary Union: Cooperation or Rivalry?" In C. Randall Henning and Pier Carlo Padoan, *Transatlantic Perspectives on the Euro* (Washington, D.C.: Brookings Institution), ch. 1.

————. 2002. *East Asian Financial Cooperation* (Washington, D.C.: Institute for International Economics).

Hernández, Leonardo, and Peter Montiel. 2001. "Post-Crisis Exchange Rate Policy in Five Asian Countries: Filling in the 'Hollow Middle'?" Working Paper WP/01/170 (Washington, D.C.: International Monetary Fund).

Higgott, Richard. 1998. "The Asian Economic Crisis: A Study in the Politics of Resentment." *New Political Economy* 3, no. 3, 333–56.

Hochreiter, Eduard, Klaus Schmidt-Hebbel, and Georg Winckler. 2002. "Monetary Unions: European Lessons, Latin American Prospects." *North American Journal of Economics and Finance* 13, no. 3 (December): 297–321.

Honohan, Patrick, and Philip Lane. 1999. "Pegging to the Dollar and the Euro." *International Finance* 2, no. 3 (November): 379–410.

————. 2001. "Will the Euro Trigger More Monetary Unions in Africa?" In Charles Wyplosz, ed., *The Impact of EMU on Europe and the Developing Countries* (Oxford: Oxford University Press), ch. 12.

Hoshi, Takeo, and Anil K. Kashyap. 2001. *Corporate Financing and Governance in Japan: The Road to the Future* (Cambridge, Mass.: MIT Press).

Hufbauer, Gary C., Jeffrey J. Schott, and Kimberly A. Elliott. 1990. *Economic Sanctions Reconsidered: History and Current Policy*, 2d ed. (Washington, D.C.: Institute for International Economics).

Hüfner, Martin. 2000. "Give the Euro Greater Currency." *The International Economy* (November/December): 24–25, 50.

Hughes, Christopher W. 2000. "Japanese Policy and the East Asian Currency Crisis: Abject Defeat or Quiet Victory?" *Review of International Political Economy* 7, no. 2 (Summer): 219–53.

Huizinga, John. 1994. "Exchange Rate Volatility, Uncertainty, and Investment: An Empirical Investigation." In Leonardo Leiderman and Assaf Razin, eds., *Capital Mobility: The Impact on Consumption, Investment and Growth* (Cambridge: Cambridge University Press), 185–213.

Ibarra, David, and Juan Carlos Moreno-Brid. 2001. "Currency Boards and Monetary Unions: The Road Ahead or a *Cul de Sac* for Mexico's Exchange Rate Policy?" In Martín Puchet Anyul and Lionello F. Punzo, eds., *Mexico Beyond NAFTA: Perspectives for the European Debate* (New York: Routledge), ch. 1.

Ingham, Geoffrey. 2002. "New Monetary Spaces?" In *The Future of Money* (Paris: Organization for Economic Cooperation and Development), ch. 5.

International Financial Institution Advisory Commission. 2000. *Report* (Washington, D.C.).

International Monetary Fund. 1999a. *Annual Report* (Washington, D.C.).

———. 1999b. "Dollarization: Fad or Future for Latin America?" Economic Forum, 24 June (*http:www.imf.org/external/np/tr/1999/tr990624.htm*).

———. 1999c. *Results of the 1997 Coordinated Portfolio Investment Survey* (Washington, D.C.).

———. 2000a. "One World, One Currency: Destination or Delusion?" Economic Forum, 8 November (*http://www.imf.org/external/np/tr/2000/tr001108.htm*).

———. 2000b. *World Economic Outlook* (Washington, D.C.).

———. 2001. *International Capital Markets: Developments, Prospects, and Key Policy Issues* (Washington, D.C.).

———. 2002a. "Lao People's Democratic Republic: Selected Issues and Statistical Appendix." Country Report 02/61 (Washington, D.C.).

———. 2002b. "Republic of Belarus: Selected Issues." Country Report 02/22 (Washington, D.C.).

Irving, Jacqueline. 1999. "For Better or For Worse: The Euro and the CFA Franc." *Africa Recovery* 12, no. 4 (April): 1, 25–29.

———. 2001. "The Pros and Cons of Expanded Monetary Union in West Africa." *Finance and Development* (March): 24–28.

Issing, Otmar. 2000. *Hayek, Currency Competition and European Monetary Union*. Occasional Paper 111 (London: Institute of Economic Affairs).

Itam, Samuel, Simon Cueva, Erik Lundback, Janet Stotsky, and Stephen Tokarick. 2000. *Developments and Challenges in the Caribbean Region* (Washington, D.C.: International Monetary Fund).

Ito, Takatoshi, and Michael Melvin. 2000. "The Political Economy of Japan's Big Bang." In Magnus Blomstrom, Byron Gangnes, and Sumner La Croix, eds., *Japan's New Economy: Continuity and Change in the Twenty-First Century* (New York: Oxford University Press), 162–74.

Jameson, Kenneth P. 2001. "Latin America and the Dollar Bloc in the Twenty-first Century: To Dollarize or Not?" *Latin American Politics and Society* 43, no. 4 (Winter): 1–35.

Johnson, Harry G. 1973. *Further Essays in Monetary Economics* (Cambridge, Mass.: Harvard University Press).

Johnston, R. Barry, and a Staff Team. 1999. *Exchange Rate Arrangements and Currency Convertibility: Developments and Issues* (Washington, D.C.: International Monetary Fund).

Joint Economic Committee. 2000a. *Basics of Dollarization*. Staff Report (Washington, D.C.).

———. 2000b. *Dollarization: A Guide to the International Monetary Stability Act*. Staff Report (*http://www.senate.gov/~jec/dollaract.htm*).

Jomo, K. S., ed. 2001. *Malaysian Eclipse: Economic Crisis and Recovery* (London: Zed Books).

Jones, Aaron. 2000. "The Future of Argentina's Quasi-Currency Board: Toward a Mercosur Monetary Union?" *Journal of Public and International Affairs* 11 (Spring): 52–68.

Judson, Ruth A., and Richard D. Porter. 2001. "Overseas Dollar Holdings: What Do We Know?" *Wirtschaftspolitische Blätter* 4 (April): 431–40.

Kaltenthaler, Karl, and Frank O. Mora. 2002. "Explaining Latin American Economic Integration; The Case of Mercosur." *Review of International Political Economy* 9, no. 1 (March): 72–97.

Kaminsky, Graciela, and Sergio Schmukler. 2001. "Short- and Long-Run Integration: Do Capital Controls Matter?" *Brookings Trade Forum 2000*, 125–78.

Kaplan, Ethan, and Dani Rodrik. 2001. "Did the Malaysian Capital Controls Work?" Working Paper 8142 (Cambridge, Mass.: National Bureau of Economic Research).

Kapur, Devesh. 1998. "The IMF: A Cure or a Curse?" *Foreign Policy* 111 (Summer): 114–29.

Katada, Saori N. 2001a. *Banking on Stability: Japan and the Cross-Pacific Dynamics of International Financial Crisis* (Ann Arbor: University of Michigan Press).

———. 2001b. "Determining Factors in Japan's Cooperation and Noncooperation with the United States: The Case of Asian Financial Crisis Management, 1997–1999." In Akitoshi Miyashita and Yoichiro Sato, eds., *Japanese Foreign Policy in Asia and the Pacific: Domestic Interests, American Pressure, and Regional Integration* (New York: Palgrave).

———. 2002. "Japan and Asian Monetary Regionalisation: Cultivating A New Regional Leadership after the Asian Financial Crisis." *Geopolitics* 7, no. 1 (Summer): 85–112.

Katzman, Julie T. 2000. "Dollarization." In Patrick J. DeSouza, ed., *Economic Strategy and National Security: A Next Generation Approach* (New York: Council on Foreign Relations), 203–15.

Kemmerer, Edwin. 1916. "A Proposal for Pan-American Monetary Unity." *Political Science Quarterly* 31: 66–80.

Kenen, Peter B. 1988. *Managing Exchange Rates* (New York: Council on Foreign Relations Press).

Kenen, Peter B. 1989. *Exchange Rates and Policy Coordination* (Ann Arbor: University of Michigan Press).

———. 1995. *Economic and Monetary Union in Europe: Moving Beyond Maastricht* (Cambridge: Cambridge University Press).

———. 2001. *The International Financial Architecture: What's New? What's Missing?* (Washington, D.C.: Institute for International Economics).

Keohane, Robert O. 1984. *After Hegemony: Cooperation and Discord in the World Political Economy* (Princeton: Princeton University Press).

Keohane, Robert O., and Stanley Hoffmann. 1991. "Institutional Change in Europe in the 1980s." In Robert O. Keohane and Stanley Hoffmann, eds., *The New European Community: Decisionmaking and Institutional Change* (Boulder: Westview Press), ch. 1.

King, Mervyn. 1999. "Challenges for Monetary Policy: New and Old." *Bank of England Quarterly Bulletin* 39: 397–415.

Kirshner, Jonathan. 1995. *Currency and Coercion: The Political Economy of International Monetary Power* (Princeton: Princeton University Press).

———. 1999. "Keynes, Capital Mobility and the Crisis of Embedded Liberalism." *Review of International Political Economy* 6, no. 3 (Autumn): 313–37.

Kiuchi, Takashi. 2000. "The Asian Crisis and Its Implications." In Karl Kaiser, John J. Kirton, and Joseph P. Daniels, eds., *Shaping a New International Financial System: Challenges of Governance in a Globalizing World* (Aldershot, U.K.: Ashgate), ch. 3.

Klein, Benjamin. 1974. "The Competitive Supply of Money." *Journal of Money, Credit, and Banking* 6, no. 4 (November): 423–53.

Klein, Benjamin, and Michael Melvin. 1982. "Competing International Monies and International Monetary Arrangements." In Michael B. Connolly, ed., *The International Monetary System: Choices for the Future* (New York: Praeger), ch. 9.

Klein, Lawrence R. 1993. "Some Second Thoughts on the European Monetary System." *Greek Economic Review* 15, no. 1 (Autumn): 105–14.

Knapp, George F. [1905]. 1924. *The State Theory of Money* (London: Macmillan).

Knöbl, Adalbert, Andres Sutt, and Basil Zavoico. 2002. "The Estonian Currency Board: Its Introduction and Role in the Early Success of Estonia's Transition to a Market Economy." Working Paper WP/02/96 (Washington, D.C.: International Monetary Fund).

Kobrin, Stephen J. 1997. "Electronic Cash and the End of National Markets." *Foreign Policy* 107 (Summer): 65–77.

———. 1998. "Back to the Future: Neomedievalism and the Postmodern Digital World Economy." *Journal of International Affairs* 51, no. 2 (Spring): 361–86.

Kopcke, Richard W. 1999. "Currency Boards: Once and Future Monetary Regimes?" *New England Economic Review* (May/June): 21–37.

Korhonen, Iikka, and Pekka Sutela. 2000. "Currency Boards in the Baltics." In Iliana Zloch-Christy, ed., *Economic Policy in Eastern Europe: Were Currency Boards a Solution?* (Westport, Conn.: Praeger), ch. 5.

Krasner, Stephen D. 1999. *Sovereignty: Organized Hypocrisy* (Princeton: Princeton University Press).

Krueger, Anne. 2002. *A New Approach to Sovereign Debt Restructuring* (Washington, D.C.: International Monetary Fund).

Krueger, Russell, and Jiming, Ha. 1996. "Measurement of Cocirculation of Currencies." In Paul D. Mizen and Eric J. Pentecost, eds., *The Macroeconomics of International Currencies: Theory, Policy and Evidence* (Brookfield, Vt.: Edward Elgar), ch. 4.

Krugman, Paul R. 1992. "The International Role of the Dollar." In Paul R. Krugman, *Currencies and Crises* (Cambridge, Mass.: MIT Press), ch. 10.

————. 1993. *What Do We Need to Know about the International Monetary System?* Essay in International Finance 190 (Princeton: International Finance Section).

————. 1998a. "The Confidence Game." *New Republic*, 5 October, 23–25.

————. 1998b. "Saving Asia: It's Time to Get Radical." *Fortune Magazine* 138, no. 5: 74–80.

————. 1999a. "Capital Control Freaks: How Malaysia Got Away with Economic Heresy." *Slate* (*http://slate.msn.com/Dismal/99–09–27/Dismal.asp*), 1–6.

————. 1999b. "Monomoney Mania: Why Fewer Currencies Aren't Necessarily Better." *Slate* (*http://slate.msn.com/Dismal/99–04–15/Dismal.asp*), 1–3.

————. 1999c. *The Return of Depression Economics* (New York: Norton).

————. 2001a. "A Latin Tragedy." *New York Times*, 15 July, WK15.

————. 2001b. "Other People's Money." *New York Times*, 18 July, A23.

Kwan, Chi Hung. 1998. "The Theory of Optimum Currency Areas and the Possibility of Forming a Yen Bloc in Asia." *Journal of Asian Economics* 9, no. 4 (Winter): 555–80.

————. 1999. "Towards a Yen Bloc in Asia." *NRI Quarterly* 8 (Summer): 2–13.

————. 2001. *Yen Bloc: Toward Economic Integration in Asia* (Washington, D.C.: Brookings Institution).

Laidler, David. 1999. "Canada's Exchange Rate Options." *Canadian Public Policy/Analyse de Politiques* 25, no. 3 (September): 324–32.

Lake, David A. 1993. "Leadership, Hegemony, and the International Economy: Naked Emperor or Tattered Monarch with Potential?" *International Studies Quarterly* 37, no. 4 (December): 459–89.

Lambert, Michael J., and Kristin D. Stanton. 2001. "Opportunities and Challenges of the U.S. Dollar as an Increasingly Global Currency: A Federal Reserve Perspective." *Federal Reserve Bulletin* 87, no. 9 (September): 567–75.

Lamfalussy, Alexandre. 2000. *Financial Crises in Emerging Markets* (New Haven: Yale University Press).

Larrain, Felipe, and Andrés Velasco. 2001. *Exchange-Rate Policy in Emerging-Market Economies: The Case for Floating*. Essay in International Economics 224 (Princeton: International Economics Section).

Laurence, Henry. 2002. "Japan and the New Financial Order in East Asia: From Competition to Cooperation." In Leslie Elliott Armijo, ed., *Debating the Global Financial Architecture* (Albany: State University of New York Press), ch. 8.

LeBaron, Blake, and Rachel McCulloch. 2000. "Floating, Fixed, or Super-Fixed? Dollarization Joins the Menu of Exchange-Rate Options." *American Economic Review* 90, no. 2 (May): 32–37.

Letiche, John M. 2000. "Lessons from the Euro Zone for the East Asian Economies." *Journal of Asian Economics* 11: 275–300.

Levy-Yeyati, Eduardo, and Federico Sturzenegger. 2000a. "Classifying Exchange Rate Regimes: Deeds vs. Words." CIF Working Paper 02/2000 (Buenos Aires: Universidad Torcuato Di Tella).

———. 2000b. "Is EMU a Blueprint for Mercosur?" *Latin American Journal of Economics* 110 (April): 63–99.

———. 2001. "Exchange Rate Regimes and Economic Performance." *International Monetary Fund Staff Papers* 47 (special issue): 62–98.

Lietaer, Bernard. 2001. *The Future of Money: Creating New Wealth, Work, and a Wiser World* (London: Century).

Lim, Linda. 1999. "Malaysia's Response to the Asian Financial Crisis." *Malaysia: Assessing the Mahathir Agenda*. Hearings before the Subcommittee on Asia and the Pacific, Committee on International Relations. U.S. House of Representatives, 16 June, 37–41.

Litfin, Karen. 1997. "Sovereignty in World Ecopolitics." *Mershon International Studies Review* 41, no. 2 (November): 167–204.

Little, Jane Sneddon, and Giovanni P. Olivei, eds. 1999. *Rethinking the International Monetary System* (Boston: Federal Reserve Bank of Boston).

Loedel, Peter H. 1999. *Deutsche Mark Politics: Germany in the European Monetary System* (Boulder: Lynne Rienner).

Lopez, Franklin A. 2002. "Dollarization in Vulnerable Economies: The Lessons from Ecuador." Paper prepared for a conference, The Euro and Dollarization. Fordham University, New York, 5–6 April.

López-Mejía, Alejandro. 1999. "Large Capital Flows: A Survey of the Causes, Consequences, and Policy Responses." Working Paper WP/99/17 (Washington, D.C.: International Monetary Fund).

Loriaux, Michael, Meredith Woo-Cumings, Kent E. Calder, Sylvia Maxfield, and Sofía A. Pérez. 1997. *Capital Ungoverned: Liberalizing Finance in Interventionist States* (Ithaca: Cornell University Press).

Lynch, Daniel C., and Leslie Lundquist. 1996. *Digital Money: The New Era of Internet Commerce* (New York: John Wiley & Sons).

Mack, Connie. 2000. "Dollarization." *Central Banking* 11, no. 1, 63–69.

Madrick, Jeff. 2001. "Economic Scene: The Mainstream Can't or Won't Recognize Some Basic Facts about World Poverty." *New York Times*, 2 August, C2.

Makinen, Gail E. 2000. "Euro Currency: How Much Could It Cost the United States?" CRS Report 98–998E, updated (Washington, D.C.: Congressional Research Service).

Mankiw, N. Gregory. 2000. "The Savers-Spenders Theory of Fiscal Policy." *American Economic Review* 90, no. 2 (May): 120–25.

Mann, Catherine. 1999. "Dollarization." *Official Dollarization in Emerging-Market Countries*. Hearings before the Subcommittee on Economic Policy and Subcommittee on International Trade and Finance, Committee on Banking, Housing, and Urban Affairs. U.S. Senate, 22 April, 55–57.

Martin, Lisa L., and Beth Simmons. 1999. "Theories and Empirical Studies of International Institutions." In Peter J. Katzenstein, Robert O. Keohane, and

Stephen D. Krasner, eds., *Exploration and Contestation in the Study of World Politics* (Cambridge, Mass.: MIT Press), 89–117.

Martin, William McChesney. 1970. *Toward a World Central Bank?* (Washington, D.C.: Per Jacobsson Foundation).

Masson, Paul R. 1999. "Monetary and Exchange Rate Policy of Transition Economies of Central and Eastern Europe after the Launch of EMU." Policy Discussion Paper PDP/99/5 (Washington, D.C.: International Monetary Fund).

Masson, Paul R., and Catherine Pattillo. 2001a. "Monetary Union in West Africa: An Agency of Restraint for Fiscal Policies?" Working Paper WP/01/34 (Washington, D.C.: International Monetary Fund).

―――. 2001b. *Monetary Union in West Africa (ECOWAS): Is It Desirable and How Could It Be Achieved?* (Washington, D.C.: International Monetary Fund).

Masson, Paul R., and Mark P. Taylor. 1993. "Currency Union: A Survey of the Issues." In Paul R. Masson and Mark P. Taylor, eds., *Policy Issues in the Operation of Currency Unions* (New York: Cambridge University Press), ch. 1.

Matsuyama, Kiminori, Nobuhiro Kiyotaki, and Akihiko Matsui. 1993. "Toward a Theory of International Currency." *Review of Economic Studies* 60, no. 2 (April): 283–307.

Mattli, Walter. 2000. "Sovereignty Bargains in Regional Integration." *International Studies Quarterly* 2, no. 2 (Summer): 149–80.

Maxfield, Sylvia. 1990. *Governing Capital: International Finance and Mexican Politics* (Ithaca: Cornell University Press).

―――. 1992. "The International Political Economy of Bank Nationalization: Mexico in Comparative Perspective." *Latin American Research Review* 27, no. 1: 75–103.

―――. 1997. *Gatekeepers of Growth: The International Political Economy of Central Banking in Developing Countries* (Princeton: Princeton University Press).

McCallum, John. 1999a. "Seven Issues in the Choice of Exchange Rate Regime for Canada." *Current Analysis*. Royal Bank of Canada (February).

―――. 1999b. "Theoretical Issues Pertaining to Monetary Unions." Working Paper 7393 (Cambridge, Mass.: National Bureau of Economic Research).

―――. 2000. "Engaging the Debate: Costs and Benefits of a North American Common Currency." *Current Analysis*. Royal Bank of Canada (April).

McCauley, Robert N. 1997. *The Euro and the Dollar*, Essay in International Finance 205 (Princeton: International Finance Section).

McCaw, Sharon, and John McDermott. 2000. "How New Zealand Adjusts to Macroeconomic Shocks: Implications for Joining a Currency Area." Reserve Bank of New Zealand *Bulletin* 63, no. 1 (March): 35–51.

McKinnon, Ronald I. 1984. *An International Standard for Monetary Stabilization* (Washington, D.C.: Institute for International Economics).

―――. 1997. *The Rules of the Game: International Money and Exchange Rates* (Cambridge, Mass.: MIT Press).

McLeod, Ross H. 2000. "Which Currency for East Timor?" *Pacific Economic Bulletin* 15, no. 1: 113–18.

McNamara, Kathleen R. 1998. *The Currency of Ideas: Monetary Politics in the European Union* (Ithaca: Cornell University Press).

McNamara, Kathleen R. 2002. "Rational Fictions: Central Bank Independence and the Social Logic of Delegation." *West European Politics* 25, no. 1 (January): 47–76.

McNamara, Kathleen R., and Sophie Meunier. 2002. "Between National Sovereignty and International Power: What External Voice for the Euro?" *International Affairs* 78, no. 4 (October): 849–68.

Melvin, Michael. 1988. "Monetary Confidence, Privately Produced Monies, and Domestic and International Monetary Reform." In Thomas D. Willett, ed., *Political Business Cycles: The Political Economy of Money, Inflation, and Unemployment* (Durham: Duke University Press), ch. 18.

Mill, John Stuart. [1848] 1871. *Principles of Political Economy* (London: Longman, Green)

Ministry of Finance. 2000. "Japanese Big Bang" (*www.mof.go.jp/english/bigbang/ebb37.htm*).

Moggridge, Donald, ed. 1980a. *The Collected Writings of John Maynard Keynes*, Vol. 25, *Activities, 1940–1944: Shaping the Post-war World, the Clearing Union* (Cambridge: Cambridge University Press).

————. 1980b. *The Collected Writings of John Maynard Keynes*, Vol. 26, *Activities, 1941–1946: Shaping the Post-war World, Bretton Woods and Reparations* (Cambridge: Cambridge University Press).

Molano, Walter T. 2000. "Addressing the Symptoms and Ignoring the Causes: A View from Wall Street on Dollarization." *Monetary Stability in Latin America: Is Dollarization the Answer?*, Hearings before the Subcommittee on Domestic and International Monetary Policy, Committee on Banking and Financial Services, U.S. House of Representatives, 22 June, 51–60.

Montiel, Peter, and Carmen M. Reinhart. 1999. "Do Capital Controls and Macroeconomic Policies Influence the Volume and Composition of Capital Flows? Evidence from the 1990s." *Journal of International Money and Finance* 18 (August): 619–35.

Moravcsik, Andrew. 1998. *The Choice for Europe* (Ithaca: Cornell University Press).

Moreno-Villalaz, Juan Luis. 1999. "Lessons from the Monetary Experience of Panama: A Dollar Economy with Financial Integration." *Cato Journal* 18, no. 3 (Winter): 421–44.

Morgan, E. Victor. 1965. *A History of Money* (Baltimore: Penguin).

Mourmouras, Alex, and Steven H. Russell. 2000. "Smuggling, Currency Substitution and Unofficial Dollarization: A Crime-Theoretic Approach." Working Paper WP/00/176 (Washington, D.C.: International Monetary Fund).

Mulgan, Aurelia George. 2000. "Japan: A Setting Sun?" *Foreign Affairs* 79, no. 4 (July/August): 40–52.

Mundell, Robert A. 1961. "A Theory of Optimum Currency Areas." *American Economic Review* 51, no. 3 (September): 657–65.

————. 1968. "A Plan for a World Currency." *Next Steps in International Monetary Reform*, Hearings before the Subcommittee on International Exchange and Payments, the Joint Economic Committee of the Congress, 9 September, 14–28.

————. 1993. "EMU and the International Monetary System: A Transatlantic Perspective." Working Paper 13 (Vienna: Austrian National Bank).

———. 2000a. "Currency Areas, Exchange Rate Systems and International Monetary Reform," *Journal of Applied Economics* 3, no. 2 (November): 217–56.

———. 2000b. "The Euro and the Stability of the International Monetary System." In Robert A. Mundell and Armand Cleese, eds., *The Euro as a Stabilizer in the International Economic System* (Boston: Kluwer Academic), ch. 5.

———. 2000c. "Exchange Rate Arrangements in Central and Eastern Europe." In Sven Arndt, Heinz Handler, and Dominick Salvatore, eds., *Eastern Enlargement: The Sooner, the Better?* (Vienna: Ministry for Economic Affairs and Labor), 158–65.

———. 2000d. "A Reconsideration of the Twentieth Century." *American Economic Review* 90, no. 3 (June): 327–40.

———. 2001. "Guitián Memorial Lecture." *IMF Survey*, 5 March, 75–76.

Murray, John. 2000. "Why Canada Needs a Flexible Exchange Rate." *North American Journal of Economics and Finance* 11, no. 1 (August): 41–60.

Mussa, Michael. 2002. *Argentina and the Fund: From Triumph to Tragedy* (Washington, D.C.: Institute for International Economics).

Mussa, Michael, Alexander K. Swoboda, Jeromin Zettelmeyer, and Olivier Jeanne. 2000. "Moderating Fluctuations in Capital Flows to Emerging Market Economies." In Peter B. Kenen and Alexander K. Swoboda, eds., *Reforming the International Monetary and Financial System* (Washington, D.C.: International Monetary Fund), ch. 4.

Mussa, Michael, Paul Masson, Alexander Swoboda, Esteban Jadresic, Paolo Mauro, and Andrew Berg. 2000. *Exchange Rate Regimes in an Increasingly Integrated World Economy* (Washington, D.C.: International Monetary Fund).

Nadal-De Simone, Francisco, and Piritta Sorsa. 1999. "A Review of Capital Account Restrictions in Chile in the 1990s." Working Paper WP/99/52 (Washington, D.C.: International Monetary Fund).

Neely, Christopher J. 1999. "An Introduction to Capital Controls." *Federal Reserve Bank of St. Louis Review* 81, no. 6 (November/December): 13–30.

Negroponte, Nicholas. 1996. "Being Local." *Wired* 11 April, 286.

Nenovski, Nikolay, Kalin Hristov, and Boris Petrov. 2000. "Transition from Lev to Euro—Early Steps to the EU" (*http://www.capital.bg/old/weekly/00–06/17.6.htm*).

Nicholls, Shelton, Anthony Birchwood, Philip Colthrust, and Earl Boodoo. 2000. "The State of and Prospects for the Deepening and Widening of Caribbean Integration." *The World Economy* 23, no. 3 (September): 1161–94.

Nicolas, Françoise. 1999. "Is There a Case for a Single Currency Within ASEAN?" *Singapore Economic Review* 44, no. 1, 1–25.

———. 2000. "Post-Crisis Exchange Rate Policies in East Asia: Options and Challenges." *Asia Pacific Journal of Economics and Business* 4, no. 1 (June): 4–27.

Niskanen, William A. 2000. "Dollarization for Latin America?" *Cato Journal* 20, no. 1 (Spring/Summer): 43–47.

Noble, Gregory W., and John Ravenhill, eds. 2000. *The Asian Financial Crisis and the Architecture of Global Finance* (Cambridge: Cambridge University Press).

Nurkse, Ragnar. 1944. *International Currency Experience: Lessons from the Inter-War Period* (Geneva: League of Nations).

Nuti, Mario. 2000. "The Costs and Benefits of Euro-Isolation in Central-Eastern Europe before or instead of EMU Membership." In Sven Arndt, Heinz Handler, and Dominick Salvatore, eds., *Eastern Enlargement: The Sooner, the Better?* (Vienna: Ministry for Economic Affairs and Labor), 171–94.

Nye, Joseph S., Jr. 1990. "Soft Power." *Foreign Policy* 80 (Fall): 153–71.

Oatley, Thomas H. 1997. *Monetary Politics; Exchange Rate Cooperation in the European Union* (Ann Arbor: University of Michigan Press).

Obstfeld, Maurice, and Kenneth Rogoff. 1996. *Foundations of International Finance* (Cambridge, Mass.: MIT Press).

O'Grady, Mary Anastasia. 1999. "Mexican CEOs are Talking Up Dollarization." *Wall Street Journal*, 12 February, A17.

Ohmae, Kenichi. 2001. "Globalization, Regions, and the New Economy." Working Paper 1 (Los Angeles: UCLA Center for Globalization and Policy Research).

O'Keefe, Thomas Andrew. 2000. "Speaking with One Voice: Prospects for Mercosur Currency." *Latin American Law and Business Report*, 8, no. 2 (29 February): 21–23.

Okun, Arthur M. 1975. *Equality and Efficiency: The Big Tradeoff* (Washington, D.C.: Brookings Institution).

Orléan, Andre. 1989. "Mimetic Contagion and Speculative Bubbles." *Theory and Decision* 27, nos. 1–2, 63–92.

Osband, Kent, and Delano Villanueva. 1993. "Independent Currency Authorities." *International Monetary Fund Staff Papers* 40, no. 1 (March): 202–16.

Overturf, Stephen F. 1997. *Money and European Union* (New York: St. Martin's Press).

Padoan, Pier Carlo. 2000. "The Role of the Euro in the International System: A European View." In C. Randall Henning and Pier Carlo Padoan, *Transatlantic Perspectives on the Euro* (Washington, D.C.: Brookings Institution), ch. 2.

Park, Yung Chul, and Yunjong Wang. 2000. "Reforming the International Financial System: Prospects for Regional Financial Cooperation in East Asia." In Jan Joost Teunissen, ed., *Reforming the International Financial System: Crisis Prevention and Response* (The Hague: Forum on Debt and Development), 70–83.

Pastor, Manuel, and Carol Wise. 2001. "From Poster Child to Basket Case." *Foreign Affairs* 80, no. 6 (November/December): 60–72.

Pauly, Louis W. 1988. *Opening Financial Markets: Banking Politics on the Pacific Rim* (Ithaca: Cornell University Press).

———. 1997. *Who Elected the Bankers? Surveillance and Control in the World Economy* (Ithaca: Cornell University Press).

———. 1999. "Good Governance and Bad Policy: The Perils of International Organizational Overextension." *Review of International Political Economy* 6, no. 4 (Winter): 401–24.

Payer, Cheryl. 1974. *The Debt Trap: The International Monetary Fund and the Third World* (New York: Monthly Review Press).

Pempel, T. J., ed. 1999. *The Politics of the Asian Economic Crisis* (Ithaca: Cornell University Press).

Peterson, Erik R. 1988. *The Gulf Cooperation Council: Search for Unity in a Dynamic Region* (Boulder: Westview Press).

Porter, Richard D., and Judson, Ruth A. 1996. "The Location of U.S. Currency: How Much Is Abroad?" *Federal Reserve Bulletin* 82, no. 10 (October): 883–903.

Portes, Richard. 1999. "Global Financial Markets and Financial Stability: Europe's Role." Discussion Paper 2298 (London: Centre for Economic Policy Research).

Portes, Richard, and Hélène Rey. 1998. "The Emergence of the Euro as an International Currency." In David Begg, Jürgen von Hagen, Charles Wyplosz, and Klaus F. Zimmermann, eds., *EMU: Prospects and Challenges for the Euro* (Oxford: Blackwell), 307–43.

Posen, Adam S. 2001. "Japan 2001—Decisive Action or Financial Panic." International Economic Policy Brief PB01–4 (Washington, D.C.: Institute for International Economics).

Pou, Pedro. 1999. "Is Globalization Really to Blame?" In Jane Sneddon Little and Giovanni P. Olivei, eds., *Rethinking the International Monetary System* (Boston: Federal Reserve Bank of Boston), 243–50.

Powell, Andrew, and Federico Sturzenegger. 2003. "Dollarization: The Link Between Devaluation and Default Risk." In Eduardo Levy-Yeyati and Federico Sturzenegger, eds. *Dollarization: Debates and Policy Alternatives* (Cambridge, Mass.: MIT Press), ch. 6.

Prati, Alessandro, and Garry J. Schinasi. 1997. "European Monetary Union and International Capital Markets: Structural Implications and Risks." In Paul R. Masson, Thomas H. Krueger, and Bart G. Turtelboom, eds., *EMU and the International Monetary System* (Washington, D.C.: International Monetary Fund), ch. 11.

Przeworski, Adam, and James R. Vreeland. 2000. "The Effect of IMF Programs on Economic Growth." *Journal of Development Economics* 62: 385–421.

Radelet, Steven, and Jeffrey Sachs. 1998. "The East Asian Financial Crisis: Diagnosis, Remedies, Prospects." *Brookings Papers on Economic Activity* 1: 1–74.

———. 2000. "The Onset of the East Asian Financial Crisis." In Paul Krugman, ed., *Currency Crises* (Chicago: University of Chicago Press), ch. 4.

Rajan, Ramkishen. 2001. "Financial and Macroeconomic Co-operation in ASEAN: Issues and Policy Initiatives." In Mya Than, ed., *ASEAN Beyond the Regional Crisis: Challenges and Initiatives* (Singapore: Institute of Southeast Asian Studies), 126–47.

Reinhart, Carmen M., and Vincent Raymond Reinhart. 1998. "Some Lessons for Policy Makers Who Deal with the Mixed Blessing of Capital Inflows." In Miles Kahler, ed., *Capital Flows and Financial Crises* (Ithaca: Cornell University Press), ch. 4.

———. 2002. "Is a G-3 Target Zone on Target for Emerging Markets?" *Finance and Development* (March): 17–19.

Reinhart, Carmen M., and Kenneth S. Rogoff. 2002. "The Modern History of Exchange Rate Arrangements: A Reinterpretation." Working Paper 8963 (Cambridge, Mass.: National Bureau of Economic Research).

Reti, Steven P. 1998. *Silver and Gold: The Political Economy of International Monetary Conferences, 1867–1892* (Westport, Conn.: Greenwood Press).

Ries, Christine P. 1997. "Introduction and Overview." In Christine P. Ries and Richard J. Sweeney, eds., *Capital Controls in Emerging Economies* (Boulder: Westview Press), 1–12.

Ritter, Joseph A. 1995. "The Transition from Barter to Fiat Money." *American Economic Review* 85, no. 1 (March): 134–49.

Robertson, James. 1990. *Future Wealth* (London: Cassell).

Robson, William B. P. 2001. "New Currency Regimes: How Green the Grass? How High the Fence?" *Policy Options/Options Politiques* (May): 45–50.

Robson, William B. P., and David Laidler. 2002. "No Small Change: The Awkward Economics and Politics of North American Monetary Integration." *C. D. Howe Institute Commentary* 167 (July): 1–29.

Rodrik, Dani. 1999. "Governing the Global Economy: Does One Architectural Style Fit All?" In Susan M. Collins and Robert Z. Lawrence, eds., *Brookings Trade Forum 1999* (Washington, D.C.: Brookings Institution), 105–39.

Rogoff, Kenneth. 1998. "Blessing or Curse? Foreign and Underground Demand for Euro Notes." In David Begg, Jürgen von Hagen, Charles Wyplosz, and Klaus F. Zimmerman, eds., *EMU: Prospects and Challenges for the Euro* (Oxford: Blackwell), 261–303.

———. 2001. "Why Not a Global Currency?" *American Economic Review* 91, no. 2 (May): 243–47.

———. 2002a. "Managing the World Economy." *The Economist*, 3 August, 62–64.

———. 2002b. "An Open Letter to Joseph Stiglitz." *IMF Survey*, 8 July, 209–11.

Rojas-Suarez, Liliana. 2000. "What Exchange Rate Arrangement Works Best for Latin America?" Paper prepared for a conference, To Dollarize or Not to Dollarize: Currency Choices for the Western Hemisphere. Ottawa, Canada, 4–5 October.

Rose, Andrew K. 2000. "One Money, One Market: The Effect of Common Currencies on Trade." *Economic Policy* 30 (April): 7–45.

———. 2001. "Currency Unions and Trade: The Effect is Large." *Economic Policy* 33 (October): 449–57.

———. 2002. "The Effect of Common Currencies on International Trade: A Meta-Analysis." Paper prepared for a conference, The Euro and Dollarization. Fordham University, New York, 5–6 April.

Rose, Andrew K., and Charles M. Engel. 2002. "Currency Unions and International Integration." *Journal of Money, Credit, and Banking* 34, no. 4 (November): 1067–89.

Rose, Andrew K., and Eric van Wincoop. 2001. "National Money as a Barrier to International Trade: The Real Case for Currency Union." *American Economic Review* 91, no. 2 (May): 386–90.

Rosecrance, Richard. 2000. "The International Political Implications of the Euro." In Robert A. Mundell and Armand Cleese, eds., *The Euro as a Stabilizer in the International Economic System* (Boston: Kluwer Academic), ch. 4.

Roubini, Nouriel. 1998. "The Case Against Currency Boards: Debunking 10 Myths about the Benefits of Currency Boards (*http://www.stern.nyu.edu/globalmacro/CurrencyBoardsRoubini.html*).

Rowley, Anthony. 1997. "International Finance: Asian Fund, R.I.P." *Capital Trends* 2, no. 14 (December): 1–3.

Ruggie, John G. 1983. "International Regimes, Transactions, and Change: Embedded Liberalism in the Postwar Economic Order." In Stephen D. Krasner, ed., *International Regimes* (Ithaca: Cornell University Press), 195–231.

Sachs, Jeffrey, and Felipe Larrain. 1999. "Why Dollarization is More Straitjacket than Salvation." *Foreign Policy* 116 (Fall): 80–92.

Salvatore, Dominick. 2000. "The Present International Monetary System: Problems, Complications, and Reforms." *Open Economies Review* 11 (August): 133–48.

———. 2001. "Which Countries in the Americas Should Dollarize?" *Journal of Policy Modeling* 23, no. 3 (April): 347–55.

Samuelson, Robert J. 1999. "Dollarization—A Black Hole." *Washington Post*, 12 May, A27.

Santillán, Javier, Marc Bayle, and Christian Thygesen. 2000. "The Impact of the Euro on Money and Bond Markets." Occasional Paper 1 (Frankfurt: European Central Bank).

Santiprabhob, Veerathai. 1997. "Bank Soundness and Currency Board Arrangements: Issues and Experiences." Paper on Policy Analysis and Assessment PPAA/97/11 (Washington, D.C.: International Monetary Fund).

Savastano, M.A. 1996. "Dollarization in Latin America: Recent Evidence and Policy Issues." In Paul D. Mizen and Eric J. Pentecost, eds., *The Macroeconomics of International Currencies: Theory, Policy and Evidence* (Brookfield, Vt.: Edward Elgar), ch. 12.

Schaede, Ulrike. 2000. "After the Bubble: Evaluating Financial Reform in Japan in the 1990s." University of California at San Diego. Typescript.

Schmitt-Grohé, Stephanie, and Martín Uribe. 1999. "Dollarization and Seigniorage: How Much Is at Stake?" University of Pennsylvania. Typescript (*http:// www.econ.upenn.edu/~uribe*).

Schuldt, Jürgen. 2003. "Latin American Official Dollarization: Political Economy Aspects." In Dominick Salvatore, James W. Dean, and Thomas D. Willett, eds., *The Dollarization Debate* (New York: Oxford University Press, forthcoming).

Schuler, Kurt. 1999. *Encouraging Official Dollarization in Emerging Markets.* Staff Report (Washington, D.C.: Joint Economic Committee).

Schuler, Kurt, and Robert Stein. 2000. "The International Monetary Stability Act: An Analysis." Paper prepared for a conference, To Dollarize or Not to Dollarize: Currency Choices for the Western Hemisphere. Ottawa, Canada, 4–5 October.

Schulze, Günther G. 2000. *The Political Economy of Capital Controls* (New York: Cambridge University Press).

Schwartz, Anne J. 1993. "Currency Boards: Their Past, Present, and Possible Future Role." *Carnegie Rochester Conference Series on Public Policy* 39 (December): 147–87.

Scrimgeour, Dean. 2002. "Exchange Rate Volatility and Currency Union: New Zealand Evidence" (Wellington, N.Z.: Reserve Bank of New Zealand, typescript).

Seidman, Lawrence. 2001. "Reviving Fiscal Policy." *Challenge* 44, no. 3 (May/ June): 17–42.

Seitz, Franz. 1995. "The Circulation of Deutsche Mark Abroad." Discussion Paper 1/95 (Frankfurt: Deutsche Bundesbank).

Shelton, Judy. 1994. *Money Meltdown: Restoring Order to the Global Currency System* (New York: Free Press).

———. 1999. "Prepared Statement." *Official Dollarization in Emerging-Market Countries.* Hearings before the Subcommittee on Economic Policy and Subcommittee on International Trade and Finance, Committee on Banking, Housing, and Urban Affairs. U.S. Senate, 22 April, 47–53.

Shlaes, Amity. 1997. "Loving the Mark." *New Yorker*, April 28, 188–93.

Singleton, Andrew. 1995. "Cash on the Wirehead." *BYTE* 20, no. 6 (June): 71–78.

Sinn, Hans-Werner, and Frank Westermann. 2001a. "The Deutschmark in Eastern Europe, Black Money and the Euro: On the Size of the Effect." *CESifo Forum* 3: 35–40.

———. 2001b. "Why Has the Euro Been Falling? An Investigation into the Determinants of the Exchange Rate." Working Paper 8352 (Cambridge, Mass.: National Bureau of Economic Research).

Solomon, Elinor Harris. 1997. *Virtual Money: Understanding the Power and Risks of Money's High-Speed Journey into Electronic Space* (New York: Oxford University Press).

Solomon, Lewis D. 1996. *Rethinking Our Centralized Monetary System: The Case for a System of Local Currencies* (Westport, Conn.: Praeger).

Sörg, Mart, and Vello Vensel. 2000. "The Currency Board in Estonia." In Iliana Zloch-Christy, ed., *Economic Policy in Eastern Europe: Were Currency Boards a Solution?* (Westport, Conn.: Praeger), ch. 6.

Soros, George. 1998. *The Crisis of Global Capitalism* (New York: PublicAffairs).

———. 2002. "Don't Blame Brazil." *Financial Times*, 13 August, 13.

Spencer, Peter. 2001. "Regulation of the Payments Market and the Prospect for Digital Money." In *Electronic Finance: A New Perspective and Challenges*, BIS Paper 7 (Basle: Bank for International Settlements), 69–79.

Starr, Pamela K. 1997. "Government Coalitions and the Viability of Currency Boards: Argentina Under the Cavallo Plan." *Journal of Interamerican Studies and World Affairs* 39, no. 2 (Summer): 83–133.

———. 2001. "Dollars for Pesos? The Politics of Dollarization in Latin America." *Revista de Economia Política* (Brazilian Journal of Political Economy) 21, no. 1 (January–March): 62–77.

———. 2002. "Dollarization in Mexico: Does It Make Sense and Is It Likely?" Paper prepared for a conference, Dollarization and Latin America. Florida International University, Miami, 4 March.

Stewart, David C. 1997. "Picking Winners and Losers in Digital Cash." *Bank Technology News* 7, no. 9 (October): 28–39.

Stiglitz, Joseph. 1998. "Central Banking in a Democratic Society." *The Economist* 146: 199–226.

———. 2002. *Globalization and Its Discontents* (New York: Norton).

Stix, Helmut. 2001. "Survey Results about Foreign Currency Holdings in Five Central and Eastern European Countries." *CESifo Forum* 3: 41–48.

Stone, Randall W. 2002. *Lending Credibility: The International Monetary Fund and the Post-Communist Transition* (Princeton: Princeton University Press).

Strange, Susan. 1971a. "The Politics of International Currencies." *World Politics* 23, no. 2 (January): 215–31.

———. 1971b. *Sterling and British Policy: A Political Study of an International Currency in Decline* (London: Oxford University Press).

Streeten, Paul. 1991. "Global Prospects in an Interdependent World." *World Development* 19, no. 1, 123–33.

Summers, Lawrence H. 1999a. "Reflections on Managing Global Integration." *Journal of Economic Perspectives* 13, no. 2 (Spring): 3–18.

———. 1999b. "Statement." *Official Dollarization in Emerging-Market Countries.* Hearings before the Subcommittee on Economic Policy and Subcommittee on International Trade and Finance, Committee on Banking, Housing, and Urban Affairs. U.S. Senate, 22 April, 4–7.

Swoboda, Alexander. 1968. *The Euro-Dollar: An Interpretation.* Essay in International Finance 64 (Princeton: International Finance Section).

Szapáry, György. 2000. "Maastricht and the Choice of Exchange Rate Regime in Transition Countries during the Run-Up to EMU." Working Document 153 (Brussels: Centre for European Policy Studies).

———. 2001. "Transition Countries' Choice of Exchange Rate Regime in the Run-Up to EMU Membership." *Finance and Development* (June): 26–29.

Takagi, Shinji. 1999. "The Yen and Its East Asian Neighbors, 1980–1995: Cooperation or Competition?" In Takatoshi Ito and Anne O. Krueger, eds., *Changes in Exchange Rates in Rapidly Developing Countries: Theory, Practice, and Policy Issues* (Chicago: University of Chicago Press), ch. 7.

Tavlas, George S. 1993. "The 'New' Theory of Optimum Currency Areas." *World Economy* 16, no. 6 (November): 663–85.

———. 1994. "The Theory of Monetary Integration." *Open Economies Review* 5: 211–30.

Taylor, Lance. 2000. "The Consequences of Capital Liberalization." *Challenge* 43, no. 6 (November–December): 38–57.

Thacker, Strom C. 1999. "The High Politics of IMF Lending." *World Politics* 52, no. 1 (October): 38–75.

Thrift, Nigel, and Andrew Leyshon. 1999. "Moral Geographies of Money." In Emily Gilbert and Eric Helleiner, eds., *Nation-States and Money: The Past, Present and Future of National Currencies* (New York: Routledge), ch. 9.

Thygesen, Niels et al. 1995. *International Currency Competition and the Future Role of the Single European Currency.* Final Report of a Working Group on European Monetary Union-International Monetary System (London: Kluwer Law International).

Tiebout, Charles M. 1956. "A Pure Theory of Local Expenditures." *Journal of Political Economy* 64, no. 5 (October): 416–24.

Timberlake, Richard H. 1987. "Private Production of Scrip Money in the Isolated Community." *Journal of Money, Credit, and Banking* 19, no. 4 (November): 437–47.

———. 1992. "Scrip Money." In Peter Newman, Murray Milgate, and John Eatwell, eds., *The New Palgrave Dictionary of Money and Finance.* Vol. 3 (London: Macmillan), 401–2.

Trejos, Alberto, and Randall Wright. 1996. "Search-Theoretic Models of International Currency." *Federal Reserve Bank of St. Louis Review* 78 (May/June): 117–32.

Tsygankov, Andrei P. 2000. "Defining State Interests After Imperial Disintegration: National Identity, Domestic Structures and Foreign Trade Policies of Latvia and Belarus." *Review of International Political Economy* 7, no. 1 (Spring): 101–37.

———. 2001. *Pathways After Empire: National Identity and Foreign Economic Policy in the Post-Soviet World* (New York: Rowman and Littlefield).

Tumin, Zachary. 2002. "The Future Technology of Money." In *The Future of Money* (Paris: Organization for Economic Cooperation and Development), ch. 3.

Twinham, Joseph Wright. 1992. *The Gulf, Cooperation and the Council: An American Perspective* (Washington, D.C.: Middle East Policy Council).

Ulan, Michael K. 2002. "Should Developing Countries Restrict Capital Inflows?" *ANNALS* 579 (January): 249–60.

Ul Haque, Nadeem, and Mohsin S. Khan. 1998. "Do IMF-Supported Programs Work? A Survey of the Cross-Country Empirical Evidence." Working Paper WP/98/169 (Washington, D.C.: International Monetary Fund).

Ungerer, Horst. 1997. *A Concise History of European Monetary Integration: From EPU to EMU* (Westport, Conn.: Quorum Books).

United States Treasury. 2000. *The Use and Counterfeiting of United States Currency Abroad* (Washington, D.C.).

van Beek, Frits, José Roberto Rosales, Mayra Zermeño, Ruby Randall, and Jorge Shepherd. 2000. *The Eastern Caribbean Currency Union: Institutions, Performance, and Policy Issues.* Occasional Paper 195 (Washington, D.C.: International Monetary Fund).

van Ham, Peter. 2001. "The Rise of the Brand State." *Foreign Policy* 80, no. 5 (September/October): 2–6.

Vaubel, Roland. 1977. "Free Currency Competition." *Weltwirtschafliches Archiv* 113, no. 3: 435–61.

———. 1984. "The Government's Money Monopoly: Externalities or Natural Monopoly?" *Kyklos* 37, no. 1, 27–57.

———. 1990. "Currency Competition and European Monetary Integration." *Economic Journal* 100 (September): 936–46.

Velde, François R., and Marcelo Veracierto. 2000. "Dollarization in Argentina." *Economic Perspectives* (Federal Reserve Bank of Chicago) 24, no. 1 (First Quarter): 24–35.

Vernengo, Matias, and Louis-Philippe Rochon. 2000. "Exchange Rate Regimes and Capital Controls." *Challenge* 43 n. 6 (November–December): 76–92.

———. 2001. "Financial Openness and Dollarization: A Skeptical View." Paper prepared for a conference, The Role of the Central Bank under Dollarization. Quito, Ecuador, 22–23 March.

Vogel, Steven K., ed. 2002. *U.S.-Japan Relations in a Changing World* (Washington, D.C.: Brookings Institution).

Volcker, Paul, and Toyoo Gyohten. 1992. *Changing Fortunes: The World's Money and the Threat to American Leadership* (New York: Times Books).

von Furstenberg, George M. 2000a. "Can Small Countries Keep Their Own Money and Floating Exchange Rates?" In Karl Kaiser, John J. Kirton, and Joseph P. Daniels, eds., *Shaping a New International Financial System* (Aldershot, U.K.: Ashgate), ch. 11.

———— 2000b. "A Case Against U.S. Dollarization." *Challege* 43, no. 4 (July/August): 108–20.

———— 2000c. "US-Dollarization in Latin America: A Second-Best Monetary Union for Overcoming Regional Currency Risk." *Economia, Societa e Istituzioni* 12, no. 3 (September): 281–318.

———— 2001a. *One Region, One Money: Implications of Regional Currency Consolidation for Financial Services*, 25th Annual Lecture (Geneva: International Association for the Study of Insurance Economics).

———— 2001b. "Pressures for Currency Consolidation in Insurance and Finance: Are the Currencies of Financially Small Countries on the Endangered List?" *Journal of Policy Modeling* 23, no. 3 (April): 321–31.

———— 2002a. "One Region, One Money?" *The Annals of the American Academy of Political and Social Science* 579 (January): 106–22.

———— 2002b. "One Region, One Money: The Need for New Directions in Monetary Policies." In Michele Fratianni, Paolo Savona, and John J. Kirton, eds., *Governing Global Finance: New Challenges, G7 and IMF Contributions* (Aldershot, U.K.: Ashgate), ch. 7.

von Furstenberg, George, and Michele Fratianni. 1996. "Monetary Union: Still Coming in Europe and North America?" *Challenge* (July/August): 34–39.

Wade, Robert. (1998–1999). "The Coming Fight Over Capital Controls." *Foreign Policy* 113 (Winter): 41–54.

Wade, Robert, and Frank Veneroso. 1998a. "The Gathering Support for Capital Controls." *Challenge* 41, no. 6, 14–26.

————. 1998b. "The Resources Lie Within." *The Economist*, 7 November, 19–21.

Wallace, Mark. 2001. "Hour Town." *Harper's Magazine*, November, 54–55.

Walter, Norbert. 1998. "An Asian Prediction." *The International Economy* 12, no. 3 (May/June): 49.

————. 2000. "The Euro and Its Consequences for Global Capital Markets." In Robert A. Mundell and Armand Cleese, eds., *The Euro as a Stabilizer in the International Economic System* (Boston: Kluwer Academic), ch. 6.

————. 2002. "Europe Tomorrow: Political Union Will be Sustained." *International Economy* (Spring): 39.

Wang, Yunjong. 2003. "Instruments and Techniques for Financial Cooperation." In Gordon de Brouwer, ed., *Financial Arrangements in East Asia* (London: Routledge, forthcoming).

Weatherford, Jack. 1997. *The History of Money* (New York: Three Rivers Press).

————. 1998. "Cash in a Cul-de-Sac." *Discover* (October): 100.

Weishaar, Wayne, and Wayne Parrish. 1933. *Men Without Money* (New York: Putnam's).

West Indian Commission. 1992. *Time for Action: Report of the West Indian Commission* (Black Rock, Barbados: West Indian Commission Secretariat).

Whalen, Christopher. 2001. "Mexican Meltdown?" *International Economy* (September/October): 30–33, 49.

Wheatley, Jonathan. 2001. "The Mercosur Marriage is in Trouble." *Business Week*, 29 January, 25.

White, Lawrence H. 1989. *Competition and Currency* (New York: New York University Press).

Willett, Thomas D. 1999. "Developments in the Political Economy of Policy Coordination." *Open Economies Review* 10: 221–53.

———. 2000. *International Financial Markets as Sources of Crises or Discipline: The Too Much, Too Late Hypothesis*, Essay in International Finance 218 (Princeton: International Finance Section).

———. 2001. "Truth in Advertising and the Great Dollarization Scam." *Journal of Policy Modeling* 23, no. 3 (April): 279–89.

———. 2002. "Fear of Floating Needn't Imply Fixed Rates: An OCA Approach to the Operation of Stable Intermediate Currency Regimes." *Open Economies Review* (forthcoming).

Williamson, John. 1985. *The Exchange Rate System*, rev. ed. (Washington, D.C.: Institute for International Economics).

———. 1990. "What Washington Means by Policy Reform." In John Williamson, ed., *Latin American Adjustment: How Much Has Happened?* (Washington, D.C.: Institute for International Economics), 5–20.

———. 1995. *What Role for Currency Boards?* (Washington, D.C.: Institute for International Economics).

———. 2000. *Exchange Rate Regimes for Emerging Markets: Reviving the Intermediate Option* (Washington, D.C.: Institute for International Economics).

———. 2002. "The Evolution of Thought on Intermediate Exchange Rate Regimes." *Annals of the American Academy of Political and Social Science* 579 (January): 73–86.

Williamson, John, and C. Randall Henning. 1994. "Managing the Monetary System." In Peter B. Kenen, ed., *Managing the World Economy: Fifty Years After Bretton Woods* (Washington, D.C.: Institute for International Economics), 83–111.

Williamson, John, and Molly Mahar. 1998. *A Survey of Financial Liberalization.* Essay in International Finance 211 (Princeton: International Finance Section).

Williamson, John, and Marcus Miller. 1987. *Targets and Indicators: A Blueprint for the International Coordination of Economic Policy* (Washington, D.C.: Institute for International Economics).

Wójcik, Cezary. 2000. "A Critical Review of Unilateral Euroization Proposals: The Case of Poland." *Focus on Transition* 2 (Vienna: Austrian National Bank): 48–76.

Wolf, Martin. 1998. "Flows and Blows." *Financial Times*, 3 March.

Woo, Wing Thye, Jeffrey D. Sachs, and Klaus Schwab, eds. 2000. *The Asian Financial Crisis: Lessons for a Resilient Asia* (Cambridge, Mass.: MIT Press).

Woodford, Michael. 2000. "Monetary Policy in a World Without Money." *International Finance* 3, no. 2 (July): 229–60.

Worrell, Keith. 1995. "A Note on the Null-Case for a Common CARICOM Currency." *Social and Economic Studies* 44, no. 1 (March): 184–90.

Wriston, Walter B. 1998. "Dumb Networks and Smart Capital." *Cato Journal* 17, no. 3 (Winter): 333–44.

Wyplosz, Charles. 1999. "An International Role for the Euro?" In Jean Dermine and Pierre Hillion, eds., *European Capital Markets with a Single Currency* (Oxford: Oxford University Press), ch. 3.

Xu, Xinpeng. 1999. "The Exchange-Rate Regime in Papua New Guinea—Getting It Right." *Pacific Economic Bulletin* 14, no. 2: 48–60.

Yuen, Hazel. 2000. "Is Asia an Optimum Currency Area?" National University of Singapore. Typescript.

Zaidi, Iqbal. 1990. "Monetary Coordination Among the Gulf Cooperation Council Countries." *World Development* 18, no. 5, 759–68.

Zelizer, Viviana A. 1994. *The Social Meaning of Money* (New York: Basic Books).

Zimbalist, Andres, and John Weeks. 1991. *Panama at the Crossroads: Economic Development and Political Change in the Twentieth Century* (Berkeley: University of California Press).

Zloch-Christy, Iliana. 2000. "The Currency Board in Bulgaria: Is It a Solution or the Economic Consequences of Failed Reforms?" In Iliana Zloch-Christy, ed., *Economic Policy in Eastern Europe: Were Currency Boards a Solution?* (Westport, Conn.: Praeger), ch. 7.

图书在版编目(CIP)数据

货币的未来/(美)本杰明·科恩
(Benjamin J. Cohen)著;汤凌霄,许涛译.—上海:
上海人民出版社,2023
(东方编译所译丛)
书名原文:The Future of Money
ISBN 978-7-208-17957-8

Ⅰ.①货⋯　Ⅱ.①本⋯ ②汤⋯ ③许⋯　Ⅲ.①国际货
币体系-研究　Ⅳ.①F821.1

中国版本图书馆 CIP 数据核字(2022)第 195242 号

责任编辑　王　冲
封面设计　王小阳

东方编译所译丛
货币的未来
[美]本杰明·科恩 著
汤凌霄　许　涛 译

出　　版　上海人民出版社
　　　　　(201101　上海市闵行区号景路 159 弄 C 座)
发　　行　上海人民出版社发行中心
印　　刷　上海商务联西印刷有限公司
开　　本　635×965　1/16
印　　张　18.5
插　　页　2
字　　数　260,000
版　　次　2023 年 2 月第 1 版
印　　次　2023 年 2 月第 1 次印刷
ISBN 978-7-208-17957-8/F·2778
定　　价　85.00 元

东方编译所译丛·世界政治与国际关系